SECUESTRADA

SECUESTRADA

UNA HISTORIA DE LA VIDA REAL

LESZLI KÁLLI

ATRIA BOOKS

NEW YORK LONDON TORONTO SYDNEY

ATRIA BOOKS
1230 Avenue of the Americas
New York, NY 10020

ISBN-13: 978-0-7432-9132-3
ISBN-10:   0-7432-9132-8

Primera edición en rústica de Atria Books: abril 2007.

1   3   5   7   9   10   8   6   4   2

ATRIA BOOKS es un sello editorial registrado
de Simon & Schuster, Inc.

Impreso en los Estados Unidos de América.

Para obtener información respecto a descuentos especiales
en ventas al por mayor, diríjase a *Simon & Schuster Special Sales*
al 1-800-456-6798 o a la siguiente dirección electrónica:
business@simonandschuster.com

Para mi familia
y aquellos seres especiales
que están dentro de mí

Los dibujos que acompañan este libro son de Leszli Kálli
Fueron hechos durante su secuestro, y se han tomado de los
cuadernos originales de su diario. Salvo los dibujos de
un guerrillero que aparecen en las páginas 114 y 217.

DIARIO DE LESZLI KÁLLI

MONTAÑAS DE COLOMBIA

Jueves, 25 de marzo de 1999

Hoy abrí la Biblia por primera vez, como iniciativa propia buscando un consejo. Mi tía siempre lo hace, dice que nos manda mensajes y que ella, al azar, abre una página, pone el dedo y recibe el mensaje. Eso hice hoy. Éste fue mi «mensaje»: *Yo conozco tus obras; y aquí he puesto delante de ti una puerta abierta, la cual nadie puede cerrar; porque aunque tienes poca fuerza, has guardado mi nombre y no has negado mi palabra.* Apocalipsis 3:8–9. ¡Ojalá que esa puerta sea el viaje a Israel! Lo deseo con el alma. ¿Es ese mi mensaje? Gracias, Dios.

7 de abril de 1999

Decidí dejar este tiempo sin escribir aquí, esperando a que algo ocurriera o fuera diferente, venía buscando un cambio en esta vida tan plana, me da mucha rabia cuando miro y no ocurre nada nuevo; hasta que por fin algo ha pasado hoy.

Primero que todo y lo más importante, me voy de viaje a Israel, no sé por cuánto tiempo me quede en ese lugar, pero estoy feliz, todo me salió muy bien, hoy compré los pasajes de Madrid —Tel Aviv, hoy es miércoles y el lunes salgo de viaje.

Querido amigo diario, perdón por no volverte a contar los más estúpidos detalles que me pasan, pero pensé que, al igual que yo, te aburrías de mis cuentos.

Dios, tú y yo nos ayudamos y siempre estaremos juntos en esta vida y en cualquier otra. Siempre serás mi ser, mi yo, porque aunque estas hojas se acaben, tú no te acabarás en mí. Lo bueno de tenerte a mi lado es que no tengo miedos ni dudas. Entre nosotros nunca habrá una despedida y saber eso me consuela. Ya te llenaré de cuentos diferentes. La próxima vez que te escriba será en Israel. Hoy empaco mi maleta y en ella estarás tú. Te amo, Leszli.

Miércoles, 17 de mayo de 1999

¿Qué pasó, Leszli? Cuando todos tus planes iban tan bien, cuando ya era casi concreta la felicidad del viaje, cuando ya por fin empezabas a ver que tus puertas comenzaban a abrirse... Dios, ¿qué pasa? ¿Por qué todo se oscureció tan rápido, por qué nadie me pregunta si estoy de acuerdo con todo esto? Me parece mentira estar escribiéndote aquí cuando debería estar en pleno kibutz y hablando de lo bien que lo debo estar pasando, de lo agradecida que estoy con la vida porque al fin se hicieron realidad mis sueños... Pero no. Estoy aquí, en Colombia, secuestrada por el Ejército de Liberación Nacional, en plena selva colombiana y más lejos que si estuviera en Israel.

Todo sucedió tan rápido que ya ha pasado más de un mes y aún me cuesta trabajo repetirme a mí misma: ¡Leszli, estás secuestrada!

Diario, el único consuelo que tengo es saber que voy a seguir llevándote a mi lado, como siempre. Se me hace extraño escribirte aquí, en estos cuadernos, y más en la primera hoja, pero el resto de ti quedó en la maleta azul que llevaba. No te pude cargar en la cartera: estaba tan llena de cosas que era imposible que estuvieras ahí conmigo, y como la maleta azul era tan grande, no me dejaron llevarla como equipaje de mano y la echaron en la bodega del avión. Te pido perdón, porque ya tuvieron que haberte leído.

Tú eres y serás la única forma que tengo de decir lo que siento. La última vez que te escribí fue en libertad, y después de un largo tiempo no había querido volver a hacerlo ya que pensaba que tú, al igual que yo, estabas aburrido de que mi vida fuera tan vacía y monótona. Prometí no escribirte más hasta que pasara algo que valiera la pena.

Ahora voy a contarlo todo. Y con los más mínimos detalles, ya que gracias a Dios encontré una hoja y puse ahí el resumen de todos mis días a partir del 12 de abril.

Te cuento que el año pasado recibí una propuesta de mi amigo Salvador. Se trataba de ir a un kibutz[1] en Israel. El plan me pareció excelente, ya que siempre busqué una aventura en mi vida, algo que se saliera de la horrible cotidianidad en la que mi vida se había convertido.

Los fines de semana, como sabes, me reunía con mis amigas para ir al sitio de moda, pero yo me sentía tan vacía. Así fue mi vida hasta ese día de finales de diciembre.

Empecé a incubar la idea en mi cabeza y luché por el viaje con todas mis fuerzas. Hice rifas para recolectar dinero pues en mi casa la situación no era la mejor. Por parte de mi papá los pasajes me salían gratis, pues él es piloto, y adonde viaje su compañía yo viajo gratis. Pero papá no quería que yo fuera a Israel, ya que la niña de sus ojos, mujer y bonita, se fuera sola al otro lado del mundo, se le hacía terrible. Me dijo que no, que él no me apoyaba con esa idea loca, y que lo mejor que podía hacer era meterme a estudiar una carrera universitaria y olvidarme de semejante pendejada. Cada vez que él me repetía eso a mí se me metía más la idea en la cabeza, pues siempre fui rebelde.

Le dije que lo único que necesitaba de él era su permiso y los pasajes. Bucaramanga, Bogotá, Madrid, que el resto lo hacía yo. Claro está, con la ayuda de mi mamá. Ella siempre me acolita en todo.

Dos semanas antes del viaje empecé a tener sueños muy feos (siempre he dicho que éstos nos dan aviso de cosas que pueden ocurrir).

Ya tenía la maleta hecha, los pasajes listos, unos dólares y muchísimas ganas de iniciar mi aventura en Israel. Una vez saliera del kibutz iría a pasar unos días en dos de los países que siempre he querido conocer: Egipto y Grecia. Me habían comentado cómo se podía lograr sin que saliera tan costoso. Una vez terminada mi aventura

---

1. En Israel, un kibutz es una colonia agrícola de producción y consumo comunitarios.

llegaría a Colombia para ponerme a estudiar juiciosa en una universidad. ¿Qué más le podía pedir a la vida?

Todas las noches le rezaba a Dios para que me ayudara a conseguir mi meta.

La noche del 11 de abril hablé muchísimo con mi mamá. Entre las cosas que le dije se me salió un «Mami, tengo miedo.»

—Leszli, me dejas preocupada, porque tú nunca sientes miedo —me dijo ella.

—No, mentiras, mamá —me apresuré a decirle para tranquilizarla—. No sé por qué te lo dije. Deben ser los nervios normales del viaje.

Desperté a las 5:00 A.M., me despedí de mi hermano mayor, Nandor, que trabajaba en el hospital y tenía turno a las 6:00. Me abrazó y me dijo:

—Te cuidas, nena.

Me bañé, me cambié y me puse a hablar con mami y Carolina, mi otra hermana. Papá me acompañaría hasta Bogotá y me dejaría en el avión que me llevaría a Madrid el mismo día a las 7:05 P.M. El vuelo a Bogotá estaba programado para las 2:00 P.M.

Cuando estábamos en la sala entró una llamada:

—Hola, nena. Tenemos que adelantar el viaje, pues el vuelo de las 2:00 fue cancelado. ¿Estás lista?

—Sí, papá, ya estoy lista.

—Bueno, nena. Ya paso por ti.

Me despedí de mamá y de mi abuelita y bajé las escaleras. Iba con mi hermana, pues ella volvería con el carro. Mami no fue, pues papá y mamá se divorciaron en el año 86 y, como tú ya sabes, no se pueden ni ver.

En el camino hacia el aeropuerto de Bucaramanga, papi me dijo:

—Nena, ese viaje no conviene, pues se arregló muy rápido y… yo no sé… No deberías viajar, pues ha habido muchos contratiempos y eso debe ser que no conviene.

Yo solté una carcajada.

—¡Huy, sí, como no!, ¿estás loco, papá?

Llegamos, y cuando estábamos en la cafetería me repitió, pero esta vez en un tono más serio:

—Mira, Leszli, todavía estás a tiempo de retractarte.

—Mejor dicho, ahora sí que estás reloco —le dije.

Nos chequeamos. A mí me dieron el puesto 12F y a papá el de al lado, el 12C. La despedida de mi hermana fue poco emotiva. Yo no lloré: estaba feliz y ella también lo sintió así.

Abordamos y yo me acomodé en mi silla. Papi me dijo:

—Leszli, nena, voy tres puestos más adelante con Uriel, un compañero de trabajo, para preguntarle unas cosas, y después vuelvo.

—Ok.

Así fue.

No podía creerlo, estar ya, sentada dentro del avión Fokker de Avianca, después de haberlo planeado en tan poquito tiempo, por fin mi viaje era una realidad.

Me puse a mirar por la ventana. A mi lado los puestos estaban desocupados. El avión despegó y lo primero que hice fue mirar al cielo por la ventana y decir con el pensamiento: «Gracias, Dios mío. Por fin es una realidad. Mil gracias».

Ese día, saldría de Sur América, al día siguiente dejaría Europa y ese mismo día llegaría a un kibutz en las Alturas de Golán. Estaba feliz a pesar de la despedida con mi familia y con mi hermana Carol. No lloramos, ellos sintieron mi emoción. En ese momento nada me habría detenido, por más que mi papá dijera que era un viaje mal planeado, que durmió poco por las pesadillas, que tenía mal presagio, que más bien fuéramos a nuestro apartamento en Cartagena y allá lo meditara o por lo menos lo planeara mejor, que como era posible que apenas ayer habíamos ubicado por Internet el lugar donde ir una vez que llegara a Tel Aviv, sin más señales, que todo era una locura. Sí, le respondía, puede ser, pero por nada en el mundo me echo para atrás, no hay forma, digan lo que digan. Si tan sólo lo hubiera escuchado…

Mi papá se sentó tres filas delante de mi asiento, para hablar con un conocido de Avianca que viajaba también hacia Bogotá, y quien alguna vez fue su copiloto además de sindicalista negociador, y era esa la razón por la que quería hablar con él, para averiguar sobre las negociaciones de la empresa con los pilotos. Mi papá es comandante de aviación, y viajaba por dos propósitos, el primero, acompañarme hasta Bogotá para tratar de disuadirme de mi propósito y, si no lo conseguía, presentarme a los tripulantes del siguiente avión y pedirles el favor de que me ayudaran en Madrid. Por lo tanto, para poder andar dentro de los laberintos del aeropuerto El Dorado, en Bogotá, iba de uniforme. Su segundo propósito era, después de que mi avión decolara, viajar a Cartagena, base de sus operaciones de vuelo y presentarse en el Hospital Naval, para que le dieran de alta por una fisura de un hueso de la mano, ocasionada por un accidente hacía dos meses atrás y, así poder reanudar sus vuelos.

Sentí una alegría inmensa cuando el avión después de prender sus turbinas empezó a rodar, miraba las calles de rodaje y sus prados mientras pensaba en cómo sería el desierto y las personas del kibutz, cómo sería el recibimiento, el trabajo, en fin iba ensimismada con mis pensamientos hasta que el ruido de los motores y el avión, en su carrera de decolaje me volvieron a la realidad otra vez. Pronto estuvimos en el aire y poco a poco se empequeñecían las casas y los árboles, ¡que felicidad la que vivía!, tranquila y emocionada, me puse a leer una revista que encontré en el avión. De un momento a otro bajé de mi felicidad al escuchar la campanita que anuncia que se extinguieron las lucecitas de los cinturones de seguridad para que la gente pueda caminar por el pasillo, instintivamente alcé la mirada y vi que efectivamente se habían apagado los anuncios, observé cuando varias personas se incorporaban inmediatamente de sus sillas y pensé que era una pelea, entre dos pasajeros, un tipo que se estaba poniendo una capucha mientras le apuntaba al auxiliar en la cabeza con una pistola, después se paró otro hombre que iba atrás, y que se sentaría a mi lado por el resto del trayecto. Pero en esos instantes y al mismo tiempo otros tres tipos abrían los portaequipajes a la altura de sus cabezas sacando unos trapos negros —pasamontañas— con los que se cubrieron sus rostros, quede atónita, no me encajaban bien las ideas y, por Dios, después de estar atónita quede paralizada al ver que, también sacaban pistolas plateadas grandísimas.

Uno de los hombres de adelante se fue a la cabina y el otro, el más robusto y de voz ronca con acento paisa que nunca se me olvidará, tomó el mando del avión. ¿Qué pasa?, no entiendo, ¿será que estoy imaginando esto? Quise ver a papá, pero no pude por su ubicación respecto a la mía. En ese momento habló el tipo, diciendo: «atención todo el mundo, pongan las manos encima del espaldar del asiento delantero ahora y agachen sus cabezas en medio de ellas mirando al suelo». Hizo una pausa y continuó: «somos un grupo de las autodefensas unidas de Colombia, que estamos trasladando a uno de nuestros comandantes a una de nuestras zonas, una vez desembarque, podrán continuar con su vuelo hacia Bogotá, hagan lo que se les dice; aquí ninguno se las venga a dar de héroe, porque le va mal y así nadie saldrá lastimado. Yo empecé a descontrolarme, pues pensé: «Mi papá se va a levantar para venir a calmarme, y le van a pegar un tiro pensando que se las va a dar de héroe». Yo miraba para todos lados y el tipo que coordinaba me hizo señas con la mano para que fuera hasta donde él estaba. El otro secuestrador, el que se me hizo al lado, me dijo:

—Mona, la están llamando.

Yo me paré, di cinco pasos y el tipo que mandaba me gritó:

—No, que se siente y agache la cabeza.

Retrocedí y volví a mi puesto. Estaba tan nerviosa por lo que ocurría que el hombre que se encontraba a mi lado me dijo:

—Cálmese, mona, que nada les va a pasar.

—Es que mi papá está adelante, por favor no le hagan nada, tal vez se va a parar para venir hasta acá —le dije.

Insistió en un tono fraternal que no me preocupara.

—Señor, ¿es que nos van a sacar del país? —aproveché y le pregunté, y él me miró como diciendo: «¡Que imaginación!».

—No, mona, vamos a aterrizar y ustedes continúan.

El apoyaba su mano a la cabecera de la silla delantera, su mano era delgada, sudorosa y temblaba.

Miré las caras de la gente, vi su angustia reflejada en ellas, escuché murmullos, quejidos y el llanto de una mujer que se encontraba al otro lado del pasillo en la misma fila. En ese momento, oí a mí papá que me llamaba y me decía que me calmara y no me moviera, que todo estaría bien que no me preocupara, que él estaba bien. Por mi parte le contesté que no se preocupara por mí, que no era yo la que lloraba, que estaba calmada y que no me iba a mover, que tranquilo, oírlo hablar de manera tranquila me calmó un poco, pues mi preocupación era él, y que lo confundieran con un oficial de la marina, por la similitud de uniformes.

Tú sabes, yo uso gafas para leer y las tenía puestas. Llevaba unos dólares para el viaje en mi cartera. Entonces le dije al hombre que me dejara guardar mis gafas, pues me daba miedo de que en el aterrizaje se fueran a partir y se me metieran los restos en los ojos.

Me dijo que sí. Metí rápido las gafas en mi cartera y saqué el sobre donde tenía los dólares y me los guardé en el bolsillo. Esa fue mi única reacción en ese momento.

El avión dejó de ascender y empezó a descender lentamente, a través de la ventana vi que estábamos atravesando un gran río, luego, cerca de la otra orilla, el avión de repente hizo un ruido espantoso y vi como bajaban las ruedas de aterrizaje al tiempo que se pronunciaba el descenso, luego las copas de los árboles estaban a la misma altura y el avión siguió descendiendo más y más hasta tocar el suelo… El aterrizaje estuvo «mantequillero», muy suave, aunque salpicó mucho barro y el Fokker iba quedando enterrado a medida que iba reduciendo la velocidad mientras que los motores sonaban cada vez más, una vez que el avión casi se detuvo empezó a virar como para regresar, pero algo lo atascó y no se movió más a pesar de los esfuerzos del piloto que aceleraba al máximo las turbinas aunque infructuosamente, no se movió más al tanto que sonó un estruendo grande y los dos motores se apagaron muy rápido y al mismo tiempo, de inmediato abrieron la puerta y el que estaba adelante como coordinador se abrazó con otro y ambos empezaron a gritar:

—¡Coronamos!

Se felicitaron unos a otros y nos avisaron que debíamos dejar todo dentro del avión, que solamente podríamos llevar en la mano nuestra identificación para entregarla a la persona que llevó la vocería en el asalto del avión. Así lo hicimos, uno a uno nos fuimos levantando. Mi papá esperó a que yo pasara a su lado para salir conmigo, y cuando estuve a su lado me pregunto:

—¿Estas bien? —le conteste que sí.

—¿Y tú cómo estás? —le pregunté, me contestó:

—Bien, bueno salgamos a ver qué es esta cosa.

Caminamos hacia la puerta donde entregamos nuestras identificaciones. A la salida del avión, vi que seguían ovacionando al paisa de la voz ronca, felicitándolo por su triunfo. No sentí rabia, estaba aterrada mirando el panorama, todo ocurría tan rápido que la mente no podía discernir entre lo que para unos era felicidad y para otros, humillación. Pronto el clima intenso de la zona, calor y demasiada humedad, me atrapó y me sacó de aquella celebración. El calor del Magdalena Medio —la región en donde aterrizamos— es algo insoportable: la ropa se queda pegada al cuerpo y en especial ese día, el sol estaba dando su máximo esplendor.

Seguimos a los pasajeros que salieron antes que nosotros e iban caminando a lo largo de la pista, el avión se había trabado porque se hundió en el barro, toda la pista era un solo lodazal y se nos dificultaba mucho caminar, los zapatos se enterraban, sacarlos era con esfuerzo, gracias a Dios, llevaba tenis, pero las señoras que iban con tacones y sandalias andaban con mucha dificultad, algunas optaron por descalzarse y andar así. Era más fácil aunque horrible ya que, nadie esta acostumbrado a andar así, ni el más pobre de los campesinos, estoy segura que si nos hubiera visto en estas, nos compadecería, pero no era el campesino quien nos estaba viendo, eran muchos hombres y mujeres uniformados, sin ninguna insignia o algo que fuera distintivo, al lado de la pista y a todo lo largo de ella, por ambos lados, haciéndonos como una especie de calle de honor. Algunos tenían cámaras y nos filmaban, se veían sonrientes, orgullosos de su increíble hazaña. Nunca me sentí tan rara en la vida como en aquel momento: que me filmaran como si fuera una mercancía que se va a negociar más tarde. Se me hizo muy extraño, hasta ese día, comprendí lo que representa sentir la palabra humillación. De repente detrás nuestro sonó un disparo, nos detuvimos y volteamos a ver que estaba ocurriendo, uno de ellos, el que estaba cerca del avión, se disculpó diciendo que se había disparado un arma accidentalmente, que no nos preocupáramos y que no miráramos para atrás, que siguiéramos caminando. Le pregunté a mi papá si podrían desenterrar el avión rápido para continuar el vuelo, me dijo que no, ya que se necesitaba maquinaria especial para que limpiara la pista del fango, que por el momento no me preocupara por eso, seguimos caminando, todavía y a estas alturas de la situación yo les creía que bajarían a un comandante y que nosotros seguiríamos a Bogotá, ¡qué ilusa!…

—¿Qué pasa aquí? —le pregunte a papá.

—Esto, Leszli, es un secuestro.

—Papi, ¿y quienes son?

—Nena, son de la guerrilla, pero ni idea de cuál de todas, pues no tienen nada que los identifique. Me lo dijo mirando alrededor mientras su cara me decía que no hiciera más preguntas.

Es que si me hubiera dicho a cuál de todas las guerrillas pertenecía esta gente, yo tampoco habría entendido, en ese momento, mi papá, tendría que haber empezado por explicarmê qué es guerrilla.

No hubo muchas palabras entre los dos ese momento, sólo miradas que expresaban mil palabras de angustia. Atravesamos toda la miserable y embarrada pista, nos dolían los tobillos por el esfuerzo y falta de costumbre.

Al final de la larga travesía, uno de ellos nos recibió, al tanto que nos guió, con un tono de prisa y decencia: «por aquí, por favor», decía y nos señalaba un pantano inmenso lleno de altos pastos, como cañas, a los lados. En medio del gran pantano se podía ver a un pasajero delante nuestro vestido de saco y corbata y con el agua amarillenta del pantano a la altura del pecho con los brazos levantados fuera del agua como para salvar de mojar aunque sólo fueran las mangas, entretanto una ancianita bastante desorientada, que viajaba recomendada a la tripulación, por lo avanzado de su edad, y a quien llevaban dos de los uniformados en brazos, se quejaba diciendo: «como está de cambiado Bogotá, esta muy desmejorado el aeropuerto El Dorado».

Dos botes grandes, cada uno con un motor fuera de borda, nos estaban esperando en la ribera de un río de unos veinte metros de ancho, con una leve corriente de agua. Nos invitaron a abordar las chalupas, de las que cuelga un motor diminuto, y nos ayudaron para que no perdiéramos el equilibrio y que nos pusiéramos cómodos en el fondo de ellas, ya que era menos peligroso que estar sentados en los travesaños o en los bordes. Cada chalupa tenía capacidad para unas veinte personas sentadas frente a frente con los bordes interiores como espaldar, eran como inmensos bananos cortados por la mitad a lo largo sin la fruta, solo la cáscara, en el fondo tenía una pulgada de agua sucia de barro, gasolina y aceite negro, ahí nos sentamos, no había más, ¡lástima de vestidos!: todos sabemos que la gente escoge lo más elegante para lucir durante un viaje por avión y ahora esas prendas quedaron impregnadas de toda esa mugre, pero ni modo.

El paisaje era muy llanero; dentro del río, alguien señaló un caimán, otros decían que era un tronco, lo raro era que al tronco que estaba a unos 10 metros de nosotros no lo movía la corriente del río. Una vez acomodados, prendieron el pequeño motor después de cómo siete intentos y empezamos a navegar en contra de la corriente hasta llegar a una «y» internándonos en el brazo derecho. La unión de esos dos cauces hizo desestabilizar la embarcación, pero a la voz de un: «no se muevan, quédense quietos y tranquilos que esto no se voltea», nos quedamos quieticos y efectivamente no se volteó. Más adelante otra «y» luego otra más y otra y otra, tantas que llegué a pensar que estaban perdidos, pues no es fácil guiarse por esos parajes tan entrelazados. Al cabo, le pregunté a mi papá, que cuál río era éste y me dijo que era uno de los brazos del Magdalena, que en esta parte se subdivide convirtiéndose en una especie de delta, para luego ir a unirse al Magdalena otra vez por varias partes.

Pasábamos bajo enramadas de árboles con sus troncos dentro del agua, nos tocaba agachar la cabeza, para esquivar las ramas y no rasguñarnos. En una de esas el motor se apagó y el barquero se disculpaba diciendo que estaba fallando, que debió traer el otro motor, pero que éste prende, y acto seguido sacó unas herramientas y se puso a hurgar al motor, soplando y secando algo con su camisa, mientras al bote lo arrastraba la corriente. Mi papá no pudo contener la risa diciendo: «no lo puedo creer, semejante operativo para que este motorcito venga ahora a cagarse en todo»; y todos nos reímos.

Me dio mucha sed la caminata, el calor y todo este lío, mi papá, me advirtió de no tomar de estas aguas ya que contienen amebas, que me aguantara un poco más. Él creía que esta situación no duraría mucho, por lo pequeño del motor. Uno de los uniformados me alcanzó luego una botella de agua Cristal, pero con agua amarillenta de río. Se lo agradecí, pero no me la tomé, mientras pasaba el tiempo empezamos a hablar entre los pasajeros, de que hacían, por qué iban a Bogotá, etc. Ellos, a su vez, al ver a mi padre uniformado y el de más edad y experiencia entre los tripulantes, le hacían preguntas sobre qué opinaba del asunto. Él, usando la lógica y su experiencia, les comentó que creía que un golpe de éstos tuvo que ser muy bien planificado, con mucha antelación y mucho dinero, que todo esto no era gratis. Por tanto, creía él firmemente que se trataba de un secuestro masivo que podría terminar de dos o varias formas: entre ellas, primero, que nuestras familias pagaran por nuestro rescate o, segundo, que se tratara de un operativo contra el gobierno y/o a la compañía Avianca. Por mi parte, yo seguía pensando en mi viaje al kibutz, que no se me podía malograr, si bien no veía cómo y, por supuesto, no tenía idea de cuánto tiempo nos iban a tener en éstas. Así que se lo pregunté a mi papá, que cuánto tiempo creía que nos íbamos a demorar. Se quedó mirándome y me dijo que hubiera querido mil millones de veces que me hubiera ido para Israel, pero que sería mejor que me fuera sacando la idea de la cabeza, ya que él calculaba, por la magnitud de la obra, un mínimo de seis meses. «Papá», le dije, «¿seis meses? Ja, estás loco, eso es imposible, yo no creo, estás exagerando, por Dios, papá, eso es muchísimo tiempo».

En eso estábamos cuando vimos que el bote se aproximaba a la ribera donde había una pequeña casita campesina con techo de paja, al lado de la cual estaban parqueadas cuatro o cinco camionetas grandes marca Toyota, y más gente, todos uniformados igual al ejército, cargando cantidades de balas en cinturones que colgaban de sus hombros y se cruzaban haciendo una equis sobre el pecho. De los cinturones les colgaban granadas y como unos cohetes pequeños con aleticas y, además, llevaban ametralladoras colgadas del hombro. Además tenían pistolas, puñales y, como si fuera poco, llevaban de la mano un arma con una asa de madera, para cargarla más fácilmente, que terminaba con un trípode. Esta gente si empezaba a infundir miedo. Mi padre pudo sentir mi angustia y la de los demás y, sonriendo tranquilo, nos dijo a todos: «pienso que aquí es mejor por las buenas», todos volvimos a reír y nos dispusimos al desembarco.

Igual que cuando embarcamos, a los pasajeros nos ayudaron con mucha cortesía. A medida que salíamos, nos fuimos agrupando al lado de una cerca de madera para el ganado, nos agrupábamos instintivamente, para darnos apoyo unos a otros: ellos, los uniformados, allá; y nosotros acá. Nos ofrecieron galletas, refrescos y cigarrillos, luego las mujeres pedimos ir al baño y nos señalaron una especie de baño: cuatro paredes hechas de tablas con espacios de cuatro centímetros entre cada una, donde la gente si hubiera mirado ese «baño» desde afuera, perfectamente habría podido ver al que estaba adentro; pero como no había más, pues ni modo. Las mujeres hicimos instintivamente nuestra primera alianza allí, organizándonos por grupos que, si bien no tenían en el momento necesidad, solidariamente servían de acompañantes para vigilar a las otras, mientras estábamos en el «baño». Cuando volví le dije a mi papá que eso era muy incómodo para nosotras, y él me contestó que podría ser peor. Y tenía razón, definitivamente podría haber sido peor. Imagínate el mismo cuento en una balsa, con todos adentro en medio del mar, acá por lo menos tengo bastante espacio donde caminar mientras busco el lugar apropiado, lejos de todos, sin que nadie vaya a vigilar. Al menos por ahora, están respetando la privacidad y eso está muy bien, ojalá sigan así hasta la liberación. Todo esto depende de que no pierdan la confianza en nosotros, es una pequeña ventaja que tenemos, concluyó mi papá.

Me acerqué a los camperos para coger un buen puesto (delante): estaría más cómoda y con papá a mi lado. Me acerqué y le dije que ya tenía un puesto para él en un buen lugar, y él, por solidaridad con los demás o por pendejo, dijo que ya había visto su posición en el campero y que se iba a acercar para que cuando llamaran no se lo quitaran, ya que, según él, era el puesto más estratégico... ¿Estratégico? ¿Con la mano en ese estado? Si quería dárselas con los demás de todo terreno, allá él, me subí y miré para todas partes y vi a una señora, le dije: suba le estaba guardando este puesto. (De mi papá, ¡tan mentirosa!). La señora muy amable me agradeció el gesto de amabilidad. En el camino, durante sus innumerables quejidos, me contó que estaba recién operada, y que aún no le habían quitado los puntos. Tenía miedo porque, de tanto salto, de pronto se le podría abrir la herida. Pobre, y yo pensando en la mano torcida de mi papá y esta señora en esas condiciones. Me alegré de que papá estuviera atrás con los demás y de que yo pudiera darle el puesto a ella.

Nosotras, delante con el conductor, detrás mi papá, sentado en una de las tablas que van de un lado a otro de las estacas. Me hizo señas de que estaba bien, al tiempo que nuestra camioneta empezó a andar primero que las otras. Su velocidad era normal para ese tipo de terreno y pronto llegamos a otra carretera muy ancha e inmensamente recta y en mejores condiciones, era plana en lo posible. Allí fue donde el chofer aceleró a gran velocidad y le dijimos que no conducjera tan rápido, que todos estábamos saltando y que nos iba a matar; pero nos contestó que ésa era la orden, que debíamos abandonar lo antes posible la carretera, que si el ejército enviaba los helicópteros nos *rafagarían* sin contemplación. Le pregunte que es *rafaguiar* y me contestó que un chorrero de balas bien grandes de ametralladoras, y que yo no querría saber lo que era eso, porque todos nos quedábamos muñecos. Deduje por su explicación que «muñecos» quería decir «muertos».

Pensé en mi papá, y me reproché mentalmente que no se hubiera subido en la parte delantera conmigo.

Le pregunté al conductor si la radio funcionaba.

Me dijo: «yo no sé», en un tono seco.

—Pues miremos —repliqué. No musitó palabra.

La prendí y estaban dando la noticia de un avión, de la empresa Avianca, que hacía su ruta entre Bucaramanga y Bogotá, que había perdido todo contacto con la torre de control y que se encontraba desaparecido desde las 10 de la mañana. Vi mi reloj, eran las 12:30 de la tarde. Pensé en mi mamá, pobrecita, estará pensando que estamos muertos, y lo mismo mis hermanos. El conductor detuvo la camioneta de repente para hablar con unas personas que estaban en la vía esperando, mientras yo le avisaba a mi papá que la noticia la estaban dando por radio, que les seguiría informando. Al cabo de dos o tres minutos, reanudamos la marcha, otra vez a gran velocidad.

Pasamos por varios caseríos donde las personas que allí vivían nos miraban pasar a lo largo de la vía con caras de pesar, de la misma manera como cuando uno (o al menos yo) ve en la carretera un camión lleno de vacas que se dirige al matadero. Como miran por las rejillas directamente a los ojos de las personas. Miradas tristes, que presienten su trágico final. ¿Tendríamos las mismas miradas de las vacas en aquel momento?

A lo largo de la carretera, me llamó mucho la atención ver que los letreros que decían «Bienvenido a» (supongo que el nombre del pueblo, porque en el segundo renglón decía: numero de habitantes:) estaban tapados con trapos. No querían que supiéramos donde carajo estábamos. A lo lejos, muy lejos, podía vislumbrar la diminuta silueta de la cordillera oriental, de donde en alguno de esos lados, habíamos aterrizado. De pronto, de atrás, los guerrilleros le gritaron al conductor que se detuviera: habían visto un helicóptero blanco, sobrevolándonos y lo querían derribar. Fue un momento de mucha angustia, pensé que venía la «*rafaguiada*». La camioneta que venía detrás se detuvo a nuestro lado a indagar por qué nos habíamos detenido. Gritaban que iban a tumbar el helicóptero. Mi padre les dijo que ese helicóptero estaba a más de tres mil pies de altura por lo que no lo podían alcanzar y que estaban perdiendo tiempo, aparte perderían municiones. En medio de todo eso, alguien gritó: arranque, hermano, que es para hoy. Con esto, el chofer continuó el intenso viaje, aún más rápido, pero esta vez ni la señora ni yo le dijimos que menguara la marcha, por el contrario, que acelerara. Fue un alivio que no le hubieran disparado, todos estuvimos durante esos breves segundos extremadamente tensos.

En algún lugar del camino el conductor aminoró la marcha para desviarse a la izquierda, por otra carretera, aproximándonos a unas suaves lomas que, una vez llegamos a ellas, ya no se veían tan suaves y que más bien trepamos después de que la camioneta cruzara un rio deliciosamente cristalino, tras librar una lucha feroz entre el agua, las rocas y el conductor que le exigía al motor toda su potencia, acelerándolo al máximo en medio de fuertes ruidos, tanto del motor como de las inmensas rocas que estaban en el lecho del río, y contra las que resbalaba y se golpeaba fuertemente el vehículo. Nosotros saltábamos sin control, violentamente, mientras yo trataba de sujetarme y sujetar a la pobre señora que estaba muy adolorida por su reciente operación.

Mientras subíamos y bajábamos a gran velocidad por las lomas, en medio de una carretera en la cual difícilmente cabían dos carros, de vez en cuando el chofer nos señalaba unas pequeñas parcelas de color verde claro. Son matas de coca, decía, y nuevamente se concentraba en manejar peligrosamente. Varias veces cuando bajábamos por una pendiente, la carretera terminaba en una curva cerrada que tenía un puente hecho de dos tablones largos a lo que él, sin aminorar la marcha, pasaba veloz haciendo caso omiso a nuestras quejas de que por lo menos en esos casos redujera algo la velocidad. Nunca lo hizo, mientras, de vez en cuando, veía a un uniformado al tanto de nuestro paso.

Eran cerca de las tres de la tarde cuando nos detuvimos brevemente en una meseta. Allí nos dieron galletas y jugos en botellas; el chofer trajo también un cartón de cigarrillos. Luego proseguimos por cerca de veinte minutos más hasta llegar a unos pocos ranchos, y cuando nos paramos, los pasajeros aprovechamos otra vez para bajarnos a estirar las piernas e ir a la orilla del camino a orinar. Allí pregunté quién era Ana María Gómez, y una muchacha casi de mi misma edad dijo: «soy yo», y le conté que había escuchado a su mamá hablar por la radio, que estaba muy nerviosa y que le prestaría atención a lo que dijera. Otros preguntaron si yo había escuchado sus nombres, y repliqué que estaría pendiente. Los uniformados nos prohibieron orinar ahí, pero demasiado tarde, ya todos habíamos orinado. Pidieron que abordáramos nuevamente las camionetas para continuar el viaje y, después de asegurarse de que todos habíamos abordado, uno de ellos, subió con un perrito, y continuamos lo mismo, por aproximadamente media hora más. Finalmente, después de descender por una hondonada, nos detuvimos en un pequeño caserío, con pocas casas de madera cuyos techos eran algunos de láminas de zinc y otros de paja, también había una escuelita donde ingresamos para descansar.

La escuelita tenía dos o tres aulas, un amplio patio de recreo, y en su centro un gran rancho redondo con muchas columnas sin paredes. El piso era de cemento y el techo de paja, al fondo había una cerca de piedra y más allá pasaba un riachuelo. Mientras nos reponíamos del duro viaje, empezamos a conocernos entre todos los pasajeros y todos tratábamos de hablar con alguno de los secuestradores. Alguien de los nuestros nos contó al rato que uno de ellos le había confiado que eran elenos, es decir que no eran del grupo armado de las Autodefensas Unidas de Colombia (AUC) como nos habían hecho creer en un principio, sino que pertenecían al ELN o Ejército de Liberación Nacional.

Vimos en el rancho muchas colchonetas delgadas, de espuma de caucho. Estaban nuevas, ya que cada una tenía su envoltura de plástico original. Afuera del rancho nos dieron gaseosas, jugos, cervezas, galletas. En horas de la tarde miré el reloj contemplando la posibilidad de llegar a tiempo a Bogotá. Justo en ese momento me di cuenta de que mi avión a Madrid ya debía de estar por salir, de que mi viaje se me iba y con él las ilusiones. Mi papá, como si supiera mis cavilaciones, se me acercó y me dijo:

—Si, nena, esto va pá largo, ¡nada que hacer!

En ese instante me llegó la primera porción del verdadero significado de una palabra: impotencia.

Más tarde llegó la comida rica del día. ¡Cómo cambian las cosas! Apuesto que si hubiera escrito esto ese día, y no hoy, sólo habría dicho «llegó la comida», sin ningún adjetivo. En fin era: era carne asada, arroz, papa, espaguetis y ensalada. No quise comer al principio, hasta que llegó mi papá y me dijo:

—Haz el favor de comerte todo lo que te sirvan, no sabemos si después nos den la misma porción, tal vez después no haya comida. Acuérdate que estamos secuestrados. Esto no es un juego. No estás en la casa —concluyó con un tono enérgico y se alejó.

Quise llorar de rabia, no tenía hambre. Reconozco que la combinación de espaguetis con arroz me rebotó en ese momento, pero sus palabras me decían que tenía que obedecer y además tenía razón. Esto no es un juego, me dije y me dispuse a comer y me lo comí todo. Ay, Leszli, si hubieras sabido en aquel momento que vendrían combinaciones tan insólitas como sardinas en lata con espaguetis, como te habrías jactado de placer comiendo la cena, aquella maravillosa cena del primer día.

Después, nos dieron a cada uno jabón en barra, cepillo dental y pasta dental, una pequeña toalla y una linterna, y repelente para los mosquitos: ¡vaya! Sí que eran buenas épocas… Hoy en día, se burlan cuando pedimos repelente, además no hace falta, ya nos acostumbramos. Uno que otro mosco se me acerca y me pica; del resto, nada. Ya no tengo sabor a nuevo.

Pero continuemos con esto, si empiezo en comparaciones con el principio no terminaré jamás. Más adelante prendieron un pequeño motor que generaba electricidad y con ella prendieron un bombillo en lo alto de una vara y nos invitaron adentro de una de las aulas o la única para que viéramos el noticiero por televisión, donde se informaba al país que no era un accidente aéreo sino un secuestro, y aunque no le atribuían la autoría de los hechos a nadie, daban la mayor probabilidad a la guerrilla del ELN. Durante el noticiero mostraron los nombres de cada uno de nosotros junto con una foto. Mientras los veíamos, cada uno decía; uy, ése soy yo; el otro; caramba, es mi nombre. Y así, disimuladamente, cinco nombres no fueron reportados, nadie pronunció palabra y miramos alrededor para saber quienes eran los que faltaban, conclusión: los secuestradores. También mostraron un video del avión y del lugar donde aterrizamos, todo nos pareció todavía más irreal. ¡Cómo había de imaginarme que algún día sería parte de activa de semejante noticia! Nunca veía noticieros, y ahora ver mi nombre en la lista de personas me parecía muy raro. Después de verlo por el lado negativo, lo vi por el lado positivo: Mi familia, la del otro lado, mi mamá, Carol y Nandor ya deberían saber que no estábamos muertos, que el avión, mal que bien, había aterrizado.

Después del noticiero, fuimos al rancho del patio. Allí cada uno debía tomar una colchoneta y extenderla en el suelo y esperar mientras nos iban llamando para una entrevista con una guerrillera, que hacía de secretaria en un pupitre, y quien anotaba en un cuaderno cada respuesta a las preguntas que nos hacía un guerrillero. Uno a uno fuimos pasando, dando la información del lugar de nacimiento, fecha, dirección donde vivíamos, teléfono, ocupación, nombre de los familiares, de la entidad, dirección, teléfonos, cargo, tiempo de servicio a los que trabajaban, motivo del viaje y estado de salud. Después de cada entrevista, veíamos las caras de angustia de algunos pasajeros. Luego nos invitaban a descansar deseándonos «buenas noches». No escuché a ninguno de los pasajeros responder «buenas noches».

Al primero que lo escuché quejarse fue a Juan Manuel Corzo, que se acercó después de su entrevista hasta donde estaba mi papá con algunos otros tripulantes y pasajeros y nos dijo, algo así como: «Hermano, quedé jodido, aquí quedé clavado, Yo soy congresista. Después saltó otro y le dijo: peor yo, soy el gerente de Ecogas, (una importante compañía del Estado). Así, uno a uno, hicieron corridillo. ¿Buenas noches? Serían las primeras buenas angustias.

EFECTIVAMENTE, LAS ESTACAS SE ACABABAN DE CLAVAR. AQUÍ ESTAMOS AÚN CLAVADOS.

A las 4:45 A.M. nos despertamos, nos paramos de las colchonetas y nos arreglamos. Empieza otra vez el cuento de preguntar, de mirarnos las caras y de conocernos un poco más. En ese momento escuchamos noticias: que ningún grupo se había pronunciado autor del secuestro y, en fin, las mismas cosas del día anterior. Nos reunimos los pasajeros y los tripulantes y nos tomamos las manos, hicimos un gran círculo y rezamos. No había de otra. Ya la suerte, como dicen, estaba echada.

Nos llamaron y hablaron:

—Ustedes empiezan a caminar a las 6:00 a.m. A unos les tocará en mulas, a otros a pie.

Así fue.

A mí me dijeron:

—Leszli, ya todos cogieron mulas y se acabaron. Te tocó caminar.

En ese mismo instante una mula loca empezó a correr, y el que estaba montado en ella dijo que no quería ir en mula. Me la ofrecieron y la tomé. Ya nos habíamos despedido de los pasajeros a quienes por razones humanitarias habían permitido que se quedaran: viejitos, la señora recién operada, la embarazada y el bebé de tres meses.

Largas horas de camino: cruzamos ríos, montañas, valles, senderos y un sinfín de sitios más. Los paisajes eran lindísimos, parecían de sueño.

Por fin llegamos a una casita. Ese día dormimos muy mal. Al día siguiente nos colocamos alrededor de una mesa e hicimos la presentación oficial. Nos contamos algunas cosas, como de dónde éramos, qué hacíamos. Lo típico...

La comida cambió: fue arroz y jamoneta, con una especie de naranjada, pero la verdad es que era agua, muchísima agua, con el zumo de dos naranjas, mucha azúcar y ya. Pero, en fin, tenía sabor a naranjada.

Nos acomodamos en dos partes: las mujeres en el mejor sitio y los hombres en otro. Ese día, cuando escuchábamos las noticias en un radio que tenía un guerrillero, vimos pasar la primera serpiente: nada más ni nada menos que una coral, pero la mató un guerrillero. Así terminó nuestro segundo día.

Otro día. Nos levantamos temprano. Había café para todos. Nos reunimos y pedimos a la guerrilla el favor de que nos dejaran bañar. Fuimos a una quebrada y nos bañamos, las mujeres aparte de los hombres. Cuando salimos nos pusimos la ropa encima de la piel mojada, y nos tocó esperar a que el cuerpo se nos secara, pues no teníamos toallas. Las plantas de mis pies estaban arrugadas, como suele pasar cuando uno está mucho tiempo en el agua.

Nos reunieron y repartieron botas guerrilleras. Sólo llegó un par de botas 38, y necesitábamos dos, pues Ana María calzaba igual que yo. Le dije que las tomara, pues yo al fin y al cabo tenía tenis y ella estaba en sandalias. Así lo hicimos. Pero mis tenis estaban mojados.

La marcha continuó. Fue una jornada extenuante. Yo no estaba acostumbrada a caminar tanto ni a andar en mula. El terreno era lodoso, las mulas se enterraban con facilidad y los que caminaban daban un paso, se enterraban, halaban la pierna para sacarla del barro, pero sólo salía el pie; la bota quedaba enterrada. Les tocaba sumergir el brazo, buscar la bota en el fango y sacarla. En esas perdían el equilibrio y ¡pum!, caían y se ensuciaban. Todo era sudor, barro, cansancio, estrés, y fuera de eso mil zancudos molestando; habían tantos que se metían en los ojos, los oídos, la boca. Era insoportable.

Hacíamos descansos de diez minutos y continuábamos. Nos decían que teníamos que acelerar la marcha hasta llegar a un sitio seguro, pues el Ejército nos estaba buscando y si nos encontraba podían surgir enfrentamientos y sería peor. Preguntábamos constantemente:

—¿Dónde estamos? ¿A dónde vamos?

Ellos respondían:

—No sé, yo por aquí no conozco —y a nosotros nos causaba gracia, pues ellos siempre sabían por dónde coger e iban liderando la marcha.

Llegamos a una casita muy pobre que estaba cerca de un río bien rico. Nos bañamos y nos acomodamos como pudimos, ya sin tanto protocolo como los días pasados. Ana María Gómez era mi gran compañía; nos bañábamos las dos, comíamos juntas y hablábamos siempre. Yo, bien que mal, secuestrada o retenida, estaba con papá; pero ella se encontraba sola. Yo quería que sintiera respaldo y compañía de parte de papi y de mí.

Nos acostamos después de escuchar noticias que hablaban de nosotros las 24 horas seguidas, pues aún nadie se atribuía el secuestro del avión Fokker.

Despertamos y otra vez desayunamos arroz y jamoneta con limonada; pero preparada igual que la naranjada de la vez pasada. Nos pidieron que no saliéramos mucho porque podía pasar el avión fantasma y nos podían ver. Nosotros respondimos que sí, pero a la media hora ya estábamos hablando afuera. Como no hicimos caso, nos reunieron y nos hicieron subir a la montaña para que estuviéramos metidos en el monte durante toda la tarde. Ahí nos subieron el almuerzo, que fue arroz y atún. Como nadie tenía platos ni tenedores, nos sirvieron en hojas de arbustos o ramas grandes, y tuvimos que coger la comida con la mano, pues sólo había una cuchara para todos y nadie tenía ganas de esperar a que le llegara el turno.

Después del almuerzo nos repartieron sudaderas, camisetas, medias, calzones, y a las mujeres, brasieres. Estábamos felices, pues ahora si podíamos lavar la ropa y ponernos algo limpio y seco. En la tardecita, ya había empezado a oscurecer, bajamos al río, lavamos la ropa sucia y nos pusimos la nueva. Y después a tratar de dormir, porque ya sabíamos cómo eran las marchas de esa gente: sencillamente extenuantes.

Me pareció una ironía que empezaran los roces entre nosotros. En una de esas, papá dijo que si se proponía la liberación de un grupo, que había que presionar para que soltaran primero a las mujeres, pues para ellas era todo más difícil. Uno de los pilotos alzó la voz y dijo que no sería así, pues él tenía el mismo derecho de salir que cualquier mujer. Eso a la mayoría le pareció muy feo, sobre todo a las mujeres, porque nadie esperaba escuchar eso de un piloto.

Al amanecer, empezó de inmediato la jornadita. Se nos dijo que el desayuno estaría a tres horas de camino. Ahí descansaríamos una hora y continuaríamos durante cinco horas hasta llegar a un campamento.

Al paso de esta gente lo dicho habría salido al pie de la letra, pero con nosotros era un cuento diferente. Las primeras tres horas se convirtieron en cuatro, y como estaba previsto, descansamos una; y las cinco horas fueron seis. Total: once horas y algo más. Llegamos a eso de las 5:45 ó 6:00 al campamento. Nos dieron comida, y a dormir. No dábamos más. Era terrible.

Cuando despertábamos todo parecía mentira. Durante unas décimas de segundo nos decíamos «¿dónde estamos?», y pronto caíamos en la cuenta de la horrible realidad: estábamos secuestrados.

¿Cuándo iba a imaginarme que esto me iba a suceder? Siempre pensé que a la gente la secuestraban porque tenía los miles de millones. Jamás imaginé que eso tan ajeno a mí también podía vivirlo yo. Qué ironía. La vida me ha dado una cachetada. El secuestro llegó a mi familia y no por un pariente lejano, sino por papá y por mí, por dos personas de la misma familia. ¡Sin duda, algo trágico!

Cada día, a cada instante, me pregunto: ¿Por qué esto nos pasa a nosotros? ¿Por qué? ¿Por qué? Lo único que he conseguido es llenarme de odio hacia la vida, porque siento que me ha dado la espalda. Siempre supe que en la vida había cosas injustas, pero hasta ahora sólo he visto espejos; jamás pensé que me tocaría afrontar una injusticia de semejante magnitud.

Los días pasaban largos. Hablábamos mucho. Unos dibujaban con hojitas tableros de ajedrez en el barro: marcaban en la tierra un cuadrado con 64 cuadritos interiores y colocaban en ellos hojas de diferentes formas; las más pequeñas eran los peones, otras los caballos, otras eran torres, y así sucesivamente. Después de un tiempo el juego se perfeccionó con pilas viejas, piedras, trocitos de madera; igual pasó con las damas chinas.

En las noches nos reuníamos en el salón de juegos o comedor, como lo llamábamos, y rezábamos, hacíamos una gran súplica por nuestra pronta liberación y entonábamos cantos de paz.

A este campamento lo bautizamos «Campamento de los 32», pues allí llegamos 32. Pero el 25 de abril nos reunieron y nos dijeron:

—Los vamos a dividir en dos grupos. Unos salen hoy mismo a caminar. Ellos son: Francisco López, Juan González, Laureano Caviedes, Uriel Velasco, Ana María Gómez, Gloria Amaya, Daniel Hoffmann, Manuel Fernando Torres, Diego González, Fernando Buitrago, Yezid Gómez, Nicolás Pérez, Abner Duarte, Juan Manuel Corzo, Laszlo Kálli y Leszli Kálli. Alístense. Salimos en una hora.

Papi se fue a hablar con el que nos dio la noticia, y después llegó y me dijo:

—Leszli, a los que se quedan los van a liberar primero. Dime si quieres quedarte.

—Papá, aquí llegamos los dos y nos vamos los dos. Yo me voy, pero contigo. Espero que respetes mi decisión —le respondí.

Le dio rabia, pero me entendió. Su gran preocupación era yo, pero para mí en ese momento él era mi todo.

Dios sabe por qué hace sus cosas de ese modo. Ante sus ojos todo vale, todo se comprende y todo puede suceder; pero a los hombres nos queda difícil ver y aceptar dichas realidades.

Nos despedimos de los que se quedaban y salimos. No sabíamos en qué dirección íbamos, pues el único medio de orientación era el sol y éste no se veía por la espesura de la selva.

Larga jornada. Éramos dieciséis y rendíamos un poco más, y por supuesto nos sacaban más el jugo. Salimos a las 10:00 a.m. y hacia las 6:00 p.m. llegamos a otra casita abandonada. La comida fue arroz y fríjoles enlatados; la misma limonada o agua de limón.

Descansamos y nos bañamos, y al rato empecé a sentir dolores muy fuertes, pues no había podido hacer del cuerpo. Creo que era por la misma presión, el estrés y la idea de ir por ahí en el monte. Era difícil; aún no lograba adaptarme. Hablé con Ana María y Gloria, porque eran mujeres y les tenía más confianza, y para mi sorpresa me enteré de que no era la única que en dos semanas no había podido defecar. Ellas, las dos, estaban en las mismas. Después comenté con papá, a ver si nos podían dar algo. Entonces supimos que varios hombres tenían el mismo problema que nosotras. Le comunicamos el asunto al mando del grupo y nos dijo que no tenía nada para darnos, pero nos prometió que lo más pronto posible solucionaría el problema.

Era tan pequeña aquella casa que la mitad de nosotros dormía en hamacas y los que tenían colchonetas dormían debajo de las hamacas. Para entonces ya el ELN se había atribuido el secuestro del avión Fokker, pero aún no se sabía, ni se sabe, si era político o económico. Me preocupaba que fuera económico, pues no éramos millonarios. Si era político, ahí sí el cuento cambiaba, porque sólo sería una forma de presión al gobierno.

Para ese tiempo yo estaba un poquito más empapada de lo que quería decir *guerrilla*, qué significaba *Convención Nacional*.[2]

Ellos nos decían siempre que no eran asesinos y que a nosotros no nos ocurriría nada, que por uno de nosotros ellos arriesgarían la vida de veinte de los suyos, que esto sería cuestión de un par de días. Estas palabras me daban tranquilidad, pues yo les creía, y les sigo creyendo. Además, no había de otra: sólo podíamos creerles y agarrarnos a la ilusión de que esto era cuestión de «un par de días».

El 26 de abril comenzamos la marcha al amanecer. Hizo mucho frío en la madrugada y amaneció lloviznando. A mitad de camino a Yezid Gómez lo picaron las avispas, pues la mula que el montaba las alborotó. Nosotros caminamos en dos grupos. En uno estaban Ana María Gómez, Gloria Amaya de Alonso, Yezid, Manuel Fernando Torres, Juan Manuel Corzo, Abner Duarte, Nicolás Pérez y Daniel Hoffmann; en el otro grupo estábamos nosotros, los dos tripulantes de a bordo y yo, la hija de uno de ellos, el comandante Kálli.

El grupo de Yezid nos llevaba como diez minutos de ventaja. En el momento en que lo picaron las avispas él se quedó atrás de su grupo, les avisó a los guerrilleros que era alérgico a las avispas y les pidió que le consiguieran un Advil o algo así. Cuando los del segundo grupo llegamos adonde estaba él, ya se encontraba tirado en la tierra botando babaza, morado, totalmente helado y convulsionando. La lengua se le puso como una bola y perdió el conocimiento. Fernando Buitrago y yo empezamos a darle masajes cardiovasculares (él me enseñó); cuando se cansaba yo continuaba. Pasaron veinte minutos antes de que volviera en sí. La verdad, pensé que se moriría. Jamás había visto una cosa así en toda mi vida.

La guerrillera que se encontraba en ese momento con nosotros salió corriendo a conseguir droga y a avisar por radio de lo ocurrido. Me sentí bien después, cuando Yezid despertó y nos dijo a Fernando y a mí:

—Gracias, les debo mi vida.

Nosotros le contamos lo ocurrido, pero él no alcanzó a imaginar

---

2. Convención Nacional es el espacio físico que los guerrilleros esperan que el gobierno les ceda en territorio colombiano para dialogar.

la dimensión de lo vivido. Esperamos a que descansara. Después continuamos la marcha.

Llegamos a una casita muy linda donde Ana María y yo le pedimos a la guerrilla que nos dejara hacer melcochas. Cuando terminamos nos acomodamos y dejamos listo el sitio donde dormiríamos. Después nos fuimos a bañar. Ana María y yo seguíamos con estreñimiento.

Ahí nos dejaron descansar dos días. Después continuamos la marcha hacia otra casa abandonada en medio de la selva. Esta vez la jornada no fue tan larga. En esta casa había unas tablas que corrimos para acomodarnos, y de debajo salieron dos alacranes gigantes y una tarántula.

Nos repartieron sábanas. La comida fue arroz, plátanos, fríjoles, y de postre, leche condensada; de tomar, esta vez sí hubo una naranjada bien hecha.

Siguió otro día de marcha. Esta vez nos tocó dormir en un cambuche en medio de la selva. No se podía prender una linterna porque llegaban millones de zancudos. Estábamos todos sudados, y cuando nos quitamos las botas fue tenaz: salió una peste impregnante. Esa noche nos repartieron gaseosas, papas de paquete, chocolatinas, arroz, carne de res, papas cocidas... Fue muy rico. Dormimos muy cómodos, pero con la ilusión de que llegaríamos a un campamento donde nos acomodaríamos mejor.

Al día siguiente llegamos a un campamento lleno de fango, al cual bautizamos «Campamento de los 16», pues éramos dieciséis personas las que allí llegamos. Era como esas tiendas que hacen en medio de la guerra para curar a los enfermos, muy parecidas todas. Nos acomodamos y después nos bañamos en la quebrada, que era lo único lindo que tenía el campamento. Descansamos esa noche y al otro día nos levantamos un poco más tarde. Ya no teníamos que caminar. Hablábamos con más tranquilidad.

En las noches hacíamos tertulias entre Ana María, Juan de Jesús, Juan Corzo, Pacho y yo. Hablábamos hasta tarde. Empezaron a surgir miradas, coqueteos. Era algo lógico. Ana María y yo éramos las niñas del grupo. No queremos compromisos con nadie, pero sí una buena amistad con todos, aunque sabíamos que eso con el tiempo acarrearía problemas.

En estos días hice una colecta para pedir algunas cosas para nosotros, como chocolatinas, chicles, bom-bom-bum, galletas y tintura para el pelo de Gloria Amaya, pues es peliblanca, pero se lo pinta de negro. Ella quería tintura negra para echarse cuando la fueran a liberar, para que su esposo y sus dos hijas la encontraran igual que cuando se fue.

En este campamento duramos una semana, en la cual pasaron muchas anécdotas, como la noche del 4 de mayo, noche en que ninguno de nosotros queríamos dormir. Eran casi las 8 de la noche y afuera llovía intensamente como siempre que llueve de día o de noche acá en la selva, y fue en ese momento que Juan Manuel Corzo propuso que al otro día hiciéramos una obra teatral en el río. A cada uno nos asignaría un personaje para interpretar *El gato con botas*. Mi papá le dijo que de niño se sabía esa historia, pero que ya se le había olvidado, que nos la recordara a todos, y Juan Manuel enseguida empezó a narrarnos el cuento: que había una vez un rey, una princesa, príncipes buenos y malos, un río y un gato inteligentísimo, que terminó comiéndose al malo cuando éste se convirtió en ratón para demostrarle que sí podía convertirse en ratón; y ahí termina el cuento con el amigo hecho príncipe, por casarse con la princesita, y el gato con botas, millonario y feliz. Mientras él narraba, yo pensaba en como todo esto era una tragicomedia, más interesante que cualquier otro cuento, algo como para el programa de «Aunque usted no lo crea» de Ripley; ver como todo un representante a la Cámara, embadurnado de barro, en aquella terrible miseria, nos contaba en medio de un vendaval nocturno, dentro de un débil cambuche, la historia del gato con botas.

A mi papá le asignó el papel del rey, y papá se lo agradeció, diciéndole en broma que veía que lo estimaba; a Ana María le dio el de la princesita, y cuando le asignó a Abner el papel del príncipe malo, éste enseguida se levanto pálido y se fue a su hamaca. Le dijimos que no se afligiera por el papel, que sólo era una representación. Mi papá le dijo que si quería él le cedía el papel de rey, que no lo tomara tan a pecho, a lo que él contestó que el papel no era el problema sino Killer, (Killer, era un perro rottweiler, de un guerrillero al que llamábamos El Loco, que se la pasaba armando minas quiebrapatas, con unas jeringas, baterías de linternas y explosivo C4, hablaba incoherencias y caminaba de un lado a otro del campamento con su perro). Dijo que el perro había venido a buscarlo para morderlo, por lo que todos alumbramos hacia la entrada y, sí, allá estaba el perro, sentado, mirándonos a todos con una expresión rara, pero no agresiva. Entonces mi papá le dijo a Abner que el pobre perro lo que quería era estar en una parte seca, que no era por él, sino para no mojarse, para encontrar refugio de la lluvia; pero Abner insistía que no, que era por él, porque el perro lo odiaba (esto era cierto, lo odiaba a él y, también a Ana María), por lo tanto él se metía en su hamaca.

Cuando volvimos a ver, el perro ya no estaba, y se lo hicimos saber a Abner, que ya se había ido, pero él insistió en que debía estar escondido por ahí para morderlo, que esos perros eran traicioneros, lo que nos obligó a buscarlo debajo de las camas y ahí fue cuando Fernando, gritó: «miren ese animalón». Era una culebra inmensa. Inmediatamente yo, para protegerla dije «es una cazadorcita, inofensiva» y me le abalancé. Mi papá reaccionó diciéndome: «ojo, tú no conoces las culebras y puede no ser una cazadorcita, sino una muy venenosa, que se parecen mucho». Eso me detuvo, mientras, la culebra avanzaba hacia las luces de las linternas, todos nos subimos a las camas alumbrándola y gritando, «Guardia», con todas las fuerzas capaces, pero debido a la intensa lluvia y a encontrarse lejos de nosotros, no nos oían, mientras, en medio de ese caos de gritos y llantos, la culebra se arrastraba por todo el cambuche buscando las luces de las linternas.

Paso un buen rato antes que apareciera Pitufo, nombre que le acomodaron a ese guerrillero por su escasa estatura, no más de 1.40 metros, a quien el uniforme hacía parecer más bien como un enanito verde. Al llegar nos regañó por el bochinche tan espantoso que no los dejaba dormir, pero todos entre gritos le contamos de la culebra, a lo que dijo que era una cazadorcita. Enseguida se metió debajo de una de las camas para tratar de atraparla y acabar de una vez con la algarabía, cuando, de pronto, pegó un tremendísimo brinco como impulsado por un resorte gigante, saltando no menos de 3 metros para atrás, al tiempo que nos gritaba cuidado porque era una verrugosa gigante, que no la toreáramos porque era de las más venenosas, de cuyo veneno no había cura, y que él ya volvía, que iba por un palo y un machete y con eso, salió. Mientras tanto, nosotros nos turnábamos para alumbrarla, si venía hacia acá entonces apagaba la luz y otro por atrás la prendía para atraerla y cuando ya estaba cerca apagaba su linterna y otro detrás la volvía a alumbrar. Así seguimos hasta que al rato volvió Pitufo, con un palo más grande que él y un machete, rodeó el cambuche por fuera y, moviendo las ramas entrecruzadas que hacían de pared, creó un hueco por donde metió la linterna al tiempo que nos ordenaba apagar las nuestras para llamar la atención de la culebra que, obediente, siguió el haz de luz de la linterna de Pitufo y, cuando sacó la cabeza por el hueco que había hecho, le descargó un machetazo en el cuello que hizo que la culebra se retorciera en movimientos circulares y muy rápidos de su agonía final, presentándonos un cuadro tan aterrador que, en medio de la lluvia, el barro, los gritos, los llantos y la noche, bien podría comparársele a estar viviendo en uno de los círculos infernales de Dante.

Finalmente Pitufo, sacó la culebra muerta y la colgó en una viga que estaba afuera del cambuche. En cualquiera de sus dos partes que colgaba, la culebra era casi tan larga como cualquiera de nosotros, bien podía haber medido 4 metros. Curiosamente, cuando estaba en el suelo levantaba la cabeza como las cobras, aunque sin la forma del cuello que las caracteriza, pero sí elevándonos la adrenalina al máximo, por el terror y la impotencia, que generaba esa imagen real, en medio de las luces y sombras de aquel ambiente.

Una cosa que me causó mucha curiosidad fue el gringo que estaba escribiendo acostado en su hamaca, alumbrándose con la linterna. El pobre nunca entendió qué era lo que pasaba, por qué gritábamos, brincábamos, corríamos. Tal vez creyó que se trataba de un juego y no le prestó atención hasta que entró mi papá y le dijo en inglés que si había visto el tamaño de esa culebra. El gringo le preguntó cuál y mi papá le dijo: «mírela colgada donde secamos la ropa». Cuando él la vio palideció muchísimo y se quedó mudo por el resto de la noche, noche en que ninguno pudo dormir, ni tampoco teníamos ganas de seguir con el cuento del gato con botas.

No hubo forma de explicarle después al pobre Abner que el perro le había salvado la vida, y también a nosotros; si bien el perro le siguió gruñendo durante todo el tiempo que vivió con nosotros.

Todo estaba saliendo más o menos bien en medio de las circunstancias.

Para Ana y para mí, Gloria Amaya era como una mamá: ella nos daba consejos; nos bañábamos juntas. Esa semana las tres logramos hacer normalmente del cuerpo con unas pastillas que la guerrilla nos dio.

Pero como todo no podía ser perfecto, el 7 de mayo nos reunieron y, ¡sorpresa!:

—Los vamos a dividir en dos grupos de a ocho. Los que voy a nombrar salen hoy mismo a caminar: Francisco López, Juan González, Laureano Caviedes, Uriel Velasco, Diego González, Fernando Buitrago, Laszlo Kálli y Leszli Kálli.

Sentí que todo se me desmoronaba. Me hice la fuerte, traté de no llorar… Odio las despedidas. Además, sabía que me tocaría sola, única mujer en el grupo de la tripulación. Dejar a Ana María, que era como mi hermana, y a Gloria, que era como mi mamá, se me hizo tenaz. Papá siempre me había dicho: «Leszli, tanto en los aviones como en los barcos, en caso de accidente o en algún tipo de emergencia, los últimos en salir son los de la tripulación». Esa frase llegaba a mi mente una y otra vez. Ahora me repetía a mí misma: «Leszli, tienes que ser fuerte y aguantar».

La despedida fue horrible: Gloria lloraba, Ana también, y yo con un nudo en la garganta. Tenía miedo. Dijimos una oración. Me senté al lado de mamá Gloria y no aguanté: me puse a llorar. Cuando nos dijeron: «listo, vámonos», fui la primera en salir para no sentir más dolor.

Fue otro día caminando. Barro, zancudos, sudor, incomodidad, cansancio y estrés. Llegamos a otra casita donde no vivía nadie. A dormir.

Empecé a llevarme muy bien con Francisco López. Los primeros días él fue muy tierno conmigo. Empezó a surgir algo que no me esperaba, pero no de mi parte sino de él; la amistad cambió de un momento a otro: ya no me veía con ojos de amistad, sino con algo más. Empezamos a hablar sobre eso. Le hice saber mi posición y me dijo que tranquila, que él me entendía si yo no quería nada con él. Traté de hacerle entender que estaba equivocado, que uno no podía enamorarse de alguien de la noche a la mañana, que pensara mejor y que entonces todo lo vería más claro. Quedamos de amigos, pero no dejo de sentirme incómoda con él. Ya no es lo mismo: no puedo cambiarme tranquila, no puedo verlo como a un hermano, sino como a la persona que siente algo por mí.

Continuamos caminando. Mi ánimo cambió: me empecé a sentir sola a pesar de estar con papá. Hay cosas como ésa que quiero contarle, pero mi relación con él no era la mejor antes del secuestro. No le tengo la suficiente confianza como para contarle lo que me está pasando. Tengo miedo de que eso me ocasione problemas con él, lo que en estas circunstancias sería una tragedia. Lo mejor es conservar la armonía dentro del grupo y hacer de cuenta que no ha pasado nada, que todo sigue como antes, como cuando Francisco me miraba como a una hermana. Así lo hice.

Después de varios días, el 12 de mayo, por fin llegamos al «Campamento de los 8». Durante la marcha recogimos un perrito recién nacido al cual le pusimos de nombre «Fokker». En la dieta entraron otros ingredientes: lentejas, arvejas, fríjol, yuca, papa y también panela. El campamento era más organizado, pero al fin y al cabo todo la misma vaina. Nos asignaron un cambuche grande con ocho camas y nos dieron colchonetas de espuma, cobijas y más implementos: otra sudadera camiseta, juegos de ropa interior, toallas, champú, crema dental, jabón de baño, radios, linternas, pilas, cuadernos, lapiceros, a mí, toallas higiénicas. Me dijeron que si llegaba a tener cólicos avisara, que tenían droga suficiente para lo que fuera, incluyendo suero antiofídico.

Martes, 18 de mayo de 1999

Siento que mis fuerzas se me van, que me estoy hundiendo poco a poco, que no hay más salida que el inmenso hoyo en el que me estoy cayendo y en el cual no me dejo caer. Creo que el desespero calmará cuando me rinda y toque el fondo de esto. Pasan tantas cosas por mi cabeza, y quiero retenerlas aunque sea por unos segundos para organizarlas, hacer una lista y mirar qué puedo sacar y qué debo guardar. Quiero desahogarme y llorar, pero es imposible: he tratado de hacerlo y no lo logro; eso me da más rabia. Sé que tengo que sacar todo lo que siento, eso me hará bien. Si existe un Dios, ¡ayúdame a salir de esto de cualquier forma!

No me hallo. Ni por un instante logro apartar de mí la tristeza y la impotencia. Cuesta trabajo respirar aquí. Sueño que estoy en mi casa. ¡Mami, te extraño tanto!; no logro apartarte ni por un segundo de mis pensamientos. ¿Qué ocurrió? ¿A qué horas nos pasó esto? Quiero salir corriendo, abrazarte y sentir que esto sólo es un mal sueño. Mami, te amo. Ya ha pasado un largo y pesado mes y sigo aquí. ¿Qué pasó?

Nos reúne el mando superior para decirnos que mañana vendrá un compañero de ellos a filmarnos, para enviar pruebas de supervivencia a nuestras familias. Eso me pone contenta, pues nuestros familiares van a vernos, así sea por medio de un video. El mando dice que debemos ponernos bien presentados y que estemos listos para mañana.

Miércoles, 19 de mayo de 1999

Hoy sigo igual: sin ánimo de nada. Y así lo tuviera, tampoco hay nada que hacer. Hoy, como dijeron ayer, llegó un compañero de ellos. Estaba vestido con jeans y camiseta, botas pantaneras de las que usamos todos y, algo muy desagradable, estaba encapuchado; en todo el día no se dejó ver la cara. Hablaba muy decentemente y tenía un equipo profesional para filmar. Nos pusimos en un lugar donde sólo se veía naturaleza, árboles frondosos, matorrales y barro. Nos dijo que habláramos lo que quisiéramos, y así lo hicimos. Yo le dije a mamá que estaba bien de salud, que no se preocupara por mí, que tuviera muchísima paciencia y que la amo con todo mi ser; que estoy tranquila, en parte por estar con papá;

que el trato que nos da la guerrilla es bueno, y, en fin, un montón de cosas. La idea es no preocuparla. Tengo que demostrar que estoy feliz, así sea todo lo contrario.

Hoy encontré un lugar algo apartado del campamento donde no se escuchan los radios de los guerrilleros a todo volumen con vallenato. Es un sitio muy tranquilo, lleno de vegetación y de árboles de todos los tamaños. Es increíble la imponencia de estos hermosos regalos de la naturaleza. Los árboles despiertan en mí gran admiración: ¡hay tanta fortaleza en ellos! Los miro y me quedo embobada. Se ven de esos pájaros que llaman tucanes, de color amarillo y negro, algo grandes y con un enorme pico curvo. También hay pájaros carpinteros. Yo creía que éstos eran azules y pequeños, como los pintan en Disney. Pero no, que sorpresa; empezando porque son grandes, tienen un pico bien grande y son de color rojizo, aunque el copete es blanco. Se ven también pericos y unas mariposas que parecen ángeles: son grandes, sus alas de color aguamarina y brillantes. Empecé a verlas el segundo día de cautiverio y me impactaron: son sencillamente espectaculares. Arriba sólo se ven pedacitos de cielo, pues como hay tantas hojas en las ramas de los árboles es muy poco lo que se puede apreciar del firmamento. El sonido de los pájaros, chicharras y grillos, mezclado con el que produce el movimiento de las hojas, crea una gran armonía y vuelve tranquilo el ambiente.

Por primera vez encontré un lugar perfecto donde la naturaleza me transportaba a un estado en el que podía despejar mi mente con mucha satisfacción, disfrutando solamente del paisaje que Dios me regalaba. Pero como nada es perfecto, cuando estaba allí llegaron dos guerrilleros a buscarme. Como no me veín en ningún lugar del campamento, debieron pensar que me había escapado. Me dijeron que por razones de seguridad estaba prohibido alejarse; que no podía volver allí. Fue horrible, me sentí muy mal. ¡Qué impotencia!

Pienso mucho en mamá, en mis hermanos Carolina y Nandor, en Dany y Mauri. Cómo quiero ver a Danielito, mi sobrino, abrazarlo y besarlo. Me hace mucha falta. Me arrepiento de todo corazón de no haber compartido con quienes quiero tantos momentos que tuvimos y no supimos aprovechar. Cómo quisiera devolver el tiempo para decirles lo que siento. Cómo me arrepiento de no haber dicho en su momento lo que sentía. No lo hice por miedo, o tal vez porque pensaba que algún día lo diría. Entiendo por fin esa frase que dice: «no dejes para mañana lo que puedas hacer hoy».

Juro que si vuelvo diré todo lo que soy, lo que siento, mis miedos y verdades, mis alegrías y tristezas. Pero no sé, es que no se sabe si el mañana existe. Lo único real es el presente; el pasado se forma por medio de muchos presentes que pasan, y el futuro son sólo proyectos de un presente. Todo es presente. Espero que este presente pase muy, pero muy rápido a un pasado. Porque si no es así, no quiero un futuro ni un presente ni nada.

Estoy mal, muy mal.

Jueves, 20 de mayo de 1999

Llovió terriblemente. Anoche me quedé hablando con Pacho durante un largo rato. Me insinuó que lo que siente por mí es algo muy fuerte, que él le da gracias a Dios porque yo estoy en el mismo grupo que él, que así es más llevadera la situación. Me quedé muda, no sabía qué responderle. En parte me gusta que alguien me diga todo eso, me hace sentir que sigo siendo útil; pero por otro lado es terrible: yo aquí no quiero tener nada con nadie, y mucho menos con él.

Más tarde voy a tratar de explicarle esto. Espero que entienda. Él me cae muy bien y se porta excelente conmigo. No quiero que nada cambie, o si acaso, sólo ese pedacito que está dañando la confianza que yo deposité en él.

Viernes, 21 de mayo de 1999

Me siento peor que nunca. Es por lo de Pacho. Hablé con él y me dijo que no me preocupe por nada, que lo que menos quiere es que yo me ponga incómoda por él. Cómo me gustaría creerle ¿Por qué le pasa eso? ¿Por qué no me puede ver como una amiga? Es una pereza todo esto.

Sábado, 22 de mayo de 1999

Es mejor dejar este problema como está. Quiero escapar, pero es imposible.

Hoy es el día más triste de todos. El cielo amaneció gris y no me he bañado desde hace dos días. La última vez que bajé a los baños fue para escaparme. Bajé con mucho ánimo y empecé a correr. No paré durante diez minutos, y cuando llegué a una enorme piedra me puse a llorar. Ahí me calmé y después me devolví. Fue muy idiota. Estaba pensando en mi mamá, tengo tantas ganas de verla, se me hace increíble que ya haya pasado más de un mes y yo sin poder hacer nada. A veces creo que la solución puede estar en mis manos, como lo pensé ese día, y me desespero. Por eso sucedió esto, el tratar de escaparme. Pensé que si corría río abajo llegaría

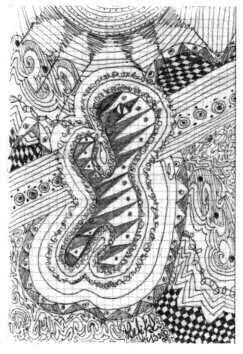

hasta un río más grande, donde seguiría caminando hasta encontrar una casa de campesinos. Ellos me llevarían a una carretera cercana y así podría volver a mi casa. Soñar no cuesta nada, Leszli. Pero paré ante esa piedra y pensé en mi papá, en cómo carajos lo iba a dejar todo preocupado, sin decirle adónde me iba. Al fin y al cabo mi mamá está bien, pero mi papá está igual que yo. Así que di media vuelta y me devolví.

En fin, estoy muy desesperada y quiero salir de aquí, así sea sólo como espíritu, o como sea.

Pacho, como me lo imaginaba, cambió totalmente: ya no me habla igual que antes. Si acaso, me saluda. Lástima, pues con él conversaba muy bien. Con los otros, exceptuando a papá, hablo muy poco. Ellos se la pasan conversando de aviones todo el día y parte de la noche, porque unos son pilotos y otros son auxiliares.

Es incómodo dormir en este cambuche. Hoy hablé con el mando para ver si me pueden hacer un cambuche aparte, para mí sola. Es muy incómodo cambiarme con todos aquí metidos, y más con don Pacho que me mira, diría yo, con mucho odio.

Las noticias hablan del secuestro de más de cien personas en la iglesia de La María de Cali; por los mismos que nos secuestraron. Me pregunto qué pasará, si será peor o mejor para nosotros. Pobre gente, todo lo que les espera. Muchos tendrán un montón de dudas y se harán un millón de veces la misma pregunta: «¿por qué a mí?».

Es feo y triste estar aquí y pasar por esto. Creo que estoy empeorando día a día. Me incomoda todo, principalmente los comentarios de los del grupo. Como me gustaría decirles lo que pienso de *algunos* de ellos. Los veo muy idiotas.

Miércoles, 9 de junio de 1999

Son las 11 menos 20 minutos. Estoy en el cambuche que me hicieron. Hoy completo nueve días de estar aquí.

Hoy las noticias fueron muy, pero muy tristes. Carlos González, uno de los secuestrados que iba en el otro grupo, murió del corazón. Estoy buscando por la radio más información, pero sólo hablan de fútbol. Nos tiene muy afectados esa noticia. Él era un tipo muy callado, pero buena persona. ¿Por qué ocurre esto, Dios? No es justo morir añorando la libertad. Su familia debe estar muy mal, pues ya nunca lo va a volver a ver. Nuestros familiares también deben pensar que en cualquier momento alguno de nosotros puede llegar en una bolsa negra de plástico. Dios, sólo te pido que nos cuides para que esto no nos llegue a pasar, y no por nosotros, pues el que muere descansa, sino por nuestras familias.

El mando nos dice que lo siente muchísimo y que no debemos pensar que si alguno de nosotros se llega a enfermar de gravedad lo dejarán acá; que eso no va a ocurrir de nuevo. Yo quisiera creerle para calmar un poco este temor, pero cuesta trabajo, y más con lo ocurrido.

Dios, cuida a Carlos y mándale mucha paz a su familia.

Estoy escribiendo con la luz de la linterna y escuchando la emisora de La Mega. Pasan una canción muy linda: «Yo rezo por ti».

Ayer vi a mi mamá en uno de los noticieros de televisión. Dicen que los familiares estaban reunidos en Bucaramanga con el presidente Andrés Pastrana y que la reunión fue muy alentadora.

Hace unos días, papá pidió el favor de que le compraran aguardiente. Hoy se emborrachó por lo de Carlos. Su muerte lo tiene muy mal, le dio muy duro…

Estuvimos hablando sobre el tema de las cucarachas y me dijo que tenía que dejar ese miedo tan terrible por esos animalitos, que cómo era posible que no le tuviera miedo a una culebra verrugosa de dos metros, tan ancha como un brazo, y sí a una cucarachita; que era ilógico…

Se me están acabando las pilas y empieza a llover.

Me arde muchísimo la úlcera. La tengo alborotada. En Bucaramanga la tenía, pero no dolía tanto… Es insoportable. La comida me pone peor, pues todo lo preparan con aceite. Hablé sobre el asunto con el mando antes que con mi papá, pues no lo quiero preocupar; él no puede hacer nada y se sentiría muy mal.

Son las 11:30 P.M. y no tengo sueño. Estoy mirando los ojos que dibujé en el toldillo y Último Ojo me mira y me cuida.

Jueves, 10 de junio de 1999

Faltan quince minutos para las 2 de la mañana. Hay una culebra en mi cambuche y es súper linda, con aros de colores amarillo, blanco, café o cobre fuerte. Muy pero muy linda.

Salí a buscar al guardia de hoy; pero no le conté lo de la culebra, porque si no, la mata. Fui por una vela, pero no hay; las pilas se están agotando. Cuando llegué ya no estaba.

Ya le puse pilas nuevas a mi linterna. ¡Estoy feliz!

Por fin escuché a mi mamá por radio. Me dice que está tranquila, que me quiere mucho, que me guardaron el cupo para el kibutz y que saqué buen puntaje en el ICFES[3]; que Diego llega en septiembre y que me ha escrito dos cartas. También me habló de Abelardo; me pidió que dejara de fumar, y lo mismo a papá.

El Normatón[4] me tiene medio tonta. Me han dado dos pastillas para los nervios. Son las 3:20 A.M. a las 10:30 P.M. de anoche los guerrilleros me dieron dos Tramal para el dolor de la úlcera, pero no siento ahora dolor sino una sensación muy extraña. También me inyectaron Ranitidina y Lisalgil para el dolor. Vomité sangre, qué asco.

Jueves, 17 de junio de 1999

Hoy bajé a la quebrada y pasó algo bien desagradable con Uriel. Como soy la única mujer en el grupo, me gusta bañarme sola y me demoro veinte minutos. Bajar a la quebrada es terrible porque para llegar tienes que bajar una loma muy empinada, y cuando uno termina de bañarse, mientras sube ya está otra vez todo sudado. Es una jartera.

Llegué y estaba Uriel en pantalonera, me dijo en tono todo brusco que volviera a subir, pues él no había terminado de bañarse, aunque había empezado a las 8 y ya eran las 11 de la mañana. Yo le pregunté que por ahí en cuánto tiempo, y me dijo que en unos diez minutos. Obviamente, no subí, sino que me quedé alejada en el monte esperando a que pasaran los diez minutos; así, apenas lo viera pasar, listo, iría a bañarme. Para empezar, no fueron diez minutos sino veinte; yo tenía calor y mucho afán, pues en la televisión estaban pasando las imágenes de la liberación del primer grupo de pasajeros. Por eso fui y le dije:

—Uriel, ¿será que ya? Vea que pasaron veinte minutos.

—Pues no, espere otro tanto —me dijo.

De pendeja esperé otro rato, esta vez media hora. El tipo lo estaba haciendo a propósito, por eso subí a llamar a mi papá y le conté. Me dijo que no hiciera nada. Cuando llegué con mi papá, él subió de una y yo me solté a decirle a papá todo lo que sentía por Uriel, lo idiota y resentido que lo veía. De pronto me di cuenta

---

3. El examen de ingreso a la universidad.
4. Tranquilizante del sistema nervioso.

que él estaba escondido escuchando nuestra conversación. Entonces me dijo:

—Mire, hágame el favor y no me diga idiota, que yo no soy ningún idiota. Y si es porque me demoré, pues qué le vamos a hacer: yo me demoro lo que se me da la gana.

Le respondí con las mismas palabras con las que él trató de regañarme. Pensó que me iba a quedar callada. ¡Pues no! No tengo por qué dejarme joder aquí por nadie. Al final dio media vuelta y se fue. Yo le dije en voz alta a papá:

—Además de resentido es chismoso, el muy pendejo.

Papá me dijo que me calmara, y que si bien Uriel tenía la culpa, a mí también me tocaba parte, por decir lo que dije de él. Me recomendó que cuando pasaran cosas de ese estilo contara hasta diez y me mordiera la lengua, porque la mejor palabra es la que no se dice. Papá tiene toda la razón, pero ¿cómo carajos hago yo para aguantar esas cosas? Además, me dolió que se quedara callado, que no le dijera nada a Uriel, sabiendo que la culpa era suya.

Terminé de bañarme y subí a mirar la liberación de Gerardo Santos, al alcalde Juan, Tatiana Gutiérrez, William Óscar Bolaños, Néstor Saavedra, Julia Sarmiento, Rehace Murillo. Están felices, pero lo malo es que nuestros familiares deben estar pensando que con ellos salimos también nosotros. Que desilusión cuando se enteren de que no es así.

En el noticiero vi una foto mía con Mauri y Danielito en los brazos, a Carol muy linda con un top verde, y a mi mamá caminando por el hotel Dann en Bucaramanga. Cómo me gustaría estar ahí.

Estoy muy feliz por los que liberaron, pero nosotros, ¿qué? ¿cuándo se nos va a dar la libertad?

Viernes, 18 de junio de 1999

Volví a ver a mami en la televisión. En el noticiero dicen que se empieza a hablar de la liberación de otro grupo de secuestrados y al rato se contradicen. Ya no sé ni qué pensar.

Miércoles, 23 de junio de 1999

No entiendo cómo se pueden meter en nuestras vidas tan fácilmente y derrumbar familias y sueños. Yo que creía que nada ni nadie podía meterse en mi vida, y mucho menos acabarla. Hoy por hoy me doy cuenta de lo equivocada que estaba. Esta agonía es muy fea, desde cualquier punto que se la mire. A veces creo que los guerrilleros nos miran como animales, como si no pensáramos, como si no tuviéramos sentimientos ni uso de razón, como cuando una persona grande oye a un niño, pero no le para bolas. Están mal. ¡Están tan equivocados!

¡Estoy estresada!

Jueves, 24 de junio de 1999

Creo que me estoy adaptando a la nada de la nada. Tal vez hable cosas que no encajan, pero lo que pasa es que escribo todo lo que me pasa por mi cabeza en estos momentos. Pienso que estoy mal, o loca, y no es broma: es en serio. Siento como si me empezara a conocer. Me veo como otra Leszli, alguien bien extraño, con muchas personalidades, que actúa de una manera distinta según cada situación. Es muy fuerte y aguanta mucho, pero yo pregunto hasta cuándo, y si de verdad seremos una misma. Lo que pasa es que estoy sacando fuerzas de quién sabe dónde. A ella y a mí no nos importa nada, no le tememos a la muerte… pero hay que recordar que antes tampoco. Sin embargo, debería tenerle miedo a algunas cosas, y me da rabia que no sea así. Todo lo quiero tocar y eso es malo. Pero esta cabeza no entiende eso.

Quiero tener algunas características de los otros, como sus miedos, y de algunos, su forma de actuar. Pero no quiero ser del montón ni ser igual a ellos. Yo tengo mi personalidad y seguirá así. Bien pensado, tener miedo es peor; como estoy, estoy bien. Tengo una pelea continua conmigo misma. Yo sé que a veces los demás no me soportan, pero ellos saben que yo no los soporto nunca…

En fin, seguiré después, porque si no terminaré más mal conmigo y será peor para mí.

Extraño a Pablito, mi gato.

Sábado, 26 de junio de 1999

Papá y yo no nos estábamos hablando. Se peleó conmigo porque yo supuestamente le dije *idiota*. Le expliqué, pero parece que no me cree, cómo fueron las cosas. Le dije que tenía mucha rabia porque yo, de buena hija, le había ido a entregar unas almohadas y sin culpa le alumbré la cara con la linterna. Él, todo *guache,* me la botó al piso y yo la recogí, furiosa, y me fui. A los cinco pasos del cambuche de ellos me dije: «eso me pasa por idiota». Y como yo era la que tenía que estar brava con el, le dejé de hablar. Estaba esperando que me pidiera una disculpa, pero como no lo hacía le pregunté que por qué se encontraba bravo conmigo si era yo la que tenía que estar brava con él. Entonces me dijo que yo le había dicho *idiota.* Le hice la aclaración, pero no sirvió de nada: me dijo que eso tenía su castigo. Pero ya me habló bien. Me imagino que entró en razón. Si no, pues no me importa: yo sé que soy la que tiene la razón. En fin, no le he vuelto a comentar sobre el tema. Ya me imagino cuál es el castigo: mi viaje.

Está hablando Juan Carlos García, el *disc-jockey* de La Mega. Me acuerdo de cómo lo conocí y me da risa. Fue una vez que la señal estaba dañada con Bogotá y la transmissión de La Mega no se estaba haciendo a nivel nacional, sino solamente desde Bucaramanga. Era una época en que estaba aburrida en la casa porque tenía el horario al revés: dormía de día y de noche estaba despierta. Entonces ponía La Mega y escuchaba a la gente que llamaba para opinar sobre x o y. Me causó curiosidad que estuvieran transmitiendo desde Bucaramanga, así que llamé y opiné sobre el tema, que ya no me acuerdo cuál era. Después de que di mi opinión, Juan Carlos me dijo que no colgara, pues no había llamadas y estaba a punto de quedarse dormido. Yo primero usé un nombre ficticio, pero después, a la hora de hablar con él sin que la conversación saliera al aire, empecé a contarle mi vida. Era raro, porque era alguien a quien acababa de conocer, pero lo sentía como un amigo de toda la vida. Duramos hablando hasta las 5 y algo. Me pidió el número telefónico. Desde entonces me llamaba para contarme sus problemas y su vida, y yo igual. Quedamos en conocernos, pero no lo hicimos jamás. Me cae muy bien. Es muy rico escuchar a una persona que se conoce, si se puede decir así, a través de la radio.

Domingo, 27 de junio de 1999

Faltan veinte minutos para las 6 de la tarde y estoy mirando un águila. Está en la copa del árbol que queda frente al cambuche comunal. Es bellísima, muy grande, de color café oscuro brillante. Ese animal inspira respeto total. Le dispararon para matarla, pero gracias a Dios esta gente tiene mala puntería y lo que hicieron fue asustarla. Es muy linda.

Anoche tuve un sueño horrible: estaba hablando con mi mamá en la sala y ella estaba recostada en la pared. De pronto empecé a ver cómo se formaba una cara perfecta en la pared. Mi mamá se volteó a mirar qué era lo que yo tanto miraba y se asustó. Las dos salimos corriendo para el cuarto y nos pusimos a rezar con Carolina, que se encontraba allí. Después, al rato, me tocó salir a mirar si seguía ahí, y volví a verla. Entonces empecé a llorar. Me levanté llorando del miedo. Eran las 4:30 A.M. y cuando alumbré, ¿qué vi? La horrible cara que yo dibujé en mi toldillo. ¡Qué susto! Tuve que quedarme afuera esperando a que saliera el sol. Sólo entonces volví a acostarme.

Está empezando a mejorar mi ánimo. Voy a hacer lo que papá me dice: que me goce esto al máximo, que trate de matar el tiempo, que me ponga a leer, a escribir, a pintar, o simplemente que analice la personalidad de los demás; que tengo el mejor lugar del mundo para hablar conmigo misma sobre qué es mi vida, sobre lo que ha sido y lo que será una vez que salga de acá; que lo importante es matar el tiempo, pero no de una forma aburrida sino productiva. Eso voy a hacer, porque si no voy a terminar loca o muerta. No voy a dejar que esto me siga afectando tanto: tengo que pensar con mente positiva y alejar de mí tanta mala energía que me está atormentando.

Hoy hice abdominales: 120. Mañana voy a hacer más, para así no perder el tiempo. Tal vez mañana el ánimo me cambie, pero hoy sé que lo tengo bien alto y eso es lo que importa. Al fin y al cabo mañana será otro día.

Lunes, 28 de junio de 1999

Gran sorpresa: el mando superior nos dice que alistemos nuestras cosas, o sea la espuma donde dormimos, sábanas, ropa, útiles de aseo y toldillo, porque nos mudamos a otro campamento. Nosotros preguntamos por qué, y nos respondió:

—Vean, compas, es que ya llevamos un buen rato en este campamento y en la guerrilla tenemos la costumbre de no quedarnos mucho tiempo en un mismo lugar, por razones de seguridad. No quiero que se preocupen, eso es algo normal.

En las noticias de estos días se habla, o se corre el rumor de que va a haber liberaciones, pero el mando lo dijo muy claro: lo que hay es cambio de campamento.

Fernando Buitrago hizo una polla o apuesta sobre el tema de la liberación. Se trataba de que cada cual diera su punto de vista. Unos decían: «Sale el otro grupo de pasajeros», otros decían: «Salen cuatro de aquí y cuatro de allá», y daban los respectivos nombres; otro dijo: «Salen las mujeres de allá y Leszli de este grupo»; otro: «Salen seis de allá y dos de acá», y cosas por el estilo. De lo que se trataba era de matar el tiempo, y todo iba muy bien hasta que le tocó el turno a papá.

—Salimos Leszli, yo y otros dos —dijo.

Uriel se volteó en ese momento.

—Vea, hermano, usted me tiene mamado con sus comentarios sueltos. ¿Acaso Leszli tiene alguna comandancia?

Todos quedamos aterrados al ver su reacción. Era algo estúpido: lo nuestro era simplemente un juego, pero él quería pelear con alguien. Mi papá, de admirar otra vez, le dijo:

—Vea, Uriel: primero, Leszli es mi hija, y segundo, me están preguntando a mí, no a usted. Usted ya tuvo el turno y dijo lo que quiso. Yo hago igual —y soltó una carcajada.

El tipo se le iba a mandar a pegarle, pero mi papá no es una persona que pelee ni nada de eso: es el hombre más calmado del mundo; él utiliza su cerebro, no el instinto animal que todos tenemos. El mando entró de una al cambuche comunal y le dijo a Uriel que se controlara, que qué era lo que le ocurría, y que dejara de actuar como un niño.

Empezamos a caminar y en la marcha todos le preguntaban a papá cómo hacía por aguantar semejante asunto. Estaban aterrados de ver lo calmado que era.

Martes, 29 de junio de 1999

Llegamos muy cansados. La caminata duró una hora y media por senderos de selva espesa. Subir, bajar… así unas cien veces hasta llegar acá.

Este campamento es casi plano, lleno de arbustos y barro en cantidades. Lo único que tiene son cuatro cambuches: los de nosotros. Ahora nos toca dormir de a dos: Uriel con Juan, Laureano con Pacho, Diego con Fernando y, obviamente, yo con papi. El resto lo tiene que armar todo la guerrilla, como la cocina, el cambuche donde ponen el televisor, otro para la dirección u oficina del mando, que se hace con cuatro horquetas y tablas, también cambuches para los guerrilleros y uno donde ponen las cosas de comer, como panela, arroz, fríjoles, arvejas, y también yuca, cuando traen. Hay una motosierra y esa gente corta árboles y saca tablas para construir todo esto.

Tienen que hacer un camino para ir a la quebrada, que más que eso es un riachuelo. Pensar que en el otro campamento me quejaba por la lejanía de la quebrada; ésta queda el doble de lejos.

Los ánimos de todos están por el piso. Ver esto es terrible: como no hay rancho, que es una cocina que hacen con el barro de la quebrada que al secarse queda tieso, toca cocinar con una fogata y, por tanto, se demora más. Esto es horrible. ¡Qué desespero! Tampoco hay letrinas: toca ir por ahí adentro de los matorrales.

El mando nos reunió y prometió que por ahí en un mes esto ya estaría seco y que iban a hacer una cancha para jugar. Yo me pregunto: «¿Cancha?, pero si no cabe un árbol más». Ver para creer.

Miércoles, 30 de junio de 1999

Hoy las noticias hablan de que se cumple un mes de lo de la iglesia La María de Cali.

El ambiente ha cambiado en el grupo, pero para bien, aunque mi papá se peleó con Uriel el mismo domingo.

Ayer escuché a mi mamá en la radio. La noté muy triste: hablaba de una forma muy extraña. Se nota que anda muy mal. También habló Carolina.

Entre otras, Pacho ya habla más conmigo, o por lo msenos parece que lo intenta. ¿Por qué? No tengo idea. En fin, si habla o no, ya no importa.

Extraño mucho a mi mamá, mi casa y a todos. ¿Cómo estarán?

Son las 8:40 A.M. Amanecí súper decaída por mamá. Se le notaba muy triste. Me gustaría decirle que de verdad me siento bien, que lo único malo es que estoy aburrida porque no hago sino fumar, ba-

ñarme y comer, y porque aquí ya no se puede conversar: ya agotamos todos los temas. Me siento muy, pero muy mal de no poder decirle cómo estoy; y ella mientras tanto piensa que estoy muy mal. Si por algún motivo me llega a pasar algo, quiero que sepa que ella es la mejor mamá del universo, que estoy muy agradecida con Dios por habérmela mandado y por haberme permitido compartir con ella tantos momentos. Cuando yo estaba triste era ella la que me daba ánimos y me consentía todos los caprichos; siempre fueron sus brazos los que me arruncharon y me mimaron; siempre tuve lo mejor y la mejor familia.

Quiero que mamá sepa que no guardo rabia o rencor por nada y que siempre la tengo en mi corazón. Las dos sabemos que el cuerpo es sólo la cárcel del alma. Por eso, si muero y hay vida después de la vida, como debe ser, la voy a estar esperando en el otro lado para decirle lo mucho que la amo. Quiero que se cuide y que busque la verdadera felicidad, porque yo no podría ser feliz o estar en paz si no lo hace. Resta decir que le doy gracias por todo y que la adoro. Espero que sepa que yo siempre voy a estar a su lado y que el amor nunca muere, pues se lleva en el alma y no en el cuerpo.

¡Cómo quiero que esto termine pronto! ¿Es que no se dan cuenta, por Dios? Yo soy Leszli Kálli López, tengo una familia, una mamá que me quiere y me extraña, una hermana que me espera en casa y un hermano con el que hablo y que me quiere; tengo un sobrino al que ya se le debe haber olvidado quién soy, y un gato al que amo, Pablo.

Ese gato sí que me hace falta. Cuando estoy triste en casa, lo cojo y lo consiento. Es muy creído: se deja consentir sólo cuando él quiere, no cuando la gente quiere. Lo que más me gusta de Pablo es su mirada; podría jurar que me habla cuando me mira fijamente a los ojos. Parece como si nada le importara, pero la verdad es que vive pendiente de todo. En la casa dormíamos juntos porque teníamos el mismo horario: despiertos de noche y dormidos de día; y como mi cuarto es tan oscuro, él era feliz conmigo y yo con él.

Esto es malo, feo, aburrido, desesperante: es una muerte lenta. Me estoy poniendo mal, esto me afecta mucho… Dios, haz que esto termine pronto: ya es mucho tiempo. Hay un viaje que deseo hacer y afuera una vida me está esperando. ¿Es qué acaso no te importa? Lo que tenía que entender ya lo entiendo, lo que tenía que valorar ya lo valoro, y mucho, lo que tenía que aprender ya lo aprendí. ¿Por qué tanto tiempo? No es justo. ¡Ayúdame, te lo suplico! Ayúdame.

Quiero subir alto, muy alto,
al principio de rama en rama,
Para perder el miedo a las alturas.
Quiero conseguir amigos
Para compartir la aventura.
Quiero aprender de ti
para darle seguridad a cada nuevo paso.
Quiero amar, pues el camino sin compañía es aburrido.
Quiero construir un nido como el que tú un día
trataste de hacer para los míos.

Y cuando esté arriba…
quiero que estés conmigo,
porque si un día vuelo será gracias a ti.

Este poema sobre las madres se lo dedicó la hija menor de Gloria y ella me lo prestó para que yo se lo dedicara a mami.

Jueves, 8 de julio de 1999

Hoy en la radio escuché a mi mamá y a mi hermano. Fue un regalo increíble. Nandor me decía que estaba calvo de tanto rascarse la cabeza por la pensadera, que Danielito ya tiene 15 meses y dice dos palabras que no tienen que ver con nada: gol y bomba; que el primer pensamiento del día era para nosotros y que esperaba que esto pasara muy rápido. Mi mamá dijo que estaba muy triste porque desde el 1 de junio no tiene noticias mías. Lo mejor fue cuando al final del programa me dedicó una canción muy linda: «Es mi niña bonita». ¡Uff, nunca se me olvidará! Esa canción y ese momento se me han quedado grabados para toda la vida.

Hoy prometo que voy a dejarme crecer las pestañas. Desde el 89 me las he estado arrancando. Es una manía. Mamá siempre me decía: «Leszli, déjate crecer las pestañas y te doy esto o aquello; dame ese regalo, Leszli; que no me muera sin antes verte con tus pestañas». Voy a darle ese regalo. Hoy lo prometo.

Viernes, 9 de julio de 1999

Hoy empecé a integrarme al grupo, pero no sé… es difícil para mí. Lo hago por mi papá, para que no me vea sola tanto tiempo, porque sé que eso lo preocupa. Con la única persona que hablo, aparte de papá, es con Laureano. Somos buenos amigos. Es una persona muy calmada; para él todo es bueno, no contradice a nadie; sólo da su punto de vista evitando decirles a los demás que lo que ellos piensan está mal, y ya.

Hace un par de días a Uriel se le ocurrió hacer una huelga de hambre como forma de presión. Papá no estuvo de acuerdo; dijo que si hacíamos huelga de hambre nos enfermaríamos y sería peor para nosotros; que en nuestra situación lo mejor es estar calmados, muy atentos y dispuestos a hacer lo que nos dijeran para no tener problemas. La verdad es que yo también quería hacer huelga de hambre porque sólo había escuchado una versión. Cuando papá habló le di la razón y dije que no. Laureano dijo:

—Yo ayudo hasta donde pueda, pero si llegó a sentir mucha hambre me tendrán que disculpar, porque no quiero arriesgarme a que algo me ocurra; Laszlo tiene razón.

Esa respuesta me causó mucha risa. Fue la mejor forma de decir que no.

Me aislé de ellos por muchas razones, la más importante, que ellos son todos hombres y yo soy la única mujer. Fernando y Diego a veces se portan bien conmigo, pero lo que hacen con las manos lo borran con los pies. Por ejemplo, llegó un parqués de seis puestos para que jugáramos y no nos aburriéramos tanto. Yo era la más interesada en jugar; papá y Uriel no jugaban. Cuando vi pasar a Fernando y Diego por el frente de mi cambuche con el parqués les pregunté si iban a jugar, y me dijeron que sí.

—Listo, ya voy para allá —les dije.

Me paré rapidísimo, me puse las medias y las botas y fui adonde estaban ellos. Pero Fernando me recibió diciéndome:

—¡Ya qué!… Ya nos organizamos y vamos a jugar con el compa guerrillero.

—Ah, bueno… —dije. No hice ningún comentario. Caminé hacia un tronco caído que hay más allá de la cancha, donde nadie me viera, me senté y me puse a llorar.

Siento mucha tristeza por eso. La verdad es que Fernando y Diego no querían que yo jugara con ellos. ¿Por qué? Aún no lo sé. Yo con ellos no he tenido ni un sí ni un no. Lo único que puedo deducir es que les caigo mal porque no rezo todas las noches el rosario con ellos. Y la verdad, me parece ridículo rezar un rosario si uno no está concentrado. Repetir palabras por repetirlas no tiene sentido. Llega un punto en el que uno no sabe ni qué es lo que significa ese montón de palabras. De verdad que es bien ridículo. Fernando, sobre todo, vive dándose golpes de pecho y reza todos los días a todos los santos que puede haber, pero se porta muy mal. ¿De qué vale tanta rezadera si se tiene el pensamiento tan negro? Como dice la canción: «Jesús es verbo, no sustantivo».

El mando me vio cuando estaba llorando en el tronquito y se

puso a hablar conmigo. Me dijo que no le parara bolas a nadie y que no me pusiera triste, que cuando quisiera jugar solamente tenía que avisarle, y así estuviera muy ocupado, jugaría conmigo.

Le di las gracias. Eso me gustó muchísimo, que alguien fuera de papi se preocupara de mis sentimientos. Después nos reunió para decirnos que mañana tenía que hablar con nosotros. ¿De qué? Ni idea. Espero que sea algo bueno.

Sábado, 10 de julio de 1999

Nos habló el mando superior.

—Bueno, muchachos, tengo que decirles que estuve hablando con uno del COCE[5] y me dijo que hay conversaciones con el grupo Santo Domingo[6], que ya ha habido dos reuniones y que están haciendo todo lo posible por sacarlos de aquí. Yo sé que esto está demorado, pero los del COCE les quieren pedir disculpas por haberles dicho que saldrían pronto de esto. No queremos que ustedes piensen que decimos una cosa y hacemos otra.

También nos dijo que no sabía cuánto tiempo más duraría la retención, pero que nos mentalizáramos para dos meses más; es decir, completaríamos cinco meses en la selva. Dijo que él entendía que esto era una situación bastante difícil, que tenía idea de lo que hablaba por lo que le habían contado sus compañeros que habían estado en la cárcel, pero que todo era por una buena causa, que teníamos que entenderlo. Después dijo que admiraba muchísimo nuestra paciencia (aunque yo pensé en ese momento: «No es paciencia, sino resignación») y finalmente preguntó que cómo estábamos. Entonces respondí:

—Pues bien aburridos.

En resumidas cuentas, ésa era la noticia.

Lunes, 12 de julio de 1999

Hoy cumplimos tres meses de estar aquí, y aunque parezca que debo estar desesperada, no es así. Tuve una buena charla con Dios y

5. Comando Central del Ejército de Liberación Nacional (ELN).
6. El mayor conglomerado de Colombia, recientemente rebautizado como Grupo Empresarial Bavaria.

le pedí que me mandara mucha calma y que me ayudara a cumplir mis propósitos, y hasta hoy los he cumplido.

Le pido a la abuela Gisella que me ayude, a los otros abuelos, y también a Carlos González y a Gonzalo Rodríguez. Aún me parece mentira que él se haya muerto una semana antes de este secuestro. Era tan alegre... un señor muy especial. ¿Qué será ahora de la vida de sus hijos y de Leíto, su mujer? Cómo la pasé de bien el 28 de diciembre del 97 con esa familia. Yo soy muy amiga de ellos, sobre todo de Sergio, el hijo mayor. ¡Estaba tan mal la semana en que murió Gonzalo! Yo no sabía que decirle. Me dolió muchísimo, y aún me duele, su muerte. Por eso también le pido a él que me saquen de aquí antes de quince días, al término de los siete padrenuestros, siete avemarías y siete credos que prometí rezar en los siguientes siete días. Ayer empecé. Por la noche me dirigí a Carlos González. Le dije que él mejor que nadie sabía lo que era esto, que si me ayudaba a salir de aquí yo iría a su tumba para darle las gracias, y que cuando estuviera sentada a su lado nos acordaríamos de la noche del 11 de julio, cuando le pedí el favor a él, a todos los demás, y a la Virgen y a Dios.

Viernes, 16 de julio de 1999

En la noche tembló muy duro, la tierra se sacudió horriblemente. Las cosas de aseo personal que tenemos sobre la mesa empezaron a moverse. Sonaba algo extraño y fuerte, pero no eran las cosas; era el sonido de la tierra. Duró como 35 ó 40 segundos y empezó con el sonido y un movimiento fuerte; después se calmó poco a poco, pero de repente otra vez empezó a moverse todo más fuerte que la primera vez, y paró de una. Me preocupé mucho pensando que algo pudo pasar en Bucaramanga, porque allí hay una falla de esas que provocan terremotos, y como tenemos un apartamento en el último piso, me dio mucho miedo. En la radio hablaron del temblor de anoche y también dieron buenas noticias.

Ya empiezan a hablar de nosotros en Radio Caracol, y yo pienso que es por la promesa que le hice a Dios. Si es un hecho, antes del 10 de agosto debería estar en casa. Mi otra yo y yo estamos muy felices.

¡Ahhh!

Como a las 9:05 A.M. tembló más fuerte que anoche. Eso me despertó de una. Otra vez me pongo a pensar si pasaría algo en Bucaramanga. Que incertidumbre estar acá y no saber nada, sólo lo poco que dicen por la radio.

Hoy le puse un poco de orden al cambuche: tendí las camas y barrí. Se ve mejor.

He estado acordándome de Laura Díaz, la vecina de nosotros que iba en el avión que se estrelló contra un cerro saliendo de Cúcuta, hace ya un par de años. Anoche soñé con ella: yo miraba por la ventanita de la casa; yo era pequeña y ella se encontraba en uno de esos muebles antiguos de madera oscura y tapiz de flores de colores verde oscuro y verde claro. En algún momento fue como si hubiera pasado el tiempo: desde una ventana yo estaba mirando los mismos muebles que estaban en un patio todo feo, y me daba mucha tristeza ver cómo transcurría el tiempo. Entonces vi una araña enorme de color café que pasaba por encima de los muebles. Fue horrible y me desperté.

Domingo, 18 de julio de 1999

Esta madrugada escuché a mamá y a Carito en «Despertar en América». Me dijo que me quería mucho y que esperaba que no me enfermara; que ella sabía que yo era una verraquita[7] igual que ella y que debía tomar esto como unas vacaciones; que cuidara a mi papá; que estaba esperando la llegada de los diplomáticos alemanes que estaban intermediando en el proceso de paz con el ELN; que me tiene el cuarto muy lindo y que todos están pendientes de mí. Carol nos pidió a papá y a mí que no olvidáramos que ella nos tiene en su corazón y que el primer y último pensamiento del día era para nosotros.

Me levanté y fui a desayunar. Después escuché gritos: eran Laureano, Pacho y Juan que estaban matando una culebra. ¡Qué tristeza! Era una coral de colores marrón y blanco. Después llegó un guerrillero con una palomita mala: tenía el ala rota. Con mi papá

---

7. Coloquialismo colombiano para significar una persona valiente y de carácter recio.

le hicimos una casita y con pedacitos de las espumas en donde dormíamos le hicimos un colchón. Le puse agua y comida y le di una gota de Tramal para el dolor. Es muy linda, algo grandecita, pero no tan grande como una paloma mensajera; es de color rojizo o vino tinto y tiene como unos punticos negros. Cuando la pongo a que reciba solecito le brillan los punticos. Es de verdad bonita y muy tierna. Tal vez piensa que le voy a hacer daño, pero lo que quiero es ayudarla. Que se recupere para que vuelva a volar y sea libre. Sufro por ella. Dios, espero que la ayudes para que no se muera. Debe tener hijitos y familia y sería muy triste que no pudiera volver a volar.

Papi me tiene higos tiernos, ¡qué rico!

Lunes, 19 de julio de 1999

Son las 8:00 a.m. y la palomita ya comió. Mi papá le dio arrocito, agua y Tramal, y también le puso un chalequito para que no tenga movimiento.

El mando superior ya recogió las cartas. Las noticias hablan de la muerte de John Kennedy Jr. en un accidente aéreo. Aún no han encontrado su cuerpo.

Ayer terminé la promesa de rezar las oraciones.

Fernando volvió a ser como antes. Pensé que había cambiado después de lo último que me hizo, pero ¡qué va!: hoy volvió a organizar una partida de parqués en un minuto para que yo no jugara, y todos como si nada. Voy a tratar de que esta vez no me afecte tanto. Sin embargo, en la noche se metió una chicharra en el cambuche de Laureano y de Pacho, y como son tan gallinas con los animalitos me llamaron para que se las sacara.

Deseo que las cartas que mandé hoy lleguen pronto, pues mami está desesperada porque no tiene noticias mías desde el 1 de junio. Al parecer las otras cartas que mandé jamás llegaron.

Hoy hace tres años, en el 96, iba en un avión rumbo a Colombia; acababa de pasar las vacaciones de verano en Atlanta, sede de los Juegos Olímpicos.

Martes, 20 de julio de 1999

En la mañana Pacho me invitó a jugar guerra naval, pero no quise. Creo que mi papá habló con él de mi participación en los juegos, pero me incomoda mucho que lo hubiera hecho porque todos deben estar pensando que me la paso quejándome de él. Por eso no acepté.

El día transcurre muy aburrido. En este momento estoy escuchando a la mamá de una niña que se llama Silvia Yesenia, que está hablando por la Radiodifusora Nacional de Colombia. Hace tres años que no ve a su hija. La niña debe tener 14 años, pues la secuestraron cuando tenía 11 años.

Fernando ha cambiado mucho conmigo: es muy fastidioso y todo lo que dice es tratando de hacerme quedar mal. Me pone apodos y cuantas cosas se le ocurren; yo no entiendo por qué, si él antes era normal y nuestra relación era buena. Yo nunca le puse apodos como para que él me los pusiera a mí. Papá me dice que haga la cuenta que él y Diego no existen, y eso estoy haciendo. La verdad es que yo tampoco los soporto.

Son las 9:05 P.M. cuando llego al cambuche, papá me dice que se nos ha muerto la palomita. La acabo de ver: está toda tiesa. Cómo me duele... Sé que Dios hizo lo mejor, pues el animalito estaba sufriendo mucho. Pero si yo hubiera sabido que se iba a morir no la habría dejado encerrada en esa jaula, sino que la habría dejado en un palito para que hubiera muerto libre. Esto me está afectando muchísimo. Me encariñé con el animalito. Tenía la esperanza de sacarlo de aquí para que en Bucaramanga le pudieran enyesar el alita y se pudiera recuperar y volver a volar. Ya es imposible.

Odio que pasen estas cosas, y mucho más a un animalito que no puede defenderse ni decir lo que le duele ni nada. Cómo debió sufrir. Si hubiera estado en mis manos sacrificar algo para mí grande para que la palomita se sanara, lo habría hecho sin dudarlo. Voy a dejar de comer carne por todos los animalitos que matan injustamente.

Toda una mañana y una tarde me la había pasado pensando en el día de la liberación, cómo iba a hacer para llevarme la palomita sin que se lastimara; imaginaba cómo serían las caminatas con ella... ¡y todo para esto! Me pregunto por qué un animal tan pequeño tiene que sufrir tanto; por qué no me pasó a mí, que puedo hablar, quejarme, decir dónde y qué me duele. El día que me muera, si puedo hablar con Dios, entre otras voy a hacerle estas preguntas: ¿Por qué a la gente no le importan los animales? ¿Por qué algunas personas los matan? ¿Hay una justicia que los castigue? De todo corazón deseo que así sea: que esas personas paguen por lo que hacen.

Hoy estuve cargando el cadáver de la palomita bastante tiempo y lo consentí. Ayer le había hablado de los deseos que yo tenía para ella: le había dicho que la liberaría y cuánto la quería. Espero que haya entendido lo que le decía. Me siento muy bien de haberlo hecho, ya que le hablaba de todo corazón. Sé que ella está descansando en estos momentos y que por lo menos se llevó esas palabritas que le dije, y también todo mi cariño.

Espero que en el cielo haya un paraíso más grande para los animales que para nosotros los humanos, pues ellos son los que nos alegran la vida en la Tierra y hacen que esto sea menos duro.

Que Dios te tenga y estés feliz en estos momentos, palomita linda… Estés donde estés, te quiero mucho.

Miércoles, 21 de julio de 1999

Hoy jugué guerra naval con Pacho y me dejé ganar, pues el pobre siempre pierde conmigo. Por la tarde estuve feliz, recibí carta de mi mamá, de Mauri, de Carol y Nandor, donde me dicen muchas cosas. También nos mandaron medicinas y otras cosas. Estoy muy feliz: cada vez que las leo y las releo me parece mentira. Quiero estar con ellos lo antes posible. Hoy me dieron una camiseta negra Gef y medias. Nandor me cuenta que me compró unas camisas blancas Gap y mi mamá, unas sandalias.

Mi mamá dice que ha viajado mucho, que ha ido hasta la casa del político Horacio Serpa y que ha hablado con Juan Gabriel Uribe para pedirle que le consiga una cita con los líderes del ELN que se encuentran en la cárcel de Itagüí, pero que se la negaron; que piensa ir al sur de Bolívar para tratar de interceder por mí con cualquier líder importante de la guerrilla, y al menos obtener pruebas de que estoy viva; pero creo que es mejor que no lo haga, pues va a perder el viaje; que María Helena —la mamá de Diego— se la pasa en ayunos por mí, que Diego Rafael Luna y Luz Stella —no tengo idea quién es ella— me escribieron en *Vanguardia*.

Faltan cinco minutos para las 9 y acabo de ver a mi mamá en el noticiero: estaba en la iglesia de San Pedro y decía que iba a ir a Alemania para hablar con los del COCE si al cabo del viernes no pasaba nada. Estaba vestida con una camisa blanca muy linda.

Hoy cortamos tablas y se las pusimos a las camas y a las dos mesitas. Todo quedó súper bonito.

Pasó un avión a las 10:25 p.m.

Uriel nos habló a mi papá y a mí. Eso me gustó mucho. Pienso que lo mejor para todos es que nos integremos otra vez. Diego también lo hizo y me gustó aún más; me dijo que si estaba brava con él y yo le dije que no, y empezamos a hablar de las cartas y de lo mucho que nos emocionábamos cuando llegaban y de lo mucho que queríamos estar con nuestras familias, en libertad. Juan nunca ha estado bravo conmigo, pero casi nunca me habla. Hoy lo hizo para decirme que le escribiera una carta a mi mamá haciéndole encargos para que me trajera cosas de su viaje a Alemania.

Mami, cómo te adoro. ¡Me haces tanta falta! Aquí te defiendo mucho de mi papá y no dejo que diga nada contra ti, porque para mí eres la mejor mamá del mundo. Hoy por hoy valoro tanto todo y eso me gusta: valorar lo bueno y lo malo.

Son las 10:00 p.m. y acabo de escuchar a Carolina y a mi mamá por Caracol. Dicen que tienen otros dos gatos. A mi mamá le gusta recoger gatos abandonados en las calles y llevárselos para la casa. Para mí, escucharlas es mucha felicidad. Mi día culminó con broche de oro con ese mensaje. Fue el mejor día de todos. Hoy recibí cartas de mami, Carol, Nandor, Maru; noticias de Diego, Jairo, Lito, Líela, Lina, Andrea, un primo de Diego, María Helena, Carla Carrillo y Sergio.

Tengo dos gatos más en la casa y Pablo está vivo. Adoro a mi gato, a todos los gatos del mundo y al resto de los animalitos.

Estoy llorando de emoción. Gracias, Dios, gracias.

Viernes, 23 de julio de 1999

Ayer en la noche hablaron Carolina y Nandor. Nandor decía: «¡Aló, papi, mami!». Estaba nervioso. Carol me contó que Kike Acuña llegó.

Hoy los guerrilleros casi terminan de hacer la cancha, tal y como lo prometieron. Esto ya no se parece en nada a ese terreno lleno de barro y maleza. Ahora parece una finca: ya tiene camino para ir al río, el barro está seco, hay un súper rancho, hay sillas por todo el campamento y los guerrilleros hicieron cambuches para ellos. Los árboles que estaban en el terreno que ahora va a ser cancha los cortaron con motosierra; una vez en el piso, los cortaron en rebanadas que se utilizarán como leña; después con pico y pala cavaron alrededor de cada árbol: ahí se metieron y cortaron las raíces con hacha para que no quedaran tumultos, volvieron a tapar los huecos y todos se ponían a pisar ese terreno para que quedara plano. Así hicieron sucesivamente con unos cuarenta árboles grandes y con muchos chamizos.

Este campamento es muy lindo. Fokker, el perrito, está grandísimo, ya entiende lo que se le dice y come de todo. Me encanta consentirlo. Hace unos días trajeron ocho pollitas pequeñitas y ya son gallinas y tienen más pollitos. De vez en cuando sale un guerrillero a hacer una vuelta por sitios que sólo ellos conocen, y llega con pollitos o gallinas. Hay unos cincuenta animales de estos, de todos los tamaños, por todo el campamento.

Hoy jugué parqués y me vestí de negro. Papá dice que me veo súper flaca pero yo sé que es mentira: estoy como un marrano. Así me veo yo y eso me desespera más, me pone triste y me deprime.

Ayer empecé a hacer una lista de palabras de las que debo corregir la ortografía. Hoy continúo con esa tarea, pues Nandor en una carta me recalca muchísimo eso: que mejore la ortografía.

Quiero que el tiempo pase muy rápido, pues los ánimos aquí se nos bajan poco a poco, y este mando superior nunca nos da razón alguna de nada. En las noticias ya no están hablando de nosotros. Miro al horizonte y me pregunto una y otra vez lo mismo: ¿Cuándo saldremos? ¿Por qué se me hace tan difícil imaginar que recuperaré mi libertad? ¿Por qué? Últimamente me ha entrado el sentimiento de que voy a morir aquí sin volver a ver a los míos. ¿Qué habré hecho para merecer semejante destino? Dios, siento que las fuerzas se me van.

Después de ver el noticiero paso cerca de las sillas donde se encuentran Diego y Fernando, y sigo derecho. Bajo donde la suministro y el Viejito Buena Gente y les pido papel higiénico. Sigo bajando y me dispongo a «hacer hueco», que es como le decimos aquí al hecho de ir a la letrina. En medio de semejante situación grita Diego:

—¡Leszli! ¡Leszli! —y yo le digo:

—Ya voy, estoy ocupada haciendo hueco.

Después me lavo las manos, vuelvo al cambuche de la suministro a comer galletas de soda con mayonesa, y cuando termino camino con la suministro, le regalo un encendedor y después me dirijo donde Diego y Fernando. Les explico por qué no pude atenderlos y me cuentan que Carolina y Juan Carlos García hablaron en La Mega, que ella tenía una voz toda *play*[8] y que Juan Carlos dijo algo sobre la chica gomela[9] de La Mega y le preguntó a mi hermana mi edad y cuáles eran mis artistas preferidos. Ella respondió que 18 años y que los artistas eran Laura Pausini y Ricardo Arjona, y entonces me dedicaron la canción de Laura Pausini «Emergencia de amor»… Mucha embarrada que por estar en ésas no haya podido escuchar.

Después de que terminé de escribir lo de la semana pasada me dirigí al tronco y llegó Pacho a preguntarme:

—Leszli, ¿es verdad que te peleaste con Fernando por hacerme la torta de cumpleaños?

Le dije que no precisamente por hacerle la torta, sino porque Fernando se la quería hacer, y como yo la había empezado, no me iba a poder comer las brevas[10] y las uvas pasas que le ponen a la torta. En fin, traté de que entendiera la verdad. No sé si la crea, pero lo que piense me importa un pepino, aunque la verdad, en estos momentos y en esta situación, me importa más un pepino que el pensamiento de semejante bolsón.

Son las 8:15 p.m. y no tengo sueño. Tengo cargo de conciencia por las 25 galletas y el medio tarro de mayonesa que me metí. ¿Por qué haré esas cosas? Paso todo el día sin comer y cuando como, trago…

Ya no es tanto el cargo que tengo, pues vomité todo lo que comí y me siento feliz. Voy a tratar de dormir con esas pastillas que Nandor

---

8. Afectada, falsamente sofisticada.

9. Alude a una canción sobre una mujer vanidosa, creída, pagada de sí misma.

10. Dícese de los higos tiernos.

mandó, aunque parece que no sirven para nada, pues hasta ahora no me han hecho efecto.

Dios, cuídame para que no piense cosas estúpidas.

Son las 10:20 de la noche y estamos jugando parqués desde las 9:00. Es una mamerota, pues es de seis puestos y aún no hemos terminado. Yo acabo de salir de la «cárcel» y tengo sueño. No sé hasta qué horas se demore, pero quiero que ganen pronto.

Terrible noticia en el noticiero Caracol. Me dejó fría, se me llenan los ojos de lágrimas: el comandante de la columna ABC del Ejército de Liberación Nacional dice que cobrará plata por los rehenes del avión, por los de la iglesia y los de Barranquilla. El comandante se llama Mario y dice, lleno de odio hacia las personas con dinero:

—Así como el gobierno cobra impuestos de guerra, nosotros también los cobraremos, y si la gente no paga cobraremos con sus vidas.

El periodista:

—¿Cuándo serán liberados?

—Una vez hayan pagado.

Que impotencia tan desagradable la que siento, qué vida injusta, qué castigo haber nacido en esta tierra de mierda, ¡qué cobren por mi vida como si fuera algo que se vende!

Dios, si no voy a salir de aquí mándame la muerte pronto. Día a día, minuto a minuto, esto es un tormento.

Hasta mañana, diario, te adoro.

Sábado, 24 de julio de 1999

¿Cuánto tiempo más tendremos que soportar esta tortura, esta agonía? Me quiero morir. Yo presentía algo así, pues siempre que pensaba en mi liberación la veía bien lejana. No quiero pensar que aquí voy a morir, pero si es así, qué impotencia tan terrible de saber que no hay nada que se pueda hacer. Esperemos a ver qué dicen las noticias, a ver si desmienten lo que dijeron.

Vi a mi mamá en el noticiero de las 7:00 P.M. Llevaba puesto el vestido azul de flores blancas que tanto me gusta; se veía muy linda. Dijo que pagaría lo que fuera, pues la libertad de un hijo no tiene precio.

Domingo, 25 de julio de 1999

Definitivamente, la suministro es como hipócrita: unos días está hecha una miel conmigo, y otros, como hoy, no quiere ni verme. ¡Pobre pendeja!

Lunes, 26 de julio de 1999

Hoy desperté muy temprano. Estoy desesperada: nadie aquí escucha lo que digo. A esta gente poco le importa lo que yo siento. ¡Qué impotencia! Si tan sólo pudiera hacer algo para salir de este lugar...

Después seguiré escribiendo...

Me fui a bañar y encontré las tijeras; las tenía el compa guerrillero. Le pedí que me cortara el pelo y me dijo que no, porque las mujeres deben usar el pelo largo. Le insistí y, como no accedió, tomé las tijeras y me corté un mechón bien grande. Como quedó tan disparejo me dijo:

—Huy, Leszli, ¿usted por qué es así? Usted lo hace para que yo se lo corte, ¿cierto?

Le respondí que sí y me dijo:

—Entonces, venga se lo emparejo.

Una vez terminó de emparejarlo le dije que me lo cortara otro poquito. Me respondió que no, pues se vería muy mal y lo podían sancionar por cortarme tanto el pelo. Le dije:

—Bueno, gracias, présteme las tijeras.

—Se las doy, Leszli, pero si usted llega a cortarse más el pelo se quedará así, porque yo ya no la emparejo más.

—Listo —le dije.

Me las entregó y fue instantáneo: esta vez el tijeretazo tocó el cuero cabelludo y seguí por todo el resto hasta dejarlo cortico. Una vez así, cogí una cuchilla de afeitar y empecé a pasármela por toda la cabeza. Ver caer el pelo y que se lo lleve la corriente es algo único, una sensación extraordinaria, una descarga total.

Fue un arranque, pero no me siento mal; al contrario, me siento muy bien de no tener ni un solo pelo en la cabeza. Siempre deseé hacerlo, pero me faltaba impulso. Me parece increíble que lo haya podido hacer hoy. Mi papá está bravo conmigo. Él no entiende que era lo que sentía yo en mi interior; era algo que me estaba matando. Ojalá llegue a comprender lo que hice. Fue una forma de escape a esta monotonía. Yo soy bien rara; a veces no me entiendo y no puedo esperar que él lo haga si a duras penas me comprendo yo. No me importa si quedé bonita o fea: no me rapé pensando en que quedaría mejor o no, sino porque sentí la necesidad de darle un cambio a esta vida que me atormenta. Trataré de ser otra persona: con el nuevo pelo nacerá otra Leszli… No sé por qué siempre que quiero cambiar mi vida de rumbo lo primero que hago es meterle cambio al pelo.

A papi le afectó mucho el que yo esté calva. Si hubiera sabido que esto pasaría no lo habría hecho. Todos creen que tengo graves problemas mentales, y lo peor es que yo también lo creo. No sé cómo me puedo ayudar. Lo único que me importa es que mi papá esté bien, y sé que él está mal, y al verlo mal yo me pongo peor. No sé qué hacer. Voy a cambiar, pero no sé cómo.

Voy a comer las tres comidas del día. Antes comía sólo una o dos, dependiendo del ánimo del momento. Y salía corriendo a vomitarla porque me entraba cargo de conciencia al ver que tragaba y tragaba y ni siquiera era capaz de hacer deporte. No voy a vomitar la comida, pues puede que eso sea lo que me está afectando, voy a integrarme con la guerrilla, voy a ser atenta y cortés con los demás, voy a evitar que papá se preocupe por mí, trataré de no decir todas las estupideces que se me pasan por la cabeza, voy a ser más ordenada para que la gente piense que estoy bien… Una vez llegue a Bucaramanga voy a comentarle a Nandor sobre este asunto de los vómitos, para ver cuál es la mejor solución. No puedo seguir así. Me estoy haciendo daño y, lo que es peor, con esta actitud estoy causándole daño a papá.

¡Me siento tan mal! Tengo un revoltijo horrible y me siento culpable por lo que pasa. Si papá está pasando por esta situación del secuestro es por mí, por mi viaje. Aquí sólo debería estar yo. Quiero decirle lo que me pasa, pero no encuentro el modo; quiero decirle lo que siento, lo que pienso, pero me da miedo porque la puedo embarrar más de lo que lo he hecho; quiero decirle lo atormentada que estoy, pero no, me es imposible. Además, él no me quiere ver, me dice que lo deje solo. Por Dios, ¡qué tormento esta situación!

Papá, cuando te veo ahí en esa cama, supuestamente dormido, yo sé que sufres por mí. Parece increíble, pero no sé lo que hago ni por qué lo hago, no sé lo que pienso ni por qué lo pienso. Sólo sé que tengo en mi cabeza muchísimas cosas que no puedo explicar. Quisiera soltar todo lo que me llena de rabia y de dolor y que no me deja vivir tranquila, pero no puedo. Sé que lo que hago está mal, sé que yo soy una porquería y un problema. Ojalá tuviera en mis manos salir de esto, pero siento que es algo muy mío que tengo desde hace mucho tiempo. Desde niña siempre fui la apartada, la problemática, la incapaz, la desadaptada. Con el tiempo eso ha ido creciendo, y entre más grande, más visible se está haciendo mi problema. Siempre trato de buscar situación, lugar y culpable a esto, pero me doy cuenta de que soy yo, que aquí no hay culpables y que soy un problema para la gente que quiero. Papá sé que cuando piensas en mí, me ves como un gran problema. No sabes qué va a ser de mi vida y crees que nadie me va a aguantar. Eso de algún modo te atormenta.

Los problemas, por insignificantes que parezcan, se me hacen muros inmensos que me veo incapaz de derrumbar. ¡Todo me cuesta tanto trabajo! No sé qué hacer, tal vez por eso es que se me ocurren tantas ideas tontas, pues a ratos creo que pensar es la única salida. Pero otras veces creo que puedo derrumbar esos muros gigantes y me voy con todas mis fuerzas contra ellos, pero la mayoría de las veces salgo lastimada. Doy media vuelta, dejo los problemas a medio arreglar y sigo mi camino hasta encontrar otro, y cuando me doy cuenta no sólo tengo el del frente sino el que dejé resuelto a medias, y así sucesivamente...

Papá, no pido que me entiendas. Sólo te pido que me perdones. Mi intención nunca fue hacerte daño. Te adoro. Siento más rabia conmigo porque sé que por mí estás mal. Por nada del mundo quiero que sufras, no quiero que algo malo te ocurra. El mismo hecho de que nunca antes hubiéramos compartido tanto tiempo juntos hace que le dé gracias a Dios porque esto nos sorprendiera estando juntos. Ojalá estuviera en mis manos el que duraras toda la vida; ojalá siempre te tenga conmigo. Cómo me duele no haber compartido mi niñez contigo, pero sé que de algún modo estabas siempre presente. Por una y mil veces más te pido perdón por ser como soy, pero quiero que sepas que te adoro con toda mi alma y todo mi ser.

Martes, 27 de julio de 1999

Hablaron Carolina y Nandor. En la voz se les notaba que estaban poco optimistas, aunque lo que decían quería expresar lo contrario. Nandor dice que ya no sabe qué hacer y Carol me recomienda que coma para que tenga defensas; me contó que Diego llegó el jueves y que Kike y Jairo me mandan saludos.

Hoy el Viejito Buena Gente me dio un discurso de pura, pero pura psicología. Pero yo sigo igual. Mi papá, ni hablar: ni siquiera quiere verme, y como yo no sé qué hacer, pues tampoco me dejo ver y no le pongo tema. Él me pidió que no le hablara; es lo menos que puedo hacer.

Estoy leyendo uno de los dos libros que nos mandaron Toto y Cony. Ellos son buenas personas, familiares de Lucía. Le doy gracias a Dios por tener este libro acá en estos momentos: *Don Simeón Torrente ha dejado de deber*. Allí dice que toda situación, por mala que sea, es susceptible de empeorar. Dios quiera que no.

Miércoles, 28 de julio de 1999

Buenas noticias en la tele: Pastrana dijo que ya el ELN había nombrado los voceros que hablarían con el gobierno para la liberación de los secuestrados del avión Fokker de Avianca (nosotros), los de la iglesia La María y los de Barranquilla. Espero que sea pronto.

Anoche tuve un sueño espectacular: iba a la Argentina y veía un edificio blanco de cinco pisos con unos balcones lindísimos que daban a un acantilado. En el fondo estaba el océano, que era cristalino, y parado en medio del océano había un inmenso vidrio que dejaba ver todo: había una ballena gigante, blanca y con una sonrisa súper linda, y delfines y millones de peces, y se veía toda la vegetación del mar y los corales... Yo subía por un ascensor y me daba miedo porque el piso del ascensor también era de vidrio y se veía el fondo. En el edificio había unas piscinas, algunas con jardines y materas a los lados; eran como jacuzzis, con otra piscina arriba que tenía una especie de cascada.

¡Qué sueño! Es el mejor de todos los que he soñado.

Jueves, 29 de julio de 1999

Anoche soñé con el coliseo de los niños del colegio San Pedrito Claver. Lo veía mucho más pequeño de lo que realmente es: todo era diminuto y había un salón, como un teatro, muy cuquito, bien organizado y muy lindo. Yo sentía mucha tristeza al ver como pasaba el tiempo. Un señor me decía que no me preocupara y me preguntó si quería volver a estudiar ahí. Le dije que sí y volví a ser una niña. Entonces empecé a verlo todo tan simple...

Son las 9:30 A.M. Estoy esperando noticias, que vengan y me digan: «Alístense, porque se van mañana», o que por lo menos mañana empecemos la jornada de veinte días para obtener la libertad. Quiero escuchar algo, cualquier cosa que retenga la esperanza que creó la noticia que dieron ayer. Espero que sea cierta, porque dudo mucho que soporte otra decepción.

Más tarde habló mi mamá por la emisora de la UIS.[11] Me dijo que tuviera fuerzas, que en diez días estaría en casa. Quedé como Condorito: ¡pop! ¿Por qué lo dijo? Ni idea. El día de la liberación pienso salir con una pañoleta para taparme la calva, pues estoy segura de que se volverá loca cuando me vea; y no sólo ella, sino todos. Después que habló jugué parqués con Laureano, Uriel y Daniel (un guerrillero). Ganó Uriel y después yo, porque hice trampa.

Pienso en Diego. Cuando salga de aquí le voy a decir lo que siento. Él verá si lo toma o lo deja. Si lo toma, bien; si no, pues ya no me importa. Es hora de cerrar este asunto que ya lleva cuatro años; es hora de que alguien llegue a mi vida para quedarse para siempre, alguien que me quiera y a quien yo quiera. De todas maneras quiero quedar como buena amiga de Diego. ¡Pero ya no más con ese disco, que está más rayado...! ¡Extraño tanto! esas conversaciones que nos echábamos Jairo, él y yo!

Yo, solamente yo: mis dudas y aciertos, mi vida y esperanzas, mis preguntas sin respuestas... Paso por la vida tratando de no dejar rastro para no ser recordada. Yo vivo en un mundo... No, un mundo vive en mí. Disfruto de mi soledad y el mundo disfruta sin mí. Yo sólo miro el cielo y deseo estar allí.

11. Universidad Industrial de Santander.

Relacionado con el secuestro
(A quien pueda interesar)

¡NO SOY ESCUDO!

Renuncio al secuestro. Renuncio a que tomen mi vida por escudo, bien sea con fines políticos o económicos. Yo, señores, al igual que ustedes, soy una persona, y por lo tanto merezco el respeto de mi libertad. No importan mis ideas políticas ni la clase social o económica a las que pertenezco: por encima de todas las cosas soy un ser humano. El derecho a mi libertad me fue concedido en el momento en que llegué a este mundo.

No atentemos contra nosotros, no dañemos a nuestros prójimos ni les pongamos barreras a nuestros sueños, y mucho menos rejas a nuestra vida.

Yo, igual que millones de seres humanos, estoy triste por ver cómo día a día el secuestro afecta al padre, a la madre, a un hermano, un vecino, amigo, conocido o hijo. Es una realidad que atormenta al pueblo colombiano.

Se sufre demasiado en cautiverio. La impotencia nos rodea y a veces sentimos que la fe se debilita, que la soledad nos invade… Un minuto se convierte en hora y una hora en día: el tiempo pasa muy lento y las fuerzas se agotan.

Es injusto ver pasar los días sabiendo que se está lejos de los seres queridos, y que se está vivo cuando parece que se estuviese muerto por no formar parte del suceso diario que da la vida día tras día, sin tener ni idea de lo que ocurre tras ese muro que se nos impone.

Yo no les exijo un no más. Yo les suplico de todo corazón que caigan en cuenta y, por favor, no más. Es el anhelo de Colombia.

Atte.:
    Leszli Kálli López

Sábado, 31 de julio de 1999

Me alegro de que sea el fin de otro mes. Trato de imaginar que es un mes menos y no un mes más. Ayer escribí una carta que pienso publicar cuando salgamos. Habla de un no más al secuestro. Por otro lado, estoy algo contenta, pues me reconcilié con papá. Remodelamos el cambuche.

Hoy hablé con el guerrillero pintor en el cambuche de la tele. Fue algo ameno.

Creo que estoy engordando, pero no voy a expulsar la comida.

Espero que Dios les esté poniendo cuidado a las charlas que le hago. Tengo fe de que antes del 10 de agosto pueda estar por fuera de esto. La promesa de mis pestañas sigue en pie: hoy completo veintitrés días sin jodérmelas. No es que esté contando el tiempo, pues trato de no pensar en eso. Estoy orgullosa de mí: nunca pensé que pudiera cumplir esas promesas. Dios tiene mucho que ver en eso. Lo que más me emociona es pensar en la cara que va a poner mi mamá cuando me vea calva, pero con pestañas. Para entonces tal vez ya me haya crecido un poquito el pelo.

No aguanto la llenura, voy a vomitar…

11:40 P.M. Son los últimos minutos de este sábado y de este mes. Con mi papá estoy esperando que sean las 12:30 P.M. para escuchar «Amanecer en América», a ver si por ahí nos mandan algún mensaje.

No puedo dormir, estoy pensando mucho en el día de la liberación y en Diego. ¿Cómo estará «cosita»? Tengo la seguridad de que él en estos momentos también me está pensando. Son muchas las preguntas que rondan en mi cabeza. No veo el día de poderlas resolver o responder.

Aquí pasa algo muy curioso: todos los sábados llueve. Increíble, pero cierto. Remato estos últimos minutos de julio y del primer semestre del año diciendo que estoy segura de que en el segundo saldremos.

Domingo, 1 de agosto de 1999

No hubo mensajes para mí, sólo uno de Esperanza Duque, pero estaba tan dormida que no escuché. Las noticias de la radio fueron buenas: hablan de que Gabriel García Márquez, Horacio Serpa y Yamid Amat le dijeron al gobierno que es mejor dialogar primero y después sí que nos liberen, y no lo contrario: esperar a que nos liberen para después dialogar. Están esperando una respuesta del ELN.

Laureano me dijo:

—Leszli, creo que te van a liberar primero, pues no tienes nada que ver con esto y además eres la única mujer en este grupo. Me parece que tu mamá se mueve mucho y eso te favorece.

Hoy almorcé ensalada y atún. Comí muy poquito para no quedar llena y después tener que vomitar. Entre Lauro y yo ha crecido una amistad muy linda. Él me gusta muchísimo, pero aquí no quiero tener nada con nadie. Estoy segura de que yo le gusto también, pero él es muy tímido y no me dice nada. En fin, mejor así.

Según mamá, me quedan ocho días aquí. Si es así, éste sería el último domingo. Quisiera creer lo que me dijo, pero algo me dice que no debo ser tan ilusa.

Mi cambuche tiene una entrada y una cuerda para la ropa, también un velero (un palo con una velita), una mesa de tres tablas que hizo papi, mi cama y la de él.

Hoy cumplo 112 días de estar aquí con mi papá, Pacho, Juan, Laureano, Diego, Fernando y Uriel Velasco.

A Laureano le empieza a afectar el secuestro: se ríe por todo, parece un ente y anda como si estuviera borracho. Increíble la reacción del pobre. Era más callado que yo y poco demostrativo.

Anoche pasó algo muy desagradable con el guerrillero que se portaba tan bien conmigo: al despedirse de mí insinuó que yo le gustaba. No sé por qué, si yo nunca hice nada para despertar ningún sentimiento en él. Era uno de los guerrilleros que mejor me caía. No se lo voy a decir a nadie; al fin y al cabo, ya se fue.

Al mando superior no lo he vuelto a ver.

Creo que me estoy volviendo a aislar del grupo.

Lunes, 2 de agosto de 1999

El presidente Andrés Pastrana está en Bucaramanga y habla de nosotros. Dice que iniciará diálogos una vez que seamos liberados, ¡que da su palabra! Como quien dice, lo mismo de siempre: ¡nada! Por mi parte, sigo calva y con pestañas, pero con un nacido en el párpado del ojo izquierdo, ¡qué embarrada!

Diego González está súper mal. Anoche hablé con él y con Fernando. Diego me dijo que reza todos los días para que Dios le mande la muerte. Traté de darle ánimo y le dije que no se preocupe, que esto era una lección que nos daba la vida y que teníamos que afrontarla con muchísima fuerza. Lo que nadie sabe es que yo estoy igual, aunque no demuestro nada porque sería peor. Toca demostrar fuerza, aunque no la tenga.

Llevamos 113 días retenidos. Pacho y Juan hicieron la malla para jugar voleibol.

Las cosas parecen ponerse buenas, pues a Pacho y a Laureano la compa nueva que llegó ayer, que es salubrista,[12] les dijo que debían hacer ejercicio como preparación para la caminata de regreso, que será bien larga. Pacho le dijo por molestar, pero serio, como él siempre hace sus bromas:

—Sí, como en siete días ya salimos… —y ella le respondió, quien sabe si también por molestar:

—Yo no creo que lleguen hasta allá.

Y a mi papá, el mando superior le dijo que lavara el pantalón del uniforme de piloto y lo tuviera listo, y le dio un pantalón nuevo. Últimamente ha habido muchos indicios. Espero que los rumores sean ciertos. Las horas de esta semana se me van a hacer eternas. Estoy muy feliz de pensar en el día de la liberación. Mañana llegan

12. Enfermera.

los mensajes. Espero que mi mamá me diga cualquier cosa que confirme lo que se rumora.

Gracias, Dios, por esto.

Me despido ya porque me voy a joder los ojos si sigo escribiendo a la luz de esta velita.

Hasta mañana.

Yo.

Martes, 3 de agosto de 1999

El sueño que tuve anoche fue bien raro. Eran como las 5:00 p.m. y estaba en el mar de Miami, en el canal donde siempre íbamos con papá. Yo me metía en el agua y con la mano en la arena sacaba mi collar y la pulsera de plata que me regaló mamá, y me quedaba aterrada. Después estaba con Diego ahí mismo y sentía que algo nos arrastraba al otro lado y que la gente nos preguntaba a gritos si era un tiburón, y yo respondía que no. Íbamos a una velocidad increíble. Entonces se formaba una ola gigante y Diego y yo nos abrazábamos. Yo le decía que no me soltara porque nos podíamos perder cuando la ola cayera. La ola cayó y en el sueño vino otra imagen: era de noche y yo estaba en un barco, en alta mar. No estaba Diego, pero sí mi mamá, que me acariciaba la espalda. Luego otra imagen: me vi sola en un cementerio, también de noche, con una linterna. De pronto alumbré una tumba y vi en la lápida el nombre de dos niños que se habían muerto el mismo día, pero del siglo pasado. En el epitafio les escribía un tatarabuelo que su nombre empezaba por O... Ahí me desperté.

Noticias a las 12:00 no dicen nada. Pero yo sé que todos esos comentarios sueltos no pueden ser en vano. Ayer en la noche, como a las 12:00, me levanté y hablé con papá.

Hoy es el día 114 aquí. Hoy pasan los mensajes por la UIS; espero que me manden muchos.

El almuerzo de hoy fue lentejas y arroz. Comí sin hambre, comí por comer, como por matar el aburrimiento.

Me emociona muchísimo que llegue la noche porque pienso que otro día se ha ido y que mañana habrá alguna sorpresa. Pero cuando despierto me siento mal y triste, porque el sol empieza a alumbrar la dura realidad que anuncia un día más aquí. La verdad es que me encanta la noche; la adoro; quisiera que las 24 horas fueran de noche, pues hay mucha tranquilidad, se piensa, se ve el alma y, sobre todo, se sueña.

Jueves, 5 de agosto de 1999

Gracias, Dios, por ese regalo que me diste de escuchar a mamá, a Nandor y a Jairo. Mi mamá me dijo que ayer había ido a Bogotá a tocar puertas. Nandor y Jairo, que están todos conmigo, que una patada de ánimo. Diego, Lito y Andrés Castro me mandan saludos.

Gracias, Dios. Ayúdame a salir muy pronto de aquí. Acuérdate de que el 10 tengo que estar en mi casa, según nuestras charlas. Hoy escribí las cartas que el mando superior recoge para enviar. Ojalá y tú quieras que yo llegue primero para decirles en persona lo que allí les cuento.

Anoche me quedé hablando con Pacho. Ese tipo es muy estúpido, pues trata de meterme mentiras para ver qué cara pongo.

Sábado, 7 de agosto de 1999

Me escribí una carta:

Bueno, Leszli:

Debes mirar siempre para arriba teniendo en cuenta tu presente. No dejes que la agonía te llene: tú eres grande y poderosa, y puedes y debes salir adelante. No hay nadie más importante en el mundo que tú. Si supieras lo mucho que te amo, no dudarías ni por un instante seguir adelante por mí. Por duro que parezca este camino, y aunque no encuentres salidas y se te haga tan difícil este recorrido, porque crees estar sola, quiero que sepas que yo siempre estoy contigo: cuando ríes y también cuando lloras, y más si te encuentras triste y desesperada. Tú vales mucho: no dejes que te humillen, no dejes que te desprecien. Si no te quieren, no te culpes: el error es de ellos, no tuyo. Más bien dale gracias a Dios por hacer que esas cosas pasen, porque aunque la gente crea que te está hundiendo, lo que hace es que tú te mires y te des cuenta de que no eres igual al montón, por el simple hecho de que estás un paso más adelante que el resto. Es inútil explicarles eso porque son ignorantes y nunca lo entenderán, y sí lo hicieran no lo aceptarían, porque equivaldría a aceptar que son menos que tú. Por eso, ¡ánimo, que tú eres la mejor! Siempre estaré a tu lado para darte ánimos y para ayudarte a salir adelante, porque al fin y al cabo las dos somos una...

Leszli Kálli

Hoy la suministro me arregló el pantalón negro y me hizo una pañoleta azul. A mi papá le arregló el pantalón marrón y azul, y a sus botas les quitó lo que les sobraba.

Ahora papá está haciendo una puertica en la parte de atrás de nuestro cambuche para que en la noche yo pueda salir a orinar sin tener que dar toda la vuelta.

Ayer le respondí muy mal a Pacho, pero le voy a pedir disculpas. Se me fue la mano, pero fue un descuido.

Acabo de comer. Hubo arroz con leche, fríjoles, y para completar, arroz. Comí y comí y comí hasta quedar a reventar. Después vomité todo, pues ese era el fin: comer hasta vomitar, pues siento que últimamente estoy engordando mucho. Así voy a controlarme: es la única dieta que puedo hacer por estos lados. Como el menú aquí es tan pobre —lo único que comemos es arroz— no puedo elegir lo que como. Y si hago la otra dieta, que es comer cada tres o cuatro días, todos se darían cuenta y me joderían.

Son las 6:10 P.M. En Bucaramanga mis amigos ya deben estar arreglados para salir o mirando cuál es el plan. Mientras tanto yo estoy con una sudadera negra, unos tenis sucios y una camiseta verde toda desteñida. ¡Estoy tan fea! Ah, se me olvidaba: y lista, pero para ver televisión. ¡Qué mamera! En la noche, a las 12:30, pasan los mensajes en «Amanecer en América», programa para secuestrados. Por lo tanto, ese es mi plan para esta noche. ¡Guau! O mejor: ¡Uff, que planzote!

Las chicharras están haciendo un ruido increíble y la mano me está temblando. Me duele la cabeza y acabo de fumarme un cigarrillo. Luis Miguel, el cantante, canta algo sobre una pesadilla.

Lunes, 9 de agosto de 1999

Hoy vi la serie de televisión «Padres e hijos» y salió Elga, la hermana de Laura Díaz.

Estamos cumpliendo 120 días de estar aquí y la verdad es que no tengo ganas ni de bañarme. Ayer habló el presidente Andrés Pastrana. Dijo que el ELN se mostraba dispuesto a dialogar con él o con un enviado suyo; que Gabino está en Europa y que nosotros los rehenes nos encontramos muy bien. Papi tiene fe en que pronto saldremos; él piensa que de agosto no pasa. Estaba en la súper silla que él mismo hizo cuando me dijo:

—Leszli, pensándolo bien, a mí me quedan menos de veinte años de vida, y quizá incluso menos. Pensando de este modo, ¿yo que afán tengo de salir de aquí? Éste es como mi adiós con la naturaleza.

Si papá tiene razón, le doy gracias a Dios por permitirle que pase su adiós con la naturaleza y conmigo. Le dije a manera de chiste, aunque me quedé seria:

—Si es así, te pido que si desde allá puedes hacer algo por mí, si puedes ayudar a que yo salga adelante, a que sea feliz, que lo hagas... ¡Pero que no se te olvide!

—Tranquila, querida, ¡por supuesto! —me dijo él.

Eso se me hace terrible. Ojalá yo me muera antes que él y que mi mamá, Nandor y Carol, porque no soportaría la muerte de alguno de ellos.

Cuando tenga la edad de mi papá, que es 48... o para redondear, cuando tenga 50, él tendrá 80, pues me lleva exactamente 30 años: él es del año 50 y yo del 80.

Martes, 10 de agosto de 1999

Hoy hace un mes que el mando superior se reunió con nosotros. Según él, nos queda un mes más. Mañana cumplimos 122 días de estar aquí. Cuando yo salga me parecerá todo como un sueño, como si me hubiera despertado de un sueño.

Anoche soñé que Carol se moría y todos lloraban, pero yo les decía que estuvieran tranquilos, que el cuerpo estaba muerto, pero que ella, su espíritu, estaba con nosotros; que no teníamos por qué llorar. Todos se calmaron y se dieron cuenta de que era verdad, pues la podían ver.

Por un minuto al levantarme pensé que estaba en la casa, pero después me di cuenta de que no, que estaba aquí, en esta horrible realidad de la cual no puedo escapar...

Preguntas que pienso hacer cuando llegue: ¿A qué horas se enteraron del secuestro? ¿Qué pensaron cuando en las noticias dijeron que podía ser un accidente? ¿En dónde estaban cuando llegó la noticia? ¿Quién llamó para avisar? ¿Quiénes estuvieron pendientes? ¿Qué comentarios hacían?

Cuando Pacho regresaba de bañarse me miró y me dijo, porque me vio con este cuaderno:

—¡Querido diario! —«pobre estúpido», pensé.

A Dios le acabo de decir que no pienso volver a dirigirle la palabra mientras yo no salga de aquí. Estoy muy disgustada con Él porque no me ha puesto cuidado. Yo le he suplicado y le he prometido muchas cosas, como rezar durante siete días, y hasta le regalé un día de ñapa. Le di un plazo bastante largo, y todo para esto: nada. No sé qué le pasa, pero si está muy ocupado en otras cosas más importantes que yo, pues entonces yo también. Por eso hoy, mirando las estrellas, le grité y le dije todo eso y más. Es que me pongo a mirar mi vida y me doy cuenta de que todo me ha salido mal: en el colegio, desde pequeña, siempre fui la apartada; mi familia, o sea mi papá y mi mamá, vivió separada; después Diego: cuando terminé con él le pedí a Dios que hiciera que volviéramos, porque yo estaba muy mal, y como siempre, no; después Cristhian, mi segundo novio, no me quería... ¡Qué dolor de cabeza con ese tipo! Todo lo que tuve que soportar, sobre todo guardarme las ganas de mandarlo al carajo, con tal de que no me vieran sola. Después otra vez Diego, y ahora, cuando ya me sentía un poco liberada de tanta rabia y estaba lista para volar a conocer el mundo, feliz después de haber dado tanta lucha por ese viaje, vengo aquí a pasar el aburrimiento que no había terminado de pasar en mi casa.

Es que Dios se ensañó conmigo. Esto ya es demasiado: ¡es el colmo! Y como dice el libro de *Don Simeón*, no hay mal que dure cien años ni cuerpo que lo resista. Pero hay males que duran 18 o más años y cuerpos que los tienen que aguantar. Allí también dice que, «Toda situación, por mala que parezca, es susceptible de empeorar». Conmigo se ha cumplido siempre, al cien por ciento, la ley de Murphy: yo siempre me gano la lotería de la mala suerte, y la mejor manera de comprobarlo es ésta. Así de simple: somos casi cuarenta millones de colombianos, de los cuales estamos 1.500 secuestrados. Esto quiere decir que por cada 26.666 colombianos hay uno que está secuestrado, y yo estoy pagando por esos 26.666.

Claro está que mi papá es otro, o sea 53.332… ¡No joda! Mejor trato de dormir, a ver si la piedra se me va.

Cambiando de tema, hoy habló Nandor en la UIS. Mi hermano me dice que si tengo la oportunidad de salir sin mi papá, que me quede, que él sabe que es una decisión bastante difícil, pero que ellos estarán más tranquilos si yo me quedo acompañándolo. Ese consejo sobra, pues si no me fui la primera semana de estar secuestrada fue precisamente por quedarme con él; no veo por qué lo haría ahora. Jamás lo dejaría.

Le pido mucho a Dios que cuando yo llegue a Bucaramanga me dé fuerzas para poder salir otra vez de Diego. Quiero cerrar el libro de mi historia con él. Ya me cansé. Aquí he reflexionado mucho sobre ese tema, y la verdad es que Diego puede que valga mucho la pena y todo, pero yo también la valgo y necesito una persona que me quiera. Con Diego ya no más; sólo de amigos. Mucho tiempo me he quebrado la cabeza por nada. Tantas oportunidades que pasaron por el frente y por él no cogí ni una. No creo que eso haya sido un error, pero sí me duele, aunque no me arrepiento, pues de toda situación mala se saca algo bueno, y yo lo saqué: aprendí que no era bueno ensañarse con algo por tanto tiempo. Si le parece bien, pues bien: si no, media vuelta y adiós con Dios. Amigos, pocos: contados con los dedos de una sola mano.

Ahora la vida no se reirá de mí: yo me voy a reír de la vida.

Miércoles, 11 de agosto de 1999

9:05 P.M. Estoy afuera, sentada en la silla que hizo mi papá, con una vela para poder escribir. Acabo de ver las noticias y la telenovela *Marido y mujer*.

El ELN mandó un comunicado en el que dice que no van a liberar a los siete sino a uno solo, para que lleve un mensaje. ¿Por qué tanta espera? No sé.

Me siento muy sola a pesar de que estoy con mi papá. Como quiero que alguien se siente a mi lado y me hable sobre lo que siente, sobre lo que piensa, poder compartir lo que pienso yo, hablar simplemente, desahogarme. A nadie le cuento lo que me pasa, pero si me pongo a hacer cuentas, antes tampoco, porque siempre me he tragado todo y sólo lo he comentado y me he desahogado aquí. Sé que los consejos sirven, sé que la compañía es agradable y todo, pero ¿por qué se me hace tan difícil poder abrir la mente a la gente?

Jueves, 12 de agosto de 1999

Hoy cumplimos cuatro meses, 123 días. Acabamos de ver el noticiero de Caracol porque a Juan le dio la gana de ver ése, y tocó. En ese noticiero le dedican a nuestro asunto como un segundo y después cortan. Cuando ya había pasado la noticia sobre nosotros, Uriel, mi papá, un guerrillero y yo pedimos que durante las propagandas pasaran al otro, pero a Pacho y al señor de 33 años que se las da de chino de 17 no se les dio la gana. ¡Pobres idiotas! Lo hacen a propósito, porque como a ellos casi nadie les manda mensajes por la UIS y mucho menos sus familias viajan a Bucaramanga para ver cómo están las cosas, entonces simplemente no les importa; saben que nadie va a salir en el noticiero hablando de ellos. Me dan lástima. El uno es casado, pero para su esposa es más importante el estudio, y le encuentro toda la razón, pues con ese tipo ¡ni hablar! Y al de 33 años sólo le mandan mensajes la novia y la mamá, pero sólo los sábados. Como hombres, los dos son un completo asco. Qué desgracia la mía venir a pasar una situación de éstas con tipos que no tienen personalidad y que creen que son lo máximo y que lo que hacen es lo mejor.

Viernes, 13 de agosto de 1999

Hoy a las 5:45 A.M. mataron al periodista Jaime Garzón en Bogotá. ¡Qué lástima! ¡Que indignación! El ELN se pronunció: dijo que sentía muchísimo su muerte, pues él en algún momento había pertenecido al ELN. Los «paras» dicen que ellos no lo mataron. Dios quiera que encuentren al que planeó el crimen.

El 11 de agosto, a las 11:50 P.M., me picó un alacrán (es el segundo) y me puse muy mal: se me durmió el brazo, sentí un dolor de cabeza terrible, no pude dormir... Salí del cambuche a las 4:45 y casi me caigo. Me tomaron el pulso y lo tenía en 60–70. Me dieron unas gotas y me sentí mejor. Toda la noche tuve un frío tenaz y me la pasé sudando. Fue horrible. El primero me picó en el campamento anterior, pero esa vez sólo me dio un ardor y no más; pero éste me dejó muy mal, pues era bien grande. Estaba debajo del colchón, y cuando fui a meter la mano para sacar el toldillo,[13] ¡tenga! El maldito saltó y no lo encontré.

Carolina me pide por radio que no cuente los días porque es peor. Creo que tiene razón.

Domingo, 15 de agosto de 1999

Hoy, a la 1:45 A.M., salí a orinar. Estaba lloviendo y al lado del cambuche de enfermería había una culebra de 1.50 m. Era una verrugosa. Casi la piso, pero alcancé a darme cuenta. Llamé a papá y salieron todos. Resulta que la culebrita ya estaba muerta, pues el guardia ya la había matado. El susto fue tremendo. Toda la noche tuve dolor de estómago por las diez canchrinas (especie de ponqués fritos de harina de trigo) que me comí ayer. Cuando me levanté me sentí mucho mejor.

Hoy hace siete años que hice mi primera comunión, y hace ocho murió Laszlito, el hijo de mi papá.

Llegaron dos compas nuevos. Son las 10:45 A.M. y pienso bañarme, aunque el agua debe estar muy turbia, porque anoche llovió mucho; pero no me importa.

Últimamente me ha dado muchísima sed y resequedad en los labios y la lengua. Cuando me levanto también siento que se me van las luces, y cuando camino del cambuche a la cocina siento que me voy a caer y me toca tenerme de algo o sentarme. Acabó de llegar la *Vanguardia* del 12 de agosto, donde se ve la foto de los 16 secuestrados que aún quedamos aquí.

---

13. Mosquitero.

5:40 P.M. El tiempo transcurre lento, muy despacio...cada minuto se hace eterno. Jugué parqués, me bañé, comí y vomité, pues Fer y Diego me dicen que estoy muy gorda. Se acabaron los cigarrillos y estoy vestida con el jean y la camisa negra, la pañoleta azul y los zapatos que antes eran botas y que papá remodeló. Trato de no pensar en el tiempo para ver si pasa rápido, pero no puedo dejar de recordar que hoy es el día 126, y me parece imposible. Espero no pasar aquí mi cumpleaños, que es el 11 de diciembre. Por nada del mundo quisiera cumplir aquí mis 19 años.

Lunes festivo, 16 de agosto de 1999

Anoche me soñé en el San Pedrito Claver. Yo era pequeña y estaba haciendo fila con las demás niñas de segundo de primaria. La profesora estaba al frente y nos repartía una especie de diplomas. El viento era terrible: por poco y nos llevaba. Después recordé un sueño que había tenido en la casa, que era de un avión en el que yo iba, y de pronto yo aparecía en un bus que pasaba por la calle de la clínica Ardila Lulle.

Una de las cosas que más me llaman la atención son los sueños. Son increíbles: se salen del cuerpo, nos transportan a lugares, tiempos y paisajes inimaginables, nos ponen junto a personas que las vemos tan familiares, que abrazamos y hasta besamos, y cuando nos levantamos caemos en la cuenta de que en la vida no las hemos visto jamás. En verdad que es mucha intriga; que misterio encierran. Es tan grande la mente que a veces pienso que los sueños nos dicen algo, nos avisan... Como los últimos días en mi casa: tuve sueños muy raros. En uno me iba a casar e iba en una carroza con caballos, y por la calle veía un muerto tirado y sangrando; yo iba por una calle de piedra y alcanzaba a ver la puerta de la iglesia; entonces lloraba y lloraba y decía que no me quería casar. El otro fue en un barranco: había una linda vegetación, el clima era frío y yo saltaba a un corredor; de pronto, miraba hacia abajo y me daba cuenta de que alrededor del piso del comedor había unos abismos muy grandes, y sentí mucho miedo. Yo presentía algo.

Para variar, hay fríjoles con pedacitos de pasta. No almorcé porque quiero tratar de hacer una sola comida.

Hoy miré para el cielo y sentí mucha paz. Me elevé por unos minutos a otro mundo y no sentí la presión de saber que estoy aquí. Fue increíble y grande. Como quisiera que todo mi tiempo aquí transcurriera del mismo modo que esos instantes.

Martes, 17 de agosto de 1999

Anoche soñé que compraba ropa interior en un almacén porque me iba a casar con Diego. Fue un sueño muy raro. También vi a una mujer untada de sangre, y después me vi hablando con Juan Manuel Manrique acerca del viaje a Israel y alistando la maleta. Estaba en mi casa.

Le pregunto a Pacho qué dijeron en las noticias y me dice que Piedad Córdoba le pidió al gobierno que les devolviera los radioteléfonos a los de la cárcel de Itagüí.

Tiempo después: 7:45, Nandor me dedicó la canción «Vientos de cambio», de Scorpions.

Con el mensaje de Carol quedé fría, pues me describió los momentos en que les habían comunicado que el avión en el que yo iba estaba desaparecido. Todos habían llorado y Nandor había dicho que temía lo peor, pues siempre que un avión desaparecía era fijo un accidente, y que casi nunca había sobrevivientes. Un frío helado me recorrió. Tengo ganas de llorar. La canción de Nandor también me tiene así, y la voz tan afligida de mi mamá pidiendo pruebas de supervivencia. Nandor dijo que él a veces cree que yo estoy en la casa y que me imagina encerrada en mi cuarto o fumando en la sala; que cuando se levanta cree haber tenido un mal sueño y que después cae en cuenta de la dura realidad; que a él no le importa si es mucho el tiempo que falta, que con tal de que estemos bien no hay problema.

Señor, ¿dónde estoy? ¿Por qué siento que se me ha ido la fuerza y que la fe se me ha agotado? ¿Por qué tantos *por qués*? Siento como si no pudiera respirar en estos momentos, como si me faltara el aire, como si no alcanzara para llenarme los pulmones, y que el corazón poco a poco está dejando de latir.

«No mires hacia atrás con rabia ni hacia delante con miedo. Mira a tu alrededor con atención», es la frase que me repito en estos momentos. Pero, ¿cómo hacer para poder cumplirlo, cómo no sentir rabia cuando miro hacia atrás y veo todo esto, y cómo no llenarme de miedo imaginando el mañana desde aquí sin saber si será otro día igual al montón, lleno de preguntas, de angustia, de agonía, de incertidumbre y de ganas de llorar, como hoy? Leszli, ¿dónde está la niña con fe, dónde están esas conversaciones que continuamente tenemos, en las que nos damos fuerzas y consejos para afrontar el presente y para resignarnos con el pasado, esas charlas que te llenan de tranquilidad porque te permiten mirar la huella que has estado dejando, y que nos dan esa fuerza que nos empuja a seguir adelante, a construir un futuro sin olvidar que ese futuro se forma con la llegada de nuevos presentes, que a su vez se convierten en pasado? ¿Dónde, Leszli, dónde están los pequeños momentos de alegría que tienes en este inmenso hoyo oscuro? ¿Qué pasaría, niña, si hoy nuevamente confirmas que te quieren, que te esperan y se desesperan por ti? ¿Por qué tan egoísta al querer que llegue tan pronto el final de la antesala del universo? Ánimos, fuerza y mucha fe. La vida es linda y nos espera para vivirla... Te quiero por ti, y tú me quieres por mí.

Miércoles, 18 de agosto de 1999

La noche de ayer fue terrible: la úlcera se me alborotó y a las 3:00 A.M. tuve que levantarme por el dolor tan terrible que tenía. Vomité, fui a la letrina, pero nada. Desperté a la salubrista, y ella me dio una pastilla y me dijo que me acostara. Me la tomé y esperé y esperé, y nada. A las 4:00, saqué una ampolleta de Lisalgil que Nandor me había mandado y fui otra vez donde la salubrista:

—Qué pena, pero si no me la aplica me muero.

Y me la puso. Me vine, esperé y a los 15 minutos se calmó el dolor y pude dormir.

Las noticias parecen ser buenas: el viernes los guerrilleros y el gobierno se reunirán en Itagüí. Me imagino que de ahí saldrá algo. Sólo queda esperar a que sea viernes.

Hoy me bañé dos veces: por la mañana y ahorita. Son las 4:35 y está sonando la canción de Franco de Vita «Un buen perdedor» o «Claro que sé perder».

Jueves, 19 de agosto de 1999

Hoy el mando superior se reunió con nosotros en el salón del comedor, o sala de la tele, y nos pidió que le dijéramos qué pensábamos de la comida, de cómo estábamos con el grupo y que mañana llegaría un médico para revisarnos. Hoy hubo un problema con la suministro, pues a papá no le gustó que ella tuviera más preferencia con unos (Pacho, Juan) y con los otros no. El problema fue por una arepa de más. Se habló de eso con el mando y ahora la suministro anda brava con nosotros. Pero a papá y a mí nos importa muy poco lo que ella pueda pensar o hablar de nosotros. La verdad es que también nos importa un comino lo que piense el resto.

Anoche soñé que consentía a un gatito negro de pelo suavecito muy lindo. También que estaba hablando con Carol, y ahí me desperté.

Son las 7:10 p.m., estoy escuchando en La Mega una canción de los Beatles, «Imagine» y papi me la traduce. Me dice que es la canción que más le gusta y me pidió que cuando se muera se la cante. Me dijo que cada vez que la escuchara me acordara de él y de ese instante.

Me encanta la noche y odio el día; me encanta la semana y odio que llegue el fin de semana, pues el viernes, el sábado, domingo y hasta el lunes no escucho a nadie por las emisoras, y eso me hace sentir más sola. Pero adoro el martes, cuando pasan los mensajes. Ya el miércoles siento una gran tristeza porque sólo me queda el jueves, y ya odio esta hora, pues quiero que sea martes, y es imposible. Todo con tiempo.

Ahorita estaba sentada fuera del cambuche, pues mi papá me dijo que apagara la velita y yo me decidí salir. Uriel gritó para decirme lo del mensaje de ahora, y yo pegué la carrera. ¡Qué felicidad! Justo cuando estaba pensando en ellos, en el día del reencuentro, en que les hago la misma falta que ellos me hacen a mí.

Hoy hablé con papá de cómo será el día en que volvamos a ver a los nuestros. Le dije que para ellos sería como si vieran a un muerto o algo así, pues un día llegaron a pensar que estábamos muertos; que sería muchísima la alegría de todos. Estuvimos de acuerdo en que si hubiéramos muerto, a quienes más duro les habría dado habría sido a Nandor y a Carol; yo pienso que también a mi mamá, pero no se lo dije a papá.

Creo que si hubiéramos muerto habríamos pensado lo mismo que cuando nos dimos cuenta de que cogieron el avión: a mí la mente me quedó en blanco por un segundo, y después se me vinieron a la cabeza las imágenes de las últimas horas en que había visto a mi mamá, a Carol, Nandor y Daniel. Me acordé de cómo Carol y yo hablábamos de nada en una mesa del aeropuerto; de cómo Nandor había ido hasta mi cama a decirme adiós; de mamá cuando me puso la cadena con la estrellita roja... Pero todo eran secuencias muy, pero muy rápidas. Después se me vinieron los recuerdos de otros días, y otros de otros meses, y otros de otros años... ¡Fue tan rápido! Después pensé en la vida de papá y pedí que por favor no lo mataran, pues creí que él se iba a parar para sentarse conmigo y que cuando se parara ¡tenga!... Pensé lo peor y perdí el control: empecé a llorar. Después uno de los secuestradores me dijo que me calmara, y me calmé. Le expliqué que mi papá estaba adelante y le pedí que por favor no le fueran a hacer nada; que me mataran a mí, pero no a él. Le dije que yo lo quería muchísimo y que no quería que le pasara nada. Creo que al tipo después le dio risa, porque a mí también me dio. La verdad es que yo en ese momento pensé en todo, incluso que eso era un sueño, un mal sueño, y me pellizqué y... ¡mierda, era real todo, realito, una fría realidad!

Le doy gracias a Dios porque ese día no pasó algo más grave. Ahora sólo queda el aburrimiento y mucha tristeza por no poder ver a las personas que quiero. Pero en fin, es una experiencia muy grande que me va a acompañar toda la vida. Puede que ahora no me dé cuenta de lo importante que es, pero sé que después algo muy bueno le sacaré a todo esto, pues como dicen, de algo malo sale algo bueno, y de algo muy, pero muy malo debe salir algo muy, pero muy bueno. Yo me digo: «Fijo, Leszli!».

Viernes, 20 de agosto de 1999

Anoche me levanté a comer a las 12:00 a.m., porque la úlcera me estaba matando. Después, como a la hora, pude dormir, pero la úlcera seguía. Esta mañana, a las 6:00, le pedía a la salubrista que me pusiera una inyección de Ranitidina, y el dolor se calmó.

Anoche soñé con Carol, Danielito y mi mamá. Soñé que yo estaba en otra persona, que iba bajando unas escaleras y me quedaba mirándolos, y ellos me reconocían la mirada, y mi mamá y Carol me abrazaban. Danielito estaba súper grande y hablaba más o menos bien, con una voz muy linda. Yo lo cogía y lo abrazaba súper fuerte. Estaba feliz de ver al mocoso. Después, en otra imagen, me iba caminando por una calle llena de barro, igual a la pista donde aterrizó el avión. Iba con Ana María Gómez y con otros conocidos; vi a Gloria y la llamé a gritos. Y vino otra imagen: yo estaba con Pacho y Laureano en una piscina llena de basura; veía a Diana y Tila. Otra imagen fue en el camino: Lau estaba llorando y yo le decía que tranquilo, que todo estaba saliendo bien. Otra imagen: llegábamos a Bucaramanga y todos nos estaban esperando en un solar; yo abrazaba a mi mamá y nos tomaban una foto; yo estaba feliz.

Gracias, Dios mío, por soñar eso y por acordarme del sueño.

Hoy el mando superior le trajo a mi papá cigarrillos Belmont. Estoy esperando a que sean las 12:30 para ver qué dicen las noticias sobre lo de la cárcel de Itagüí, pues hoy hay una reunión allí. Espero que de esa reunión salga una buena noticia para nosotros. El mando superior nos confirma que ya llegó el médico.

Anoche, apenas terminé de escribir, sentí por unos segundos algo muy, pero muy feo: un vacío horrible, como que caía a un hoyo profundo. Sentí muchísimo pánico y no pude dormir sino hasta después.

Más tarde sigo escribiendo…

El médico me examinó muy por encima. El tipo, por el acento, parece peruano y sí es médico. Me dijo que me tenía que cuidar y me dio Omeprazol. Me pregunto que cómo me sentía y no le dije la verdad: le dije que estaba bien, pues donde le llegue a decir que estoy mal lo más seguro es que me liberen, y yo no me pienso ir de aquí sin papá, pues al fin y al cabo aquí llegamos los dos y nos tenemos que ir los dos. Espero que lo que le dije me lo haya creído.

Sábado, 21 de agosto de 1999

Hoy se fue el médico. Caminaba de lado a lado, se paraba, volvía a sentarse, hasta que por último sacó un libro y empezó a leer. Yo le pregunté si era peruano y me dijo que no, y me echó una mirada como diciendo «no preguntes más». La guerrilla es muy prudente y no sueltan ni medio. Cuando yo empiezo a preguntar, al mando superior le da risa y me dice:

—Vea, Leszli, la ley de aquí es: entre menos sepa, mejor: menos compromisos.

Y la verdad es que tiene la razón. Qué manía la mía de preguntar todo y ser tan curiosa. Definitivamente yo no serviría para ser guerrillera. Pensar que el médico llevaba sólo un día aquí y el pobre loco estaba ya desesperado.

Hoy otra vez empecé a hacer mis ejercicios de ortografía. Maté así gran parte del día. Por lo menos aprendí que lo que termina en *bla, ble, bli, blo, blu* se escribe con *b* larga, y que en «necesidad» se escribe primero la *c* y después la *s*. Esa palabra me molesta mucho, nunca había podido escribirla bien, pero ahora sí, pues después de analizarla un rato saqué una regla: en el alfabeto primero está la letra *c* y después la *s*, entonces lo mismo será cuando la escriba: primero la *c* y después la *s*, como en el alfabeto.

Son las 5:30 P.M. En 132 días es la primera vez que pruebo una naranja. Estoy tan emocionada, que la saboreé poco a poco. Le quité la cáscara y se la regalé a papá; el pobre estaba aún más emocionado que yo, pues se comió hasta la cáscara. ¡Increíble! Hablé con él sobre el tema del universo y del mundo: Tierra, vida, lo que viene después de la vida... Expusimos nuestras teorías sobre cómo es eso. Él piensa que uno viene a la Tierra infinitas veces, y que a veces uno es una cucaracha, un árbol, una cuerda, una culebra, otra persona, y así hasta pasar por la infinita gama de los seres...

Domingo, 22 de agosto de 1999

Mi teoría acerca de la vida es que mi ser viene muchas veces a la Tierra bajo todas las formas de vida que existen, y por cada vez que uno viene el espíritu va evolucionando hasta que comprende que no se le debe hacer mal a nadie y que se debe vivir en un mundo mucho mejor. De ahí se pasa a otro mundo donde los seres son mejores, y así hasta el infinito. Creo que en otros mundos no hay tiempo; lo que para nosotros es muerte, en otro lugar es vida. Así que dentro de algún tiempo llegaremos a ser perfectos, pues a medida que vamos naciendo, vamos evolucionando. Por mi forma de pensar, actuar y vivir en este mundo, no comprendo cómo hay gente que vive tratando de hacer el mal a otros. Esa forma errónea de actuar se debe a que hasta ahora están en sus primeros viajes. Hasta que no pasen por todas las vidas que hay para que puedan comprender que no se debe hacer el mal, no dejarán de hacerlo. Creo que éstos son mis últimos viajes. Por mi forma de pensar estoy convencida de que veo más allá de lo que otros son capaces de comprender. Creo que voy un poco más adelante y por eso siento que ésta es la antesala del universo.

Pienso que este mundo nunca cambiará, simplemente porque es así. Si cambiara no sería posible ir a otros para tratar de mejorar. Así uno con este mundo se da cuenta de lo que es malo y lo que es bueno, hasta que se llega a tener una forma más avanzada de pensamiento. Uno no nace así por primera vez. Yo tuve que haber sido mala, porquería y otras cosas, y tuve que sentir dolor, rabia y otras cosas para nacer como ahora soy.

Mi papá me cuenta que mamá salió en el noticiero de RCN pidiendo pruebas de supervivencia de nosotros, que estaba vestida con una camiseta blanca que tenía estampada una foto mía.

Hoy es un domingo largo y aburrido. 133 días de estar aquí. De mañana en ocho se termina el mes, ¡otro mes!, y llega septiembre. ¡Qué aburrido! Ojalá que en ése sí salgamos, pero como va esto creo que aquí nos llegará la Navidad. ¡Increíble¡ Pasar al 2000 aquí sería absurdo, pero no imposible.

Anoche soñé con Diego, que me daba un beso en el brazo, detrás del codo… fue muy chistoso. Me dijo que se tenía que ir porque su novia se ponía brava. ¿Será que tiene novia? Me quedé pensando… No se me haría raro… También soñé que yo tenía el pelo largo y que estaba muy fea, que me estaba cepillando y secando el pelo, que estaba en el baño con Carolina y que nos estábamos arreglando.

Lunes, 23 de agosto de 1999

Hoy el mando superior se reunió con Fernando, Diego, Laureano y Pacho por petición de ellos. El mando superior les dijo que pensaba que saldríamos en septiembre, porque según lo hablado con otros comandantes las conversaciones estaban bien adelantadas; que si no se volvían a empantanar, si las cosas seguían como van, saldríamos en septiembre. Espero que sea cierto, porque según pensamos papá y yo, ya es hora de que hagamos planes para pasar la Navidad aquí.

Le estoy escribiendo una carta a mi mamá.

Maravilloso martes, 24 de agosto de 1999

Hoy empecé un tratamiento con pastillas que me dio el salubrista para la depresión, y me siento un poco mejor. Nos trajeron unas cositas: a mí me dieron una sudadera, una camiseta, lápiz, sacapuntas, toalla y pañoleta morada de flores blancas. Siento que es verdad lo que están diciendo, que nuestra liberación será en septiembre. No sé por qué, pero tengo ese presentimiento. Espero que no falle y salga positivo. Anoche soñé que besaba a Diego y que llegaba a la urbanización a preguntarle algo a Jairo. Ahí estaban todos y Diego me abrazaba y me decía que estaba feliz de que yo estuviera ahí. Lo mismo Jairo y los demás.

Miércoles, 25 de agosto de 1999

Ayer en la noche hablaron Nandor y mi mamá, ambos desesperados e histéricos. Mi mamá habló muy mal del presidente Andrés Pastrana y Nandor dijo pestes del presidente del Congreso, pero en resumidas cuentas, que me quieren y que están algo deprimidos por no tener noticias mías. Mamá me dijo que dijera mentalmente: «Yo soy una roca y nada me va a pasar ni a picar»; que el mejor regalo que yo le podía dar era mi salud.

En estos momentos anda por ahí otra vez el avioncito que pasa bajito. Esto nos preocupa a todos porque se pueden dar cuenta de que estamos aquí, o porque pueden ver un campamento guerrillero y pueden lanzar ráfagas o tirar bombas. Eso dicen los compas. También por seguridad es posible que nos vuelvan a cambiar de campamento, y sería muy mamón tener que volver a empezar todo otra vez: que la cancha, que el camino al río, la cocina, los cambuches, el salón de la TV, la motosierra todos los días por la mañana sonando terrible, tumbar árboles aquí y allá, el barro, las botas, la suciedad, la incomodidad, otra letrina, y caminar para movilizarnos al otro campamento. ¡Mejor ni pensarlo! Ya nos acostumbramos a este lugar.

Papá y Laureano me dijeron que mi mamá había hablado por radio diciendo que había mandado una carta al presidente pidiéndole que devolviera los radioteléfonos a los de la cárcel de Itagüí: Francisco Galán y Cristhian Torres.

Luna llena, papá y yo la vimos con binóculos. Salió a las 6:00.

«*Don't worry, be happy*», de eso habla la canción que está sonando en La Mega.

Jueves, 26 de agosto de 1999

Fui a la letrina y me salió un coágulo de sangre. Se me hizo terrible. Estoy algo preocupada porque no sé qué podrá ser. Le comenté a Ricardo y a papá, y Ricardo me dijo que cuando no se ha tenido relaciones sexuales pasan esos desarreglos. Mi papá me dijo que debía ponerle mucho cuidado. Mejor pienso en lo que me dijo Ricardo para no preocuparme.

Viernes, 27 de agosto de 1999

Sigo igual: aburrida y desesperada. No sé qué hacer para matar el día. Estoy a punto de volverme loca, ¡si es que ya no lo estoy! Las pestañas las tengo largas, pero no tan largas. Pensé que las tendría igual que cuando era niña, pero no. Eso no me importa mucho: lo importante es que las tengo.

Sábado, 28 de agosto de 1999

La motosierra es una mamera. Esta gente se la pasa tumbando árboles. Anoche soñé que estaba en Israel y que todas las mujeres tenían la cabeza igual a la mía, con el mismo peinado. Anoche vi *Expreso de medianoche*, algo parecido a esto. ¡Estoy histérica!

El mando superior habló conmigo, me preguntó que cómo me sentía y otras cosas. Le dije que bien. Me explicó cosas sobre el ELN: me dijo que ellos son un grupo de personas unidas por una misma causa: que luchan por el pueblo; que en este gobierno no le paran bolas a nadie si no se le presentan con un fusil y que por eso ellos se ven obligados a tomar las armas; que es muy triste tener que utilizar las armas para que los escuchen, pero que desgraciadamente les toca; que ellos son los más interesados en que se acabe la guerra; que yo no crea que cargar un fusil y andar por el monte escondidos, lejos de los seres queridos, es algo agradable. Me dijo también que el secuestro era algo muy duro para ellos, pero que la guerra había que financiarla de algún modo; que el ELN no recibe plata de la droga; que ellos están en contra de eso porque es más terrible que el secuestro, pues las drogas dañan a las personas de por vida, mientras el secuestro dura un tiempo… «Y aunque le parezca mentira, Leszli, una persona cuando sale de un secuestro se vuelve mejor porque empieza a valorar la vida».

El mando me dice:

—Vea, Leszli, yo no le pido que piense como nosotros. Usted se crió diferente. De un modo u otro todo lo tuvo; nosotros no; y no solamente nosotros: más de la mitad de Colombia, créame. Y por eso nosotros luchamos. Tampoco le pido que no nos odie. Usted está en todo su derecho si quiere odiarnos. Nosotros la tenemos lejos de su familia, de su vida, de su mundo. Usted está obligada por nosotros y es lógico que nos odie. Pero yo le digo a usted todo esto porque usted es una chica muy inteligente. Solamente escuche y analice… No me tiene que decir nada… Tenga paciencia.

Después me dijo que tratara de integrarme al grupo. En resumidas cuentas, lo mismo de siempre.

La verdad es que yo no los odio. Estoy de acuerdo con muchas cosas de ellos, y en parte los admiro porque todos juzgamos, pero no hacemos nada: siempre vivimos a la espera de que llegue alguien y resuelva el problema. Pero es que el secuestro no tiene justificación alguna. Puede que ellos traten de entender lo que quiere decir la palabra *secuestro,* pero una cosa es ser espectador y otra ser protagonista.

Empecé a leer *Rojo y negro,* el libro de los elenos. Habla de todos los frentes que tiene el ELN, en dónde operan, cómo inició sus acciones militares, cuál es su ideología… Es larguísimo y bien grande. En la portada sale el cura Manuel Pérez Martínez. Es como la Biblia para ellos. Voy por el capítulo 11.

Domingo, 29 de agosto de 1999

Día 140. Hoy nos trajeron galletas lecheritas, chocolatinas, papitas fritas, talcos para mujer, loción para hombres, cortaúñas, galleticas… ¡Qué felicidad! Papá y yo les repartimos a los demás.

En la noche vi *Corazón valiente.* ¡Qué película tan linda! Me llegó la menstruación.

Lunes, 30 de agosto de 1999

Como chocolatinas durante todo el día. Estoy feliz. Por eso ayer no tomé el tratamiento para los nervios. Pienso volver a tomarlo por ahí en una semana.

Mi papá dice que hay noticias buenas por la radio, que las dos partes ya se pusieron de acuerdo. Él me llama a comer y le digo que voy más tarde. Entonces me dice durísimo:

—¡No, ya! —y yo le respondo:

—¡No, más tarde! —y se va. Pacho, por joder más, dice:

—Sí, Laszlo, ya vamos.

Odio sentirme presionada, ¡qué mamera! En la casa nadie me decía nada si no quería comer. No me gusta sentir que me están vigilando, que me están custodiando. Me gusta sentirme libre, hacer mis cosas sola sin tener que contarle a la gente lo que hago y lo que pienso, a no ser que yo quiera contarlas.

Quiero terminar esta pesadilla. Ya me estoy desesperando.

Hoy en las noticias de Caracol hablaron de la posible liberación de algunas personas de la iglesia la María de Cali. Espero que sea cierto y que liberen a esa gente, así sea antes que a nosotros, y después que nos suelten a nosotros. Saco fuerzas de donde no hay.

«Tomemos lo que nos une y dejemos lo que nos separa», una frase del cura Manuel Pérez que está en el libro. Buenísima frase.

Martes, 31 de agosto de 1999

Hoy retomé el tratamiento para la depresión. Voy en el capítulo 23 de *Rojo y negro,* se llama: «Che: la revolución hecha ternura». Son 88 capítulos. Pienso leerlos bien despacio para tener algo que hacer.

Antes que se me olvide, hoy es paro nacional, y por lo tanto no hay mensajes por radio UIS. Mucha embarrada, pero con mayúscula.

Hoy liberaron a dos de Cali. A pesar de tantas actividades, los días, son sumamente aburridos, siempre es lo mismo y, lo peor, en el mismo lugar y con la misma gente. Lo único que hace la diferencia momentáneamente es la novedad de la llegada de los libros, entre los cuales los que más me gustan son los de Ernesto Sábato, también el *Vademécum,* que tiene la salubrista, y un *Pequeño Larousse,* para aprender las palabras que no me sé, esas palabras raras y hasta difíciles, también la puntuación de ellas. Todo esto es para matar el tiempo, para que pase lo más rápido posible, con tal que nos acerquemos cada vez más a la libertad, esa libertad que se nos envolata y se ve distante, imposible, inalcanzable. Esta falta de libertad nos lleva a malestares entre nosotros ya que unas veces los demás están bien y yo mal; y otras, viceversa. Son raras las veces que todos coincidimos en estar «bien».

Nuestros genios cambian totalmente, tanto que hasta por un huevo, o por una arepa, se siente envidia. Inevitablemente, cuando esto pasa se quejan con mi papá, y él hace el seguimiento del caso hasta que descubre la verdad, y va con la comandante para que le ponga punto final a los preferidos, ganándose así e injustamente el desprecio de los que descubre, tanto como la de los que otorgan dichas preferencias, él, le cita el libro de Manuel Pérez Martínez, el famoso cura Pérez, un español que vino y se unió a la guerrilla, llegando a ser muy querido por ellos, y que al morir dejo un legado revolucionario y un ejemplo a seguir por todos los guerrilleros. Entre sus tantos apuntes escribió que él comía lo mismo que los demás, sin ninguna clase de privilegios, ya que todos merecían el mismo respeto. Mi papá, cuando ve algunas veces, sobre todo en la cocina, que se les va la mano en preferencias, le cita la frase del cura Pérez a la comandante[14] y ella termina enseguida con las benditas preferencias.

A los mismos guerrilleros a veces se les salen frases sumamente desalentadoras. Una noche, mientras veíamos televisión, explotó de repente, y a pocos metros de nosotros, una granada. Los guerrilleros gritaron: «Los del Fokker al suelo y guerrilla, posiciones». Yo estaba sentada con Martín, el pintor, un comandante guerrillero que estaba de visita en el campamento desde hacía dos días, y con el otro guerrillero alto y muy fuerte, de quien Martín decía era instructor de guerrilleros y a quien nosotros llamábamos su guardaespaldas. Yo, al oír la explosión, corrí adonde mi papá, temblando de

---

14. María Cano, que a la altura de este relato fue puesta por la guerrilla al frente del grupo de secuestradores.

pies a cabeza, pero él me dijo: «tranquila, acá no pasa nada, fíjate en Martín, y verás que no está asustado. Es más, sigue aún sentado, ni se ha movido de su sitio, no se trata de un peligro real, debe ser que están probando a su gente, con una especie de simulacro o algo así».

Al poco rato volvieron los que fueron a indagar diciendo que una rama se cayó sobre una mina quiebrapatas, o tal vez que una culebra detonó la mina.

A partir de este día todo cambio, los estados de animo ya están alterados, la guerrilla tiene los nervios más afinados y andan muy listos a toda hora. En la caseta del rancho, uno de los guerrilleros nos dijo que, cuando era un ataque de la plaga (el ejército) o de los paracos (autodefensas), éstos primero lanzan una granada y luego caen con ametralladoras barriendo a los que apenas se están reponiendo del susto, así que siempre que oigamos una explosión debemos estar muy pendientes a los disparos que siguen a continuación, porque si disparan nos vuelven muñecos (muertos), y si no hay la oportunidad de escape, lamentablemente ellos tienen que matarnos, pero de una manera humana, ya que si los otros son los que nos agarran nos matan a todos con motosierras y después le echan la culpa a ellos, al ELN.

Lo cierto fue que mi papá fue donde Martín, y le dijo que, si ésas fueran las circunstancias, al menos deberíamos hacer un plan de escape. Martín y Yadira, los dos comandantes fuertes, organizaron el asunto y quedamos que, en caso de una evacuación de emergencia, mi papá y yo deberíamos reunirnos en el lugar «A», si el ataque provenía del río hacia nuestros cambuches, o en el lugar «B», si el ataque se producía desde el salón social hacia nuestros cambuches; y en dichos lugares deberíamos reunirnos en nuestro caso con Candilejas y Lola, para que ellos nos internaran cada vez más dentro de los anillos de seguridad. A mi papá le pareció bien el plan diseñado por ellos y así quedamos nosotros. Los otros secuestrados tienen también su plan con otros guerrilleros y otros sitios de seguridad dentro del mismo plan de escape de emergencia en este campamento.

Pero esto de que tendrían que matarnos humanitariamente si nos llega a invadir el ejército nos afectó muchísimo. Yadira la comandante dice que son mentiras y que bien le podemos creer a ella, y no a los cuentos de miedo que algunos quieren infundirnos. El caso es que de ahí en adelante los vemos como a nuestros posibles verdugos, la sensación de injusticia es indescriptible, sólo tendrían que soltarnos y no seguir haciéndonos sufrir. ¿Qué les hemos hecho? Me imagino a mi papá, corriendo a mi lado y ellos disparándole, a él, a mí y a todos. Trato de quitarme esa imagen, pero no lo consigo, pues si lo que dicen es cierto, esto en cualquier segundo puede suceder. Sólo le pido a Dios que si pasa, al menos sea como dicen, un asesinato humanitario... ¿Cómo pueden combinarse estas dos palabras??? Asesinato humanitario... ja ja ja, en fin, ¡habrá que resignarse a seguir viviendo acá, bajo esta expectativa! Somos como ratas de laboratorio que pueden sacrificar para probar sus teorías y lo peor es que creo que el gobierno lo tomaría «políticamente».

Cinco días después de la bomba, mi papá nos reunió a Laureano y a mí y nos dijo que él tenía un plan y una ruta de escape, que es una cara y sello; pero de morir, que fuera en el intento de escapar. Claro que, en caso de que algo inusitado ocurriese, él tenía dos planes: El primero era que, de producirse un ataque inesperado, los primeros instantes serían de ruido de disparos y de mucha confusión, y que precisamente si nos hacíamos a esa idea, en esa confusión inicial habría un lapso de tiempo para tomar ventaja, que la aprovecháramos rápidamente para escondernos, pues todos estarían muy distraídos pensando en salvarse, ya que absolutamente todos le tenemos miedo a la muerte. En caso de una invasión, la mejor opción sería irnos a rastras hasta al cambuche de Fernando y Diego, y de ahí deslizarnos por la pendiente que está detrás del cambuche, al lado de donde nos balanceamos con la liana, pues ahí la guerrilla, conociendo el terreno, nunca nos creería tan osados de lanzarnos a esa profundidad, que una vez abajo nos quedáramos quietos y esperáramos dentro de la maleza a que todo pasara, atentos a lo que podamos oír. Esto es sólo en el supuesto caso de que el ataque fuera cuando estemos en los cambuches, pero que si nos tomara por sorpresa en el río, o en alguna otra parte, tendríamos que arrojarnos al suelo y de ahí arrastrarnos en busca de un refugio contra las balas, y esperar lo mejor, pues no habría otra solución.

Y el segundo plan era que, si escuchamos a alguien de la guerrilla hablar desprevenidamente de que tenían que matarnos, porque se los habían ordenado, tendríamos que irnos sin absolutamente nada, que deberíamos llegar hasta el río, pero no por la ruta habitual, sino bajando sin que nos vieran por la ladera que da detrás de nuestro cambuche hasta el fondo del vallecito que forman los dos montes y que siguiéramos por ahí hasta encontrar una bifurcación en «Y», y desde allí tendríamos que seguir por el sendero de la izquierda, el que va en ascenso paralelo al río y contra la corriente hasta que llegáramos a un árbol tan grande como el que hay abajo en el río, al frente de la represa, el del tronco tan grueso que si le hicieran un túnel por el centro cabría una camioneta, y que por ahí sí bajásemos al río y siguiéramos contra la corriente hasta donde hay unas rocas inmensas de dos metros de altura. Ahí deberíamos salir por la derecha y subir una colinita hasta la cima, donde divisaríamos un rancho, que tiene un pequeño puente para cruzar una quebrada, que allá arriba veríamos un árbol grande caído, y que, donde estaba la raíz, él había dejado dos leños grandes en forma de «V» y en la punta de esa «V» escarbáramos para sacar un morral, de plástico, donde había provisiones para tres días, latas de atún, arroz, encendedores, velas, medicamentos como Cipro, para las infecciones, y Maxitrol, para los ojos y oídos, vendas elásticas y un plástico negro grande, que serviría para dormir, una olla pequeña y una cuchara, fríjoles, arroz, sal y dos panelas, así como un mapita, que él había elaborado según el mapa que tiene Pacho, que lo pusiéramos con el lado donde tiene pintado un sol, hacia donde sale el sol, y así nos ubicaríamos con respecto al municipio de Remedios, (en Remedios está un punto muy importante en la aviación colombiana llamado OTU). Este mapa lo sacó viendo pasar los aviones de noche, desde la cancha de fútbol mientras los guerrilleros se reían de él creyendo que era un lunático de las estrellas. Decía que, más entrada la noche, alcanzaba a distinguir el resplandor de las luces del municipio; que una vez llegáramos allí estaríamos bien, porque el mapa indica lo más importante, que son las distancias en grados; que cada grado eran sesenta minutos y cada minuto eran 1.851 metros; que viajáramos muy en la madrugada, máximo hasta un cuarto para las siete de la mañana, pues a esa hora es que sale el mayor numero de veces la guerrilla de los campamentos y que, en las noches, lo hiciéramos después de las seis, pues ellos suelen regresar en su mayoría a las cinco de la tarde, aunque pensando en algún rezagado es mejor salir a las seis; que haciendo esa lenta caminata diaria, bien podríamos andar de dos a tres kilómetros por día y que Remedios no estaba a más de diez kilómetros, por lo tanto el calculaba tres días de alimentación y que si pasados tres días aun no encontramos Remedios bien podríamos aguantamos uno a dos días más sin comer y que de que llegábamos, llegábamos.

También dijo que un guerrillero que trabajó en un aserrío le enseñó cómo de la corteza de un árbol se sacaba una tira larga, y que él la había lijado y la había usado dentro del cambuche cubierta con un plástico a manera de puerta; luego dijo que la pita de Nylon donde colgábamos la ropa interior dentro del cambuche y las varitas que sostienen las cosas del armario, eran realmente un buen arco con 10 flechas. A las flechas, agregó, lo único que tendríamos que ponerles eran unas hojas de cualquier cuaderno a manera de plumas para que así mantuviera recta la dirección.

Mi padre terminó diciendo que siempre es mejor morir en el intento de conseguir la libertad, que quedar ahí, sin luchar ni defenderse.

Me dijo todo esto sólo por si las moscas, por si él no pudiera ir por cualquier motivo, entonces, que nos largáramos nosotros, así sea por las panelas que dejó escondidas, para hacer melcochas.

Miércoles, 1 de septiembre de 1999

Ayer no hubo mensajes porque la UIS está en paro. Los liberados de la iglesia de Cali no fueron dos, sino siete.

Me levanto tarde: son las 10:30 y Uriel ya acaparó el baño en el río. Ahora me toca esperar a que ese señor suba para yo poder ir a bañarme.

Anoche soñé que abrazaba a Jairo J. y también a Diego, pero me quería ir: era como si ya ellos no me importaran. Soñé también con una gatita, que yo sin culpa la mataba. Lloré y lloré por eso toda la noche. Estoy contenta porque por fin es septiembre y espero que este mes sí esté en casa. Hoy es el día 143 de cautiverio y el 12 de este mes cumplimos ya cinco meses.

En las noticias sólo hablan del paro nacional. ¡Quién iba a pensar que hasta a nosotros nos iba a perjudicar ese paro! También hablan del asesinato del primo de Juan Manuel Corzo.

Ahora son las 4:10 minutos de la tarde y está lloviendo. Tengo unas ganas enormes de llorar hasta agotar este sentimiento tan horrible que me embarga. Me ahogo poco a poco. Trato de no escribir qué es lo que siento porque sería la repetidera de la repetidera, pero es inevitable hacerlo, y aún más pensarlo. No sé de dónde saco fuerzas. Esto es resistencia, únicamente. Hasta cuándo la tendré, no sé. Quiero que pronto se agote para ver qué pasa. Ése es el problema: que aquí no pasa nada, todo igual, aburrido y desesperante. Cada vez nos hundimos un poco más, y quién sabe adónde llegaremos. ¿Cuándo será el principio del final…? Yo respondo lo que siento y sé: un grandísimo *sólo sé que nada sé*.

Jueves, 2 de septiembre de 1999

Hoy en la noche no hubo mensajes para mí, y eso me puso muy mal. Salí y me puse a llorar en la sillita que hizo papá. Me sentía tan sola, tan triste y deprimida que papá salió y me abrazó y empezó a consentirme. Me dijo que no me preocupara, que tenía que ser fuerte. Pero ese detalle que tuvo de abrazarme en ese momento fue lo mejor que me pudo pasar. Se me pasó la tristeza y me sentí muy segura. Me puse muy feliz de que Dios me hubiera regalado ese momento, pues yo sé que papá me quiere muchísimo, aunque nunca hace demostraciones de cariño. Es muy frío y hoy fue le excepción. Son contados los momentos en que se lo permite, y cuando lo hace, la mayoría de las veces es porque está con sus tragos. Pero hoy, sin un solo trago, me abrazó. También estuvimos hablando de la abuela Gisella y de lo que él sabe de húngaro. Me dijo varias palabras, pero se me olvidaron algunas; él sabe mucho de ese idioma.

Nagyon jó: está muy rico.

Viszont látásra: buenas noches.

Leszlika: Leszlicita, como dicen en Colombia.

Laszlika: Laszlito.

Viernes, 3 de septiembre de 1999

145 días. Amanecí un poco mejor; más bien, resignada. Con papá estamos practicando el húngaro. Yo sigo escribiendo la carta

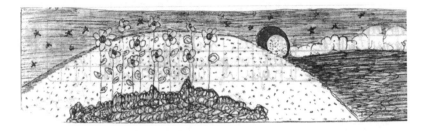

que pienso mandarle a mi mamá, pero no sé qué más escribirle... que estoy bien, por supuesto. ¡Mentiras!

Sábado, 4 de septiembre de 1999

Hoy me levanté muy temprano y me fui a bañar al río. Llevé las sábanas y las lavé. Subí, arreglé el cambuche y me di cuenta de que llevo mucho tiempo sin hablar con Dios. Estoy muy rara. Últimamente me siento muy desubicada. A veces me siento bien, pero es por raticos, y otras veces me agobia todo.

Ayer hubo una noticia muy, pero muy buena: dijeron que el gobierno había devuelto los radioteléfonos a los jefes del ELN que están en la cárcel de Itagüí, aunque únicamente por razones humanitarias. ¿Será que ahora sí nos vamos? Con mi papá estamos mirando las estrellas por las noches y me está explicando cómo es que funciona todo eso y cómo se pueden ver las figuritas de los signos del Zodíaco. Esto me tiene muy contenta. Espero que el gobierno no les quite otra vez los radioteléfonos a esos señores, porque tendría consecuencias para nosotros... ¡Ahí sí nos lleva el demonio!

Mi papá no se despega del radio, a ver qué más escucha. Hoy hablamos del viaje a Israel. Él no quiere que yo me aleje, le da miedo, pero me va a dejar ir porque sabe que es algo que a mí me trasnocha.

Domingo, 5 de septiembre de 1999

Liberaron a otras cuatro personas de Cali. Son las 6:00 y ya comí. Fue horrible: arroz, jamoneta, yuca, mayonesa y aguadulce. ¡Qué asco de comida! Hoy mataron dos pollos, pero papá y yo no quisimos comer. Me siento muy gorda. No sé qué hacer: eso me pone triste. Aquí es imposible hacer dieta porque sólo hay harinas. Cada día me siento más y más gorda, y fuera de eso siento que me crece un hueco en la cabeza y me da miedo que se me infecte. Es preocupante. Sólo espero salir para empezar a tomar Fenisec y también para ponerme pañoletas y sombreros. Lo que me consuela son las pestañas. Quiero y deseo que llegue pronto el martes para poder escuchar a mi mamá, si es que me habla... Yo no entiendo por qué el jueves no pudo hablar.

Quiero salir corriendo de aquí. Cómo envidio a los pájaros. Me quedo horas mirándolos y pensando lo feliz que yo sería si pudiera volar. Mi papá me dijo que no me preocupara, que algún día, en otra vida, yo sería pájaro.

Martes, 7 de septiembre de 1999

148 días. Anoche soñé con Diego y un perrito chiquitico. El día transcurre igual, a diferencia de que hoy es martes y espero escuchar mensajes de mi mamá y de todos.

Las noticias sólo hablan de los de Cali y eso me da mucha rabia: que por el simple hecho de que la Iglesia está de por medio a ellos los liberen primero. Esta gente no es nada considerada. Nosotros llevamos como dos meses más que ellos y los familiares de nosotros se portan mejor: no hacen peticiones ni andan diciendo que hacen responsable al ELN ni firman cartas comprometiéndose a no pagar, ni mucho menos le exigen al gobierno que nos rescate. Eso me llena de rabia, la impotencia es lo peor: ver que uno está a merced de esta gente. Es algo que me parece inverosímil. Últimamente me acompañan siempre las ganas de llorar. Odio esto: es una marranada. Tengo rabia con Dios, y más con la Iglesia, que siempre ha sido y será una farsa. Todo es un montaje. Todos son unos hipócritas. Odio las iglesias y a todos los que van a ellas, pues la mayoría va a limpiar los pecados de los pasados días para quedar en cero y volver a cometer los mismos pecados.

Siento que estoy en otro mundo, y la verdad es ésa: estoy en el mismo mundo, pero en otra dimensión. Me siento en un gran laberinto y no sé dónde está la salida. A veces creo ver la luz en el oscuro camino, pero después caigo en cuenta de que es sólo una ilusión óptica y que todo sigue igual. La crisis vuelve y el infierno de la dura realidad me atormenta día a día.

No comí, no tengo hambre.

Estos renglones son la única forma que tengo de expulsar todo lo que siento, de no sentirme tan sola. Esta lección que me ha dado la vida me ha permitido comprender y valorar lo que tenía, eso que antes, no sé por qué, no veía o no quería ver. Pero ahora que he aprendido no sé por qué no puedo regresar. Es como el cuento que hice hace mucho tiempo, de cuando me desdoblé y empecé a salir de mí, a ver mi casa, mi barrio, los árboles, las montañas y sus ríos, y me daba cuenta de lo maravilloso que era todo. Pero empecé a subir, a elevarme cada vez más, pensando que después podía volver, y que entre más subiera más iba a comprender lo maravilloso de la vida. Pero cuando por fin me di cuenta de la grandeza del mundo, de todas las cosas que tenía y vi todo lo que antes no había visto, y quise bajar para incorporarme de nuevo en mí y empezar a vivir todo lo que había aprendido, me di cuenta de que ya no podía bajar. Que entre más ganas me daban de bajar, más subía, y empecé a desesperarme. No entendía por qué se me había acabado la oportunidad de ver todo eso para aprender a valorarlo si no me iban a dejar volver. Me parecía ilógico. Pero de repente empecé a sentir una gran paz; me acogía a esa inmensa tranquilidad y no me importaba ya regresar.

Ahora caigo en la cuenta de que me ocurre lo mismo, y me hago la misma pregunta: ¿Por qué me dejaron ver todo si no puedo regresar? La única diferencia es que antes era un sueño, algo de mi imaginación; ahora es real.

Dios, quiero sentir pronto la paz de la que hablaba en el cuento, para así no preocuparme más, y sobre todo para no seguir mortificándome. Trato de burlarme de esta situación, de burlarme de mi propia realidad, pero es imposible buscar el lado chistoso de esto. Gran batalla la que afronto: la ausencia que deben sentir en mi casa no es tan inmensa como la que yo siento en mi interior. Angustiosa avalancha la que veo venir encima. Advierto que debo sacar fuerzas, pero ...¿de dónde? Hago análisis de esta situación para ver de dónde saco el valor, pero es irreal pensar en que tengo fuerzas. Caigo al abismo y, lo que es peor, me dejo caer.

Estoy llorando y no sé si es por la soledad o por la impotencia. Falsa la sociedad en que vivo, falsa la gente con la que convivo, falso el mundo que me vio nacer. La pregunta ahora es: ¿seré yo también falsa por pertenecer a esta falsa vida? Espero que no. Cada vez estoy más convencida de que Dios hizo mal algunas cosas. Una de ellas fue haberme traído a este mundo, donde me siento extranjera. En este mundo se mata por matar, se tumban árboles sólo por sentir el placer de verlos caer, se matan animalitos, y hay quienes no ven la hora de hacer el mal a los demás, así sea de la forma más insignificante o haciendo sentir mal a alguien, o lastimándolo por donde más le duela. Aquí el amor no existe: nadie quiere de verdad, éste es un gran teatro donde todos actúan, y a quienes hablamos con la verdad nos dejan a un lado y no nos permiten participar. Pero es mejor eso que formar parte de la enorme farsa.

En esta vida no sirve querer de corazón, por la sencilla razón de que a los demás les queda grande el amor sincero. Por eso la gente corre a buscar la falsedad, porque saben que ésa es su medida. Entonces uno queda solo sin comprender por qué. En ese momento nos damos cuenta de que para ser «felices» hay que vivir de engaños y mentiras y acomodarse a esta sociedad hipócrita, porque de otra manera es imposible vivir, o más bien sobrevivir. ¡Qué tristeza! Por eso es que estamos como estamos. ¡Qué asco de sociedad! ¡Qué asco todos! ¡Qué asco esta vida! ¡Qué asco mi vida en este horrible mundo!

Quisiera decir todo lo que siento a todas las personas para ver quién me apoya y saber que no soy la única en pensar así, para no sentirme tan sola en este mundo. Dios quiera que haya más personas que piensen como yo, para así no tener que hablar de que todo es malo. Me gustaría saber por qué debemos soportar tanto sufrimiento los que no comprendemos por qué este mundo está hecho de este modo. Debe ser porque es la antesala, eso es, la antesala del universo… Sí, sí. Espero que sí.

Miércoles, 8 de septiembre de 1999

6:07 de la tarde. Hoy empecé a leer el libro *En secreto,* de Germán Castro Caicedo. Me encanta como escribe. He leído casi todos sus libros, y cuando empiezo no puedo parar.

El día transcurre un poco aburrido. Anoche soñé que me escapaba de este lugar, que corría y corría y llegaba a un pueblo. Ahí ningún carro me quería llevar porque nadie quería meterse en problemas con los elenos. A la entrada del pueblo, por donde yo salía, unos guerrilleros me disparaban dos veces, pero ninguno me alcanzaba. Después corría y corría, hasta que pasó una patrulla del ejército y les decía quién era yo, y estaba feliz de que iba a ver a mi familia.

En las noticias sólo hablan del obispo de Tibú. Yo me desespero. Por la mañana, apenas me desperté, papá me dijo que él ya se imaginaba por qué no habían vuelto a hablar de mi caso, que seguramente les habían prohibido porque mi mamá se puso a hablar mal del presidente.

Ayer fue un día horrible para mí. Tuve un problema con un guerrillero por la comida. El helicóptero se sentía ayer, pero no tan cerca. En estos momentos estoy en la mesa del comedor mirando de cerca una foto que tienen aquí del Che Guevara, Carlos Marx y Lenin. Juan y Uriel están comiendo. Cada día me cuesta más trabajo soportar la cara de estúpidos que tienen.

Miro el cielo y está lloviendo. Un día gris y oscuro, como lleno de una sensación fantasmal. El verde ya no lo soporto. Por donde miro hay verde y barro. Estoy cansada de ponerme siempre la misma ropa, de ver las mismas caras. Los pasos que doy aquí son contados. Todo, todo es desagradable: las gallinas, el marrano, los tres perros, Fokker, Lander y ahora el chiquitico al que le pusieron Tico creo que únicamente para fastidiarme. La hija de la suministro me odia. Esa niña tiene un tono de voz insoportable y no deja escuchar la tele. También ayer, cuando bajaba al río, la suministro me dijo, única y exclusivamente por joderme la existencia y hacérmela más difícil, que había operativos en la zona y que no me demorara más de media hora, porque estaba prohibido quedarse más tiempo.

En este momento las gallinas se dirigen a su resguardo, que queda al lado de la marranera. Pobres animales: ¡qué vida tan triste! Les dan de comer las sobras, y el problema es que esta gente nunca deja nada. Entonces ellas comen una cantidad de bichitos que encuentran por ahí. Tampoco les ponen agua: toman del charquito que se forma cuando llueve. La gente las ve crecer y ellas se acostumbran a la gente, y el día menos pensado, ¡tan!, las matan. Y hay que ver cómo lo hacen: primero les parten las paticas con algún tronco para que dejen de correr y luego, de una forma cruel, sin contemplaciones, las cogen del pescuezo y les empiezan a dar vueltas hasta que las desnucan. Esta gente es bien salvaje. Y ni qué decir de la suerte de los marranos. A ésos les va peor: les ponen nombre, los educan, y cuando los animalitos les cogen cariño, ¡tan!, el mismo dueño los amarra y les mete el puñal.

La suerte de los árboles tampoco es de envidiar. Los guerrilleros son adictos a la motosierra, les encanta ver cómo cae un árbol. Aquí tumban un promedio de 150 árboles por campamento: que para leña, que para tablas, que para que entre el sol… Es terrible. Me duele en el alma ver esa depredación sin poder hacer nada. Es muchísima la impotencia que se siente estando atado de cuerpo, manos y pies, no tanto física sino emocionalmente. Es algo humillante. Es en esos momentos cuando me pregunto si hay un Dios en la Tierra.

Si esto es así por estos lados, ¿cómo será en la ciudad? Supongo que mil o un millón de veces peor. Si hay o no hay Dios, no sé. Lo único que sé es que justicia no hay, por lo menos en la Tierra. No sé si en el cielo haya. Espero que sí, que en otra parte exista la justicia, porque si no sería muy triste vivir esta vida sin tener la ilusión de que cuando uno «muera» —que para mí *muerte* significa volver a nacer, pero en otra parte— las cosas puedan ser diferentes a como son en esta porquería de mundo en el cual se sufre y se aprende a odiar de corazón, donde vivo con rabia por ver que todo es injusticia. Este mundo está hecho al revés, de eso no tengo la menor duda. Para mí da lo mismo morirme ahora que después de vivir un buen tiempo, si es que se le puede llamar *vivir* a esta estúpida vida.

No puedo seguir escribiendo porque Pacho y el guerrillero están hablando en voz alta, y así no puedo concentrarme.

Jueves, 9 de septiembre de 1999

Pasé el día leyendo. Terminé el libro *En secreto,* de Germán Castro Caicedo, que empecé a leer ayer. Aprendí mucho sobre las partes en conflicto en Colombia. Si uno se pone a mirar, todas las partes tienen razón. Antes no entendía por qué los «paras» hacían tantas masacres; ahora entiendo más, aunque quiero estar en un punto neutral. También se habla de la guerrilla y del capo de la droga Don Pablo, del M-19 y sus luchas… Todos tienen razón, sin duda. Y el problema principal es el maldito Estado. Si aquí no hubiera tanta corrupción en las grandes sillas, no existirían estos grupos. El Estado debe estar feliz de que se maten los pobres con los pobres, como los «paras» y la guerrilla entre ellos. Si fueran un poquito más inteligentes y no fueran tan orgullosos entenderían que la guerra no es para que se maten entre pobres, sino que en ella deberían enfrentarse pobres y ricos, y otros que no son tan ricos.

Para mí merece respeto la persona que gana su dinero trabajando y sin robar a nadie, tratando de ayudar a su pueblo, pero no la persona que abusa de su posición o del poder para robar y atentar contra los intereses del pueblo que lucha y que sufre. Aunque si nos ponemos a pensar más a fondo, a las partes en conflicto no les conviene que esta guerra termine, porque ¿qué sería de sus vidas? Ya no habría con quién luchar y se les acabaría el negocio. Me da mucha rabia que las cosas sean así.

Cuando iba a bañarme aproveché que estaba el comandante de este frente para explicarle lo que sentía. Trató de explicarme el por qué de tantas cosas que, aunque me las ha repetido cien mil veces, no logro entender. ¿Por qué tantos secuestros? Eso no lo entiendo. Él me dice que sólo se les cobra a los ricos, a los oligarcas de este país. Entonces yo me puse histérica y le dije con rabia:

—¿Sabe una cosa? Para ustedes son ricos todas las personas que tienen un apartamento y un carro y algo de plata ahorrada, y eso no es así. Esa plata se ha hecho con sacrificio, con mucho trabajo. Parece que ustedes desprecian a todo el que vive o trata de vivir en paz. Para ustedes sólo los que no tienen dónde caerse muertos son el pueblo colombiano, y eso no es así. Los corruptos están bien arriba y a esos ni los tocan, y en cambio sí joden al resto del pueblo, que somos nosotros.

Y me dijo:

—Leszli, eso no es así.

Y yo le dije:

—Entonces yo soy muy bruta, porque la verdad es que así es como lo veo. Y es más: no soy la única «bruta»: cuarenta millones de colombianos más son igualmente brutos, porque así es como la gente ve este asunto.

Y me dijo:

—No, eso es de este modo: la culpa de todo la tienen el Estado y los grupos que manejan el país, como el grupo Santo Domingo o el Adila Lulle. Con ésos nosotros estamos en guerra.

Y le dije:

—Pues yo no veo aquí a ninguno de los capitalistas de ninguno de esos grupos. Yo lo que veo son siete empleados de una empresa, pero el odio de ustedes es tanto que por el simple hecho de que mi papá trabaja para ellos, ustedes deciden que todos debemos estar aquí. ¿Es malo trabajar para una empresa rica? Según ustedes, así es. ¿Sabe qué es lo que más rabia me da de todo esto? Que yo y mi papá y toda mi familia estamos aquí por culpa del Estado, como ustedes dicen. Sin embargo, yo particularmente tampoco estoy de acuerdo con el Estado. A mí también me da mucha rabia que haya tanta corrupción en el gobierno; me duele en el alma ver cómo a la gente le sacan impuestos por todo, porque al fin y al cabo esa plata no va para obras ni para nada, sino para unos cuantos bolsillos que se la reparten. Pero nosotros, ¿qué hacemos? ¿Dejamos todo y nos venimos acá a cargar un fusil? ¡Por Dios, eso no es así! Es que, vea, ustedes dicen y juzgan mucho, pero en síntesis no proponen nada. Y espero que no se ponga bravo conmigo y que trate de entenderme.

Y el me dijo:

—Yo sé que usted no nos entiende y que está con rabia con nosotros porque está aquí. Eso yo lo entiendo…

Y yo seguí:

—Yo pienso, pero no les digo nada de lo que pienso. Y si estuviera afuera también pensaría lo mismo. Este país está muy mal: todos pelean y pelean y se matan y hay mucha sangre y todo, pero la verdad y lo más triste es que nadie propone una solución razonable. Me da rabia ver cómo a este país lo carcome el odio y que nadie haga nada. Hablar es muy fácil y todos hablan de paz, pero nadie la hace. Nadie se toma la molestia de bajar la cabeza y reconocer que ha estado equivocado, actuando erróneamente. Pueden más el orgullo y el odio que el amor al país que nos vio nacer. ¡Lástima! Ojalá algún día yo pueda hacer algo de corazón por este pueblo, al que adoro porque lo siento mío. Lástima la capacidad de odio que tiene su gente.

Como lo presentí ayer, hoy tampoco hubo mensajes para mí en

la radio. Estoy pensando seriamente en dejar de comer como medida de presión para que esta gente le lleve mensajes a mi mamá.

Hoy rayé todo el toldo, más de lo que estaba. Puse frases como: «No mires hacia atrás con rabia ni hacia delante con miedo, sino a tu alrededor con atención». Otra: «Desde el 12 de abril, ya van 151 días de estar en el infierno. ¿Cuántos más?». Otro punto más en mi báculo. También mi matacho[15] preferido, el que siempre dibujo, y su luna. El calendario desde el 12 de abril hasta la fecha. Otro letrero en rojo: «Secuestro del Fokker 50 de Avianca, 12 de abril de 1999».

Otro bien grande: «Estoy secuestrada por el ELN». Lo hago con el fin de acordarme día a día en dónde me encuentro y no olvidar lo desesperada que me encuentro; para recordarme cada mañana que soy una víctima más de esta guerra y que eso me marca de por vida; para nunca olvidar lo que estoy sufriendo. Es algo que me recuerda la injusticia que estoy padeciendo... y sí, también para llenarme más de odio.

Dios mío, ya no sé ni qué pensar. Siento que me dejaste sola hace mucho tiempo. Me siento muy mal. ¡Qué agonía! ¿Será que no me ves, o que yo no te siento? ¡Dame una señal, por favor, dame una luz de esperanza, algo de donde pueda aferrarme para no seguir cayendo, pero hazlo ya! Más fuerte ya no puedo ser. Sácame de aquí; sácame, te lo suplico.

Tú sabes que yo en la vida no he hecho nada malo; adoro los animales, adoro a mi familia, me da rabia la injusticia, quiero de verdad y con el corazón... No quiero decir que jamás he hecho sentir mal a alguien, pero trato de no hacerlo; perdono y trato de olvidar; no he pecado ni he robado ni he matado de corazón. Sé que hay cosas malas que he hecho, pero me arrepiento, y además no son tan graves. Pienso que unas cosas malas se recompensan con todas las buenas. He cumplido la promesa que te hice un día de conservarme virgen hasta el día en que me case, y no porque quiera darle un regalo, o algo así, a la persona que se case conmigo, sino porque te lo prometí como muestra de respeto, por la confianza que me ha dado mi mamá y por muchas cosas más que sabemos los dos.

15. Matacho(s). Forma de llamar en Colombia a los dibujos animados.

Entonces, no entiendo qué fue eso tan grave que hice. Por favor, dímelo; házmelo saber pronto para tratar de corregirlo. Tú sabes que yo soy una buena persona y que si algún día le deseé el mal a alguien debió ser en un momento de rabia, por lo que si algún día tengo la oportunidad de pedirle perdón a esa persona por haberla odiado, lo haré.

Ángel de mi guarda, y el de mi papá y el de mi familia y el de las personas que quiero… no nos desamparen ni de noche ni de día hasta que nos pongamos en paz y alegría…

A mis muertos, si están por ahí, les pido protección y paz.

10:20 P.M. Ahora voy a apagar la linterna y me voy a quedar pensando en todo y todos, como hago todas las noches desde que estoy aquí. Siento que me conecto con las personas que quiero a través del pensamiento. Es el único momento en que lo puedo hacer. Tal vez por eso es que me encanta la noche: porque soy libre para estar con quien quiero, así ellos no quieran. Yo hago lo que se me da la gana en mi espacio y en mi mente. Eso nadie me lo podrá quitar, nunca. Amo la noche.

Viernes, 10 de septiembre de 1999

Hoy me levanté tarde, a las 11:00 A.M. y escuché en el radio de Laureano que habrá una misa por nosotros el domingo. El domingo cumplimos cinco meses. Por otra parte, papá me dijo que Pacho anoche escuchó, también por radio, que Navarro Wolf hablaba de la conveniencia de que se entregara a los secuestrados antes de finalizar el año, para así poder empezar el siguiente con la llamada Convención Nacional. Un guerrillero en la noche nos reunió para decirnos que el mando superior del Magdalena Medio está otra vez pendiente del proceso y que nos manda saludos; que si las cosas siguen como van la libertad está pronta.

Nadie se entusiasmó con la noticia. Yo, personalmente, pienso que es puro contentillo barato.

Sábado, 11 de septiembre de 1999

Susto tremendo el que pasamos mientras veíamos las noticias de las 7 en Caracol. Estábamos todos sentados cuando escuchamos un estallido muy fuerte. El desconcierto fue tenaz: unos corrieron, yo abracé fuertemente a papá y nos fuimos a sentar con los demás mientras el mando superior nos decía que los civiles nos quedáramos quietos y nos tranquilizáramos. Pero ellos también se asustaron y mandaron de inmediato a dos guerrilleros y a otros a que miraran. Alistaron fusiles y dijeron que apagáramos el televisor.

Yo dije que no, porque nos podían disparar pensando que éramos guerrilleros y que mejor dejaran eso prendido, para que nos reconocieran. De inmediato le bajaron el volumen y nos dijeron que no hiciéramos ruido, que calma. Después de un tiempo supimos que una rama de un árbol se había desprendido y había activado una de esas minas que ellos ponen por seguridad.

Después se calmaron y nos calmamos. El mando superior nos dijo que siempre ponían minas alrededor del campamento por seguridad, y que quedaban 29, pues eran 30. El comandante que llegó anoche, a quien recién vimos hoy, nos dijo a papá y a mí que si llegaba a presentarse de nuevo una situación similar, si escuchábamos tiros, lo mejor era que nos tiráramos al suelo y nos arrastráramos. Pero que de todos modos ellos ya tenían un plan en caso de emergencia, que consistía en que un grupo bajara a combatir mientras otro se encargaba de nuestro traslado a un lugar más seguro. Pero que de todos modos no nos preocupáramos, porque todo estaba bajo control. ¡Qué susto! Ocurrió a las 7:15 P.M.

Hoy, cambiando de tema, empecé a leer la novela *Así se templó el acero* de Nicolás Ostrovski. Bellísima historia.

Papi me cuenta de la abuela Gisella. Cuando la abuela era niña salía a los campos de concentración y les tiraba pan y frutas a los prisioneros. Había una señora muy joven que siempre hablaba con la abuela, le daba las gracias por el regalo y le preguntaba cómo se llamaba, y ella le respondía. Esta señora le pidió a la abuela que averiguara sobre la familia de ella en tal pueblo y en tal dirección, quería saber qué había pasado. La abuela le hizo el favor y supo que en aquella casa no había nadie, que estaba desocupada. Le dijo eso a la señora y ella vivía muy agradecida con la niña por todos los favores que le había hecho. Como en los campos no había información sobre lo que estaba ocurriendo, la señora vivía muy aturdida, y la abuela le decía que no se preocupara, que ya pronto se acabaría la guerra, que ya los rusos estaban a punto de llegar, que ya habían pasado la frontera; que tuviera calma, que todo saldría bien. Así fue formándose una linda amistad entre esa señora y la niña de 14 ó 15 años, que era la edad que tenía la abuela en ese entonces.

Después a la abuela le tocó partir con sus dos hermanas a Francia, desde donde por intermedio de la Cruz Roja las mandaron a ciudades diferentes. A la abuela le tocó Toronto; a la casada, Nueva York y a la otra, Caracas. Luego de poco tiempo la abuela se encontró en Nueva York con la hermana casada, aunque sentía más apego por la otra, la de Venezuela. Entonces reunió lo del pasaje y viajó en barco a Caracas. En Venezuela conoció al abuelo, con quien se casó en San Antonio. Después llegaron a Bogotá con una mano adelante y la otra atrás: no tenían nada, pero había varios húngaros en Bogotá y se ayudaban los unos a los otros. La abuela cosía en una fábrica y el abuelo, que sabía de motores Diesel y otras cosas, era mecánico. A la abuela una amiga húngara le consiguió un puesto para que cosiera trajes de mujer sobre medidas. En una de esas fue a la casa de una señora y empezaron a hablar mientras le tomaba medidas:

—¿Y usted de dónde es?

—Yo soy de Hungría.

—Ah, yo también…

La señora era muy rica porque se había casado con un norteamericano, presidente de una empresa petrolera en el país…

—¿Y de qué parte?

—Del Noreste.

—Ah, yo también.

—¿Y dónde estuvo usted prisionera?

—Ah, cercano a determinado lugar.

Y la abuela le dijo:

—¡No me diga! Yo a esa gente le llevaba panes y frutas.

Y la señora le dijo:

—Usted es Gisella Daniel.

—Sí —respondió la abuela—. Yo soy la misma.

—¡No me diga!

Se abrazaron, lloraron, y de una la suerte le cambió a la abuela: el abuelo Nandor, de ser mecánico en un taller pasó a tener un trabajo súper importante en la empresa petrolera. Según mi papá, de ganarse una suma correspondiente a trescientos mil pesos actuales pasó a ganarse algo así como siete millones. La suerte les cambió y la amistad se hizo muy fuerte entre las dos familias.

¡Qué coincidencia de la vida!

—Pensar y luego actuar —es lo que papá siempre me dice—. La vida toda se basa en la lógica; todo lo resuelves con lógica.

Quedan otros recuerdos sueltos:

Cuando la abuela todavía estaba en Hungría llegaron unos rusos a refugiarse. Uno llegó a la casa donde Gisella vivía con sus hermanos, donde había un piano. Y esos rusos tocaban muy lindo, pero eran muy ignorantes: creían que el perfume era trago y se lo bebían. Eran muy tomatragos.

La abuela quedó huérfana muy joven, como a los 13 años. La mamá era judía rusa y murió de cáncer, y el papá también murió en esa época. Él sí era húngaro.

Domingo, 12 de septiembre de 1999

Son las 2:00 a.m. y estoy escuchando «Amanecer en América», mientras pinto el toldillo con los marcadores. Para mí por esta emisora casi nunca hay mensajes. Sin embargo, la escucho porque por ahí a mi papá casi siempre le hablan Lucía, su actual esposa, Judith y Esperanza.

Hoy el programa es en Vélez (Santander). Ya le han mandado mensajes a Juan, Laureano, Pacho, Uriel, Diego y Fernando. Como siempre, falto yo, y esta vez también mi papá.

Vi en el noticiero que nuestros familiares hicieron una misa y soltaron unas palomitas. Eran 16 palomitas por los 16 del avión que todavía quedan secuestrados. No vi ni a mi mamá ni a ninguno de mi familia. Después vi una película de kárate en RCN.

Cuando iba a cambiarme, pasé por la cancha y me quedé mirando las estrellas... me elevé y me puse a pensar si habría vida en otros planetas, y pasó una estrella fugaz. La noche está hoy muy linda y fría.

Pienso hoy en mi familia y en las personas que quiero. Cuánto deseo verlos. Ojalá pase diciembre con ellos y también mi cumpleaños, que es el 11 de diciembre. Mi mente y mi espíritu están con ellos.

¡Qué difícil es todo esto!

Hablé con el comandante sobre libros y el ELN. Me dijo que él había escuchado por radio a mi mamá hablando mal de Pastrana y que le había dado mucha risa; estaba con el mando del Magdalena Medio y él dijo: «Con razón la hija es así, si la mamá es peor, ja, ja».

Hoy barrí todas las cositas y quité muchas raíces. Me cae muy bien el guerrillero pintor. Me parece un hombre honesto y sabio y, sobre todo, muy calmado. Es rico hablar con él. Me dijo que tenía las puertas abiertas para cuando quisiera volver, pero ya de visita, no retenida. Me dijo también que le habían dicho que yo tenía un genio terrible, que me había rapado el pelo y que estaba deprimida; que él sabía todo eso antes de venir, porque le habían contado. También me dijo que sabía lo de mi viaje a Israel. Estoy escuchando La Mega y pensando en mi familia y en todos mis amigos. ¿Cómo será el día en que los vuelva a ver?

En el noticiero dieron una lista de secuestrados extranjeros. Entre ellos nombraron a Daniel Hoffmann y Nicolás Pérez, de USA y Panamá. Para no sentirme sola vuelvo a leer las cartas que me escribieron el 4 de julio. Estoy escuchando La Mega. Oigo una canción que me fascina.

En un diccionario que trajeron los guerrilleros leí una página donde se cuenta cuánto tiempo se demora un animal en gestar: asno y cebra: 375 días; cachalote: 480 días; oposum: 13 días; ratón: 21 días; marmota, topo, liebre: 40 días; conejo: 30 días; zorro: 54 días; cobayo, lobo, gato: 60 días; pantera: 93 días; caballo: 335 días; jirafa: 440 días; rinoceronte: 560 días; león y tigre: 106 días; cerdo: 115 días; castor: 128 días; oveja: 150 días; tejón: 180 días; gibón: 210 días; ciervo: 235 días; gamo e hipopótamo: 240 días; oso pardo: 260 días; manatí: 270 días.

Martes, 14 de septiembre de 1999

No hubo mensajes en la UIS ni para mí ni para papá. Tengo mucha rabia, pero no por eso sino de pensar en lo que pide el cura de la iglesia de Cali: que ya es hora de que los señores del ELN hagan otro gesto de buena voluntad liberando a cinco personas más de la iglesia. ¿Acaso nosotros no existimos? ¿Acaso no contamos? ¿Acaso no sufrimos? Ese fariseo sólo quiere la libertad de los de la iglesia y no se da cuenta de que nosotros llevamos muchísimo más tiempo que ellos. La Iglesia en este país es una farsa, y en el mundo, igual. Odio las iglesias porque se aprovechan de la fe de las personas para sacar plata con sus limosnas y son los más ricos del mundo. ¡Qué tal! También me da mucha rabia que los del ELN liberen a los otros primero y no a nosotros, que llevamos más tiempo secuestrados.

Hoy mataron una vaquita y la trajeron por partes.

Como ya es tarde pusieron la luz y alrededor se ve todo muy lindo, como yo me imaginaba el cuento de Blancanieves: las sombras de los árboles, las nubes y la neblina; y como está haciendo tanto frío todo es como un cuento de hadas.

Me duele la espalda por estas tablas, pues están desniveladas. Hoy empecé a desesperarme, pero me controlé. No me bañé, pues tengo mucho frío. Menos mal que tengo una cobija de lana y cuando me cubro con ella solo siento frío en los pies.

Pacho fue algo grosero hoy, pero no sé si es que a mí me lo pareció o si realmente fue así. Fue por una telenovela... Quiero pensar que me pareció, porque si no esto aumentaría la rabia que le tengo a ese tipo. Fuera de que no lo soporto, me toca fingir que me cae bien. Esto sería el tope de mi rabia con él. Además, lo que papá me dijo que pensaba hacer (una reunión de integración de los secuestrados) me tiene con la piedra afuera, de sólo imaginarme que hace algo que no le corresponde a él sino a Pacho. Espero que papá cambie de idea.

Miércoles, 15 de septiembre de 1999

Hoy hablé con el guerrillero pintor. Le mostré mis dibujos y le regalé uno. Me contó sobre el ELN y le gustó mi forma de pensar. Me dijo que lo más que le gustaba era mi franqueza. Me pidió que le leyera «No soy escudo», si podía, y le dije que claro, pues fue algo que yo escribí precisamente para ellos, ¡y le gustó! Me dijo que a él le gusta mucho dibujar y trató de descifrar mis dibujos.

Hoy el salubrista me regaló un papelito muy lindo donde me dice: «Feliz día del amor y la amistad», y yo mañana se lo voy a hacer a él y a todos. Al guerrillero pintor le hice uno donde dice: «el esfuerzo da plenamente su recompensa cuando la persona se ha negado a darse por vencida. Ánimo, la lucha continúa. Feliz día del amor y la amistad. Leszli Kálli, 15 de septiembre de 1999». Parece que le gustó. Me nació hacerlo.

Mañana o esta noche, más tarde, cuando todos estén durmiendo, voy a poner otro que hice: «Para el ELN. Feliz día del amor y la amistad… y la paz. Atte.: los Kálli».

Jueves, 16 de septiembre de 1999

Hoy se cumplen 158 días de estar aquí. El día transcurre igual, sólo que mi mamá me habló por radio a las 5:00 a.m., me contó Pacho, pero yo no la escuché. Hoy, por otra parte, hubo en Caracas una reunión de Gabino y la comisión delegada por el gobierno para tratar lo de nosotros. Por otro lado, no tuve mensajes por la UIS, aunque Lucía le habló a mi papá: dijo algo de dos estrellas en el cielo… ¡Qué mujer tan cursi!

Hoy hace cuatro años se casó Carolina.

Tengo ganas de un helado de chocolate y vainilla, y también de orinar y ver a mami y a todos. Me intriga saber cómo está Danielito.

Viernes, 17 de septiembre de 1999

Hoy hubo reunión en el salón de la tele. El guerrillero pintor nos dijo que había entrado el enemigo en la zona y que nos quería hacer unas recomendaciones para que estuviéramos prevenidos: que tuviéramos lista una muda de ropa; que los que tienen maletas las entregaran para que se las encaleten; que si escuchábamos tiros por el río nos reuniéramos en el salón del tele; que si los tiros eran por los lados del TV, el sitio de reunión sería el comedor o la cocina; que no nos demoráramos tanto en el río; que en caso de evacuación del campamento había guerrilleros asignados de a dos para cuidar a dos. Nos recomendó no hacer mucho ruido, y si había ráfagas de helicóptero, que buscáramos un árbol grande y nos resguardáramos.

Sábado, 18 de septiembre de 1999

Soñé con el abuelo. Nada. Igual que siempre. Tengo miedo de algún enfrentamiento.

Hoy van 161 días. Soñé con un combate: que varios guerrilleros estaban cargando una camilla, y sentado en la camilla estaba un señor. Yo miraba cómo lo transportaban, y era como una ceremonia. Después sonaron tiros y yo empecé a correr, y se me quedó la linterna y me empecé a desesperar porque no veía a papá. Me devolví y me empezaron a disparar. Entonces me desperté. Otra secuencia del sueño: vi a Cristhian. Últimamente siento la muerte muy cerca, siento que en cualquier momento puede pasarme algo.

Anoche me quedé con el guardia: primero con una compa, entre las 8 y las 10, y después con el salubrista. Ella me dijo que las horas más críticas eran de 8 a 10 de la noche y de 3 a 6 de la mañana. Que la avanzada era una muerte segura, y me contó de su primer combate, de cuando le mataron a una compañera y cuando cogieron a 15 policías.

También hablé con el pintor. Me dijo que lo que el ELN hizo ayer en Medellín, eso de coger a 30 personas, no fue una pesca, que ellos sabían por quiénes iban y que era un asunto netamente económico, igual que lo de Barranquilla y de unos secuestrados de Cali, que estaban fichados por ellos por ser políticos corruptos, y de los cuales el gobierno no quiere dar los nombres porque sería una propaganda muy mala, que varios de los extraditables financiaron sus campañas electorales. También me dijo que a algunos pasajeros les están pidiendo plata, lo mismo que a la empresa Avianca; pero que de todos modos las cosas van por buen camino.

Mi mamá habló esta madrugada, pero yo estaba profundamente dormida. Dijo que el próximo sábado yo estaría en casa. No es que yo sea negativa, pero como van las cosas es mejor ser realista. Yo no sé por qué ella dice esas cosas.

Hubo un acto cultural del ELN, una especie de tertulia donde se reúne la guerrilla y cuentan chistes, hacen adivinanzas, cantan, hacen mímica, declaman poesías y esas cosas. Nosotros podemos asistir, si queremos. Ellos nos dicen: «Hoy vamos a participar en un acto cultural, ¿Quieren ir?». Uriel pasó y declamó una poesía.

Lunes, 20 de septiembre de 1999

23 semanas, 162 días. 1:20 A.M. Hablé con el Viejito Buena Gente sobre mi forma de ver la vida y lo que para mí significa la muerte y el hecho de estar aquí.

No tengo sueño. Trato de no pensar en mi mamá ni en mis hermanos, para no hacerme más daño. Es mejor así. Mejor trato de dormir en el día para no darme cuenta de lo duro de esta realidad, y en la noche estoy despierta y paso más tranquila. En la noche siento que estamos yo y el tiempo; no veo a nadie, no hablo con nadie, tengo todo el campamento para mí, no me siento tan angustiada y desesperada, no me siento presionada ni que me vigilan, y el tiempo es mejor: no hay tanto animalito, no hay calor.

9:25 P.M. Vi *Me llaman Lolita* y después *Marido y mujer*. Hoy le expliqué mi teoría de la vida al pintor. Hice unas torticas de maíz y dejé las lentejas en agua para mañana hacer tortas de carne y lentejas molidas. Me puse el pantalón negro y la camisa que pinté de rosado. Jugué parqués.

Martes, 21 de septiembre de 1999

163 días. Anoche soñé con un río muy ancho y caudaloso, de un azul muy intenso y con unas olas muy altas. Yo me encontraba en una especie de avioneta y peleaba con alguien. Para que no se escapara, lancé la avioneta contra el río. Nos botamos los dos y nos empezamos a separar porque si no nos ahogábamos. Llegué a la orilla y pasé un montón de arbustos, y cuando entré estaba oscuro, porque había mucho árbol y matas, y vi muchísimas culebras talla X, pero montones, que me iban a atacar. Sentí mucho miedo y ahí me desperté.

No hice ninguna torta porque a la salubrista le tocó rancho hoy, y está toda malgeniada.

Antes de acostarme muy tontamente me asusté con un árbol, y salí corriendo. Me pareció ver a alguien.

No hay mensajes por la UIS. La verdad es que ya poco me importa si me hablan o no, pero me parece muy mal que por alguna pelea que mi familia hubiera tenido con la emisora no me volvieran a hablar, y más en estos momentos, y siendo yo mujer y la menor.

Verdad que es el colmo. Pienso no volver a mandar una verraca carta, para que aprendan que no es bonito sentirse solo. Mañana será otro día. Esto quién sabe cuándo se resolverá. Lo único que tengo claro es que es un secuestro económico y no tanto político. Esto quiere decir que las cosas serán más demoradas. ¡Qué embarrada! Quisiera pasar el día de mi cumpleaños con los míos, la Navidad y el Año Nuevo. Por Dios, quiero mi libertad, esa misma con la que conté desde el primer día de mi vida. Libertad, Libertad, Libertad.

Jueves, 23 de septiembre de 1999

Arreglé el cambuche con mi papá: barrí, hice tinto, y las tres comidas las comí. Hoy hubo una reunión en Venezuela de los señores del ELN y la comisión Víctor G. Ricardo y otros. Ayer dormí todo el día y no me bañé. Soñé que estaba vestida de monja: negro el vestido, con capucha. Estaba con Juliana Toro. Ni idea por qué sería.

Hice un calendario con los días de octubre y noviembre, y lo pegué en el tocador que hizo papi. Hoy hay mensajes, pero creo que para mí, como siempre, no hay.

Misa en un hangar de Avianca pidiendo por nuestra liberación. Estoy en la silla tomándome un tinto. El pintor me dijo que me hizo un dibujo, pero no me lo ha entregado. Jugué parqués con Diego, Fer y papi. Anoche, viendo la telenovela, Uriel dijo que el pintor se contradice mucho en lo que habla. A mí no me parece; creo que es un tipo muy serio. Y también me dijo que había oído que nos iban a separar. Voy a volver a jugar parqués. Son las 5:00 P.M.

Preparé una cremita de champiñones y tomamos Diego, Fer, Laureano, Uriel y yo. Después me quedé en el cambuche de Diego y Fernando hablando con Laureano. Son las 11:25 P.M.

La luna está llena y muy, pero muy linda. Ya no le pido a Dios que para la próxima vez que la vea sea en mi casa, sino que algún día la vea desde mi casa. Tengo rabia con Dios por esto. Sé que es malo y que podría estar peor. Sé que hay gente que lleva secuestrada muchísimo más tiempo que nosotros, pero de todos modos siento rabia. Fernando me dice que no pierda la fe, que tenga calma y crea en Él, pero yo no puedo: ya me volví incrédula. Siento como si fuera un milagro volver a salir, como si eso fuera algo muy ajeno a mí, como que no es conmigo. La verdad, lo veo imposible y creo que me haré más daño si vuelvo a escuchar a mi mamá, porque sería volver a levantar el polvorín dentro de mí, y eso me afectaría más. Deseo de todo corazón que si no voy a volver a ver más nunca a mi mamá y a los demás no les lleguen noticias mías, porque ¿para qué? Sería, como dije antes, levantar falsas esperanzas, y es mejor así. Ellos de algún modo ya deben estar resignados.

Quiero que Dios me mande la muerte de un solo tortazo para acabar con esta angustia de una vez por todas. Es mucho el sufrimiento y la agonía peor. Ya no tengo fuerza ni fe, todo se derrumbó. Sólo pido piedad, no para salir de aquí, sino para morirme pronto. No es que yo sea egoísta: siento que es más egoísta estar viva sin que ellos sepan si estoy bien o mal. Es mejor amputar el sufrimiento. Es como cuando una persona está en coma y lleva mucho tiempo así: sufre el que está en coma porque no puede desconectarse, y sufren las personas que se encuentran a su alrededor por la agonía, impotencia y desespero. Así me siento yo: en un coma de seis meses. Mi vida se quedó dormida desde ese 12 de abril. En ese momento me desconecté de la realidad para venir a parar a un infierno en el que cada día me hundo más.

Viernes, 24 de septiembre de 1999

Hoy escuché en la radio algo que no me gustó nada. Dijeron: «faltan 99 días para el 2000». Me puse a llorar y me fui a hablar con el guerrillero pintor. Le expliqué lo que sentía y le dije que me ayudara a salir antes del 2000. Hablamos muchas cosas. Yo le conté muchas cosas de mi vida y creo que me escuchaba con atención. Mi fin no era ése, pero no sé en que momento terminé hablando de eso. Él me contó varias cosas de la vida. Me cae muy bien. Creo que es un hombre sincero y de buenos sentimientos.

Hoy mi mente vuela alto, muy alto, y se despoja de todo mi cuerpo, y siente la dicha de la libertad.

La verdad de mi vida sólo la sabemos dos: Dios y yo.

Cierro mis ojos y en medio de este miedo le pido a Dios por ti, mamá, para que te cuide y de este modo llegue a mí la paz que necesito en estos momentos, porque eres tú lo que me da fuerzas para seguir viva.

Sábado, 25 de septiembre de 1999

Día 167 de cautiverio y 98 para el 2000

Por la mañana jugué batalla naval con Pacho y, como siempre, gané. Ya me bañé y estoy pensando en hacerle una carta a mi mamá.

8:20 P.M. Me encontraba en la sala de TV mirando *Sábados felices,* pero me aburrí y me vine. Cuando pasé por la cancha vi la Luna. Está muy linda, toda llena y con un arco iris alrededor. Me quedé asombrada contemplándola y me acordé de cuando la había visto por última vez, cuando le pedí a Dios que para la próxima vez la que viera fuera en libertad. Hoy le pido lo mismo. Espero que esta vez sí cumpla mi deseo.

Hoy es «Amanecer en América» y espero que no me duerma para ver si me mandan mensajes, pues en lo que va corrido del mes no he escuchado a nadie de mi casa.

Hoy le pregunté al mando superior sobre la noticia que dio uno de los señores del ELN sobre la próxima liberación de unas personas. Le dije que yo quería saber si los que iban a liberar eran del otro grupo de los de Avianca, y me dijo que no sabía. Le pregunté si podía preguntarle por radio a alguien, si habían dicho algo sobre eso, y me dijo que sí. Al rato pasó y me dijo que no, que serían algunas personas de las de la iglesia de Cali. Me dio mucha tristeza.

Son las 11:30. Fui a la cocina y preparé una cremita de pollo y le di al pintor, que estaba de guardia. Hablamos de mi mamá y de su forma de ser, y le conté lo de mi abuelo. Él tenía muchas tierras y cultivos de arroz y en una cosecha hipotecó las tierras para sembrar en las tierras de él y en las de otro señor. Así, si le iba bien recogía lo de su tierra y tomaba la mitad de la ganancia de la cosecha del otro señor. En esa época la gente hacía negocios con sólo la palabra, porque todavía se podía confiar. Pero resulta que la cosecha iba perfecta y dos días antes de recogerla el señor se murió y llegaron los hijos de él y tumbaron al abuelo. Eso provocó la quiebra, pues había arriesgado el todo por el todo. También le conté de la vida de nosotros en USA cuando éramos niños y la vida de mi familia en estos últimos años.

Estoy escuchando Amor Stereo.

Domingo, 26 de septiembre de 1999

96 días para el 2000. Anoche soñé con mi mamá en una piscina grande de agua turbia. Ella se encontraba del otro lado y yo para llegar donde ella tenía que pasar por la piscina en una especie de tablita, pero me daba mucho miedo caerme y pensaba mucho en la pasada. Por último me subí, y cuando me encontraba a punto de llegar me caí. Sentí mucho miedo en el sueño alrededor de la piscina: había matas y arbustos, y era todo oscuro y miedoso. Me agarré de un árbol o rama para no hundirme y así poder salir, pero había hormigas y me picaban. Yo le pedía a mi mamá que me diera su mano para salir, y no me la dio. Sentí más miedo y me desperté.

El pintor vino a despedirse y me regaló cuatro dibujos. Me dijo que, de pronto, no nos volvíamos a ver, pero que de todos modos le escribiera a través del mando superior.

Más tarde hablé con el mando superior y el pintor, en la casetica de estudio. Me comentaron cómo se había llevado a cabo la tarea. Suponían que el ELN había cogido el avión por la zona, porque del COCE habían ordenado que alistaran un campamento para 16 personas. Después habían informado que era para los retenidos del avión, o sea nosotros, que seríamos los que estaríamos en él. También hablamos sobre la vida y otras cosas.

Hoy hace dos meses me tusé[16]. Se cayó el bejuco con el que jugá-

---

16. Tusar(se). Trasquilar, cortar el pelo, particularmente de algunos animales. En algunos países de América Latina equivale a raparse o dejarse el pelo muy corto.

bamos y nos tirábamos muchas veces. En la tarde dormí y soñé que veía la luna llena. Alrededor de ella había muchas nubes. Después se despejaron y vi un montón de estrellas. El sueño sin duda alguna fue muy lindo.

Tengo retorcijones horribles. Estoy escuchando Soda Stereo: «Té para tres» y «Trátame suavemente»: «No quiero soñar mil veces las mismas cosas». Eso es parte de la canción.

Al llegar al cambuche vi una cucaracha gigante. Mi papá dice que de 10 cm. Le pedí al guardia que no la matara. ¡Qué fea! Mi mamá se habría muerto de verla.

Si en mis manos estuviera devolver el tiempo, sin dudar lo haría. Lo primero que haría sería decirle a mi mamá lo mucho que la quiero; y a Daniel, esa personita tan linda, para recuperar el tiempo perdido lo llenaría de besitos; a mis hermanos les diría lo mucho que significan para mí y les agradecería el apoyo tan grande que siento en ellos. Mis cosas serían magníficas y todo, por pequeño e insignificante que pareciera, lo cuidaría y aprendería a valorarlo. A la gente que tengo alrededor le diría cuánto la quiero, y también la cuidaría. Y con esa gente que sólo es eso, gente, seguiría así: sin hacerle reproches y mirando cómo puedo sacar el mayor provecho de ellos, observándolos de cerca para nunca ser como ellos, queda claro que sin juzgar a nadie.

Pero como el tiempo no se encuentra en mis manos, simplemente puedo decir que si Dios me da la oportunidad de volver, haría todo esto y más. Todos los días serían grandes milagros. Sin duda alguna, sería como volver a nacer, pero en grande, sabiendo el valor de cada cosa, de cada paso, de cada acto. Tomaría el tiempo para crecer en mí y dar lo mejor de mí al mundo en el que vivo y a las personas que amo o me importan.

Anoche escuché en la radio una frase que me gustó muchísimo: es la siguiente: «El amor y la tristeza vienen juntos: mientras que una se encuentra sentada a tu mesa, el otro se encuentra en tu lecho, y se turnan…». Como quien dice, no hay por qué preocuparse, porque después de algo malo viene algo bueno. Así es la vida: todo lo que sube, baja. El mundo nunca se encuentra quieto, siempre está en un continuo movimiento.

Yo creo que de toda situación, por mala que parezca, sale algo bueno. Se aprende mucho. Los golpes son los que nos hacen más fuertes, porque tiemplan nuestra alma. Escuché también una frase de Jairo Jaramillo que me gustó: «Todo lo bueno duele». La vida es ese sube y baja continuo, y es eso lo que le da sabor a la vida...

Lunes, 27 de septiembre de 1999

Día 169. 96 días para el 2000.

1:00 a.m. Estoy pensando en Diego y tengo ganas de hacerle una cartica...

Hola, Diego:

Quiero decirle que me alegro de que ya esté en su casita con sus papitos. Ellos deben estar súper felices de tenerlo otra vez en casa. No sé cómo me le fue por Canadá, pero me imagino que bien, que aprendió mucho y también que ahora sabe más de otras cosas, como las que le escribí en la carta que le mandé. La verdad, no me acuerdo muy bien de lo que le escribí, pero sé que le decía algo de que yo esperaba que aprendiera lo bueno y lo malo, y que aprendiera a valorar todo lo que tiene alrededor, o algo así por el estilo.

Hoy le cuento que tal vez cuando le escribí esa cartica yo no sabía muy bien o no tenía muy en cuenta eso, pero aquí aprendí eso y mucho más. Qué ironía, nunca me imaginé que eso que le escribí no era solamente para que usted lo hiciera sino también para mí. Pero así es la vida: llena de sorpresas...

A mí la vida me cambió mucho. Pero ojo, que cuando digo *mucho* es porque así es. Con todo lo que me ha ocurrido he aprendido que los planes de nosotros son unos y los de Dios, otros: nada en esta vida está escrito, todo puede pasar. Las cosas que menos nos imaginábamos pueden ocurrirnos, y es en ese momento cuando nos damos cuenta de que nadie tiene la vida comprada. Yo, por ejemplo, creía que nada me podía pasar porque era Leszli, una niña «fuerte» que no se dejaba de nadie. Ahora me da risa y me río de eso. ¿Quién es Leszli? Simplemente una persona que, al igual que todos, está a merced de Dios, de lo bueno y lo malo que nos tenga la vida preparado.

¿Se da cuenta cómo cambian las cosas, la vida y las personas? Pues sí, las personas. Aquí me di cuenta de muchas cosas buenas y malas que tenía. Buenas: mi familia, mis amigos, mi vida, la libertad, los momentos lindos y todas las cosas que estaban a mi alrededor. De lo malo, pues no es mucho, pero siempre es algo como lo malgeniada, lo caprichosa, que quería que todo fuera ya, o sea, lo impaciente; como dice mi mamá: «lo fregadita». Eso es algo que aquí lo cambié, no del todo pero por lo menos ahora me preocupo por tratar de cambiarlo. Antes no me daba cuenta de todos mis defectos, y la verdad, creía ser perfecta. Pero en fin, ahora eso forma parte del pasado. Lo único que me importa es mi presente. Aunque en el momento no es el mejor, no me importa: éste es mi presente y saco el mayor provecho de él para aprender y conocerme, y para conocer a las personas que tengo a mi alrededor.

La vida me puso una gran prueba, y es ésta: mirar la capacidad de resistencia que tengo y la forma como afronto esto. Por eso quiero salir adelante, para demostrarme que sí soy capaz. Esto es duro, muy duro, algo difícil de soportar, y a veces creo que no podré soportarlo más y me pongo a pensar en todo lo que le digo y vuelvo a llenarme de fuerza.

Para resumirlo sólo le digo que maduré y que ahora tengo una visión distinta de la vida. Dice Jairo algo de lo cual aquí supe el verdadero significado: «lo bueno duele, y más si nos cuesta». Como quien dice, de algo malo sale algo bueno. Así es la vida: llena de sorpresas...

Bueno, un fuerte abrazo para usted y para todos. Los extraño muchísimo. Espero verlos un día de estos...

Lo quiero.

Atte.:

La cosita, Leszli Kálli.

Más tarde: 1:00 p.m.

Habló por la radio Pablo Beltrán. Dijo que iba a haber liberaciones. Nos ponemos a especular, como siempre.

Hoy el almuerzo fue lentejas, arroz, arepa y yuca; de beber, limonada con refresco Royal. Como quien dice, bien feo.

Anoche soñé que estaba con Juan Carlos, el español, y Julio Ochoa. Juan Carlos me hacía una entrevista y yo me lavaba las manos con algo azul mientras hablaba con Ana María Gómez. Yo estaba muy nerviosa porque me iba a casar y había mucha gente en el apartamento. Juan Carlos tenía una camiseta del ELN y no le hablaba a Julia porque se habían peleado.

Ahora estoy escuchando Mecano en «Diana y Miguel», que es la historia del mar que se enamora de Diana y siente muchos celos de Miguel, y como Miguel es pescador, el mar se lo lleva, y Diana sufre y lo espera. Una historia muy triste.

Terminé de ver una película: se llama *La huida*. Fue hecha en Atlanta y muestra a Stone Mountain. Qué horrible fue recordar eso: las calles y todo feo y desesperante. Sin duda alguna, el 96 fue mi peor año: sufrí mucho y lloré a mares. Pero eso me ayudó a madurar. Fue la época en que terminé con Diego, la época del matrimonio de mamá... Todo se me vino al suelo y decidí irme a vivir a Atlanta. Dejé todo: mis amigas hipócritas, pero en fin, compañeras de momentos ricos; dejé de ver a mi familia y a Diego; dejé mi colegio sólo por huir, por escapar de la soledad y de la rabia que sentía contra lo que creía mío y seguro.

Pero lo bueno fue que me di cuenta de aquel error y volví a enfrentar esos temores. Y sin darme cuenta llegó a mi vida una persona que me ayudó mucho. Volvía a sentir la alegría. A él le debo mucho. Por eso, aunque nunca se lo dije, con el tiempo aprendí a quererlo, y sin duda la pasé bien, aunque duró poco. Después él cambió, pero sin hacerme daño. Fue sincero y es eso lo que le agradezco: que hablaba con la verdad. Me respetó siempre, pero éramos muy distintos: dos polos opuestos. Después que pasó la ilusión empezamos a darnos cuenta de que si seguíamos nos haríamos daño, así que terminarnos. Aún siento un gran cariño por él, y de todo corazón me gustaría que hallara a una persona que lo quisiera. Cuando me lo encuentro intercambiamos palabras. Estoy segura de que él también me tiene un gran cariño.

La última vez que vi a Cristhian fue en la Mesa de los Santos[17], el 27 de marzo. Me contó que su papá está a punto de irse de la casa.

Espero que esté bien y que su papá no los haya dejado...

Mañana será otro día, pero... ¿de cuántos más? Ni idea. Sólo me resta decir lo mismo de ayer, anteayer, y de ahí para atrás.

17. Región de Colombia donde abundan las tierras de cultivo.

Dios, sácanos pronto a mi papá y a mí; paz para mi mamá y mucha calma. ¡Ya no más!

Mi papá me dice que si tengo la oportunidad de salir que no lo piense dos veces: para afuera. Pero yo no podría irme sin él. Sería muy dura esa decisión. Quiero quedarme con él. No me perdonaría si algo le llegara a pasar, y la alternativa es salir para informar que estamos bien y calmar a las familias. Pero no sé... Por mí, me quedaría, pero él se pone bravo cuando yo le digo eso. Me dice que para él es doble estrés y que no quiere tener preocupaciones conmigo. Pero no me convence. Falta ver si puedo o no salir. Dios quiero que no si no es con Papi. ¡Dios, escúchame!...

Me fui para el cambuche de Diego y Fernando, y allí también se encontraba Laureano. Me dijeron que habían escuchado las noticias, que Pablo Beltrán había dicho que esperaba que la Convención Nacional se llevara a cabo antes de finalizar el año, y que entre los asuntos que se tratarían estarían la liberación de los secuestrados y un compromiso con el pueblo colombiano para suspender las famosas pescas milagrosas y no volver a secuestrar a nadie. Buenas noticias, pienso yo, pero falta ver qué responde el señor presidente de la república colombiana, Andrés Pastrana Arango, esperar a ver con qué bobería sale. Dios, por favor, ayúdalo e ilumínalo, y también a todos aquellos de quienes depende nuestra libertad...

Mamita, esta noticia me tiene indiferente: ya no creo en nada, pues he escuchado tantas cosas que no creo en ninguna, tal vez para no hacerme más daño. Mami, espero que donde estés, estés tranquila y con mucha paz. Te extraño, mamita. Quiero verte pronto, te adoro.

Sueño con el día en que esté en mi casa, en mi cuarto, caminando por todo el apartamento, sentada en el comedor y en la sala, mirando mi cuadro, el que pinté con acuarela sobre espuma, y comiendo con mis cubiertos, preparándome en el horno champiñones y brócoli con mucho queso, un juguito de piña con mucho hielo y sentada en el mueble del segundo piso mirando TV, dueña y señora del control para mirar todos los canales, viendo a Pablito y hablando con Carol de los chismes sobre la gente, dejándome consentir de mi mamá y oyéndole decir todo lo que le hice falta; o con Nandor, escuchándole todo lo que quiera contarme, especialmente sobre Danielito, y sus travesuras; u oyéndole a Mauricio sus chistes y disfrutando del picante de sus cuentos; o contestando la llamada telefónica de Jairito para decirle que quiero verlo a él y a todos, que dónde nos reunimos, que si vienen... Después una vuelta por la ciudad, ir a comer helados, pizza, hamburguesas, jugos, pinchos, y luego ir al sitio de moda en Bucaramanga... Pero antes una buena bañadita y una pinta bien linda, con un maquillaje lindo, y rizarme las pestañas, echarme rimel y ponerme una linda pañoleta, un buen perfume... Y nada más le puedo pedir a la vida... O sí, después de todo eso salir a la terraza y darle gracias a Dios por ser tan feliz.

Martes, 28 de septiembre de 1999

Día 170. 95 días para el 2000.

Son las 7:05 P.M. Juan Carlos García me mandó un abrazo muy fraternal desde la distancia. Está seguro de que pronto estaré en casa.

Me sube mucho el ánimo. Ayer empecé a tomar tratamiento que me regaló Diego para la depresión. Hasta ahora no siento cambios.

Un día igual a todos. Vimos la película *Mortal Combat* y después me bañé, comí fríjoles con arroz, más exactamente moros con cristianos y tajadas de plátano. Me vestí con el pantalón rojo y la camisa gris, medias blancas y pañoleta roja.

Fui a la letrina y me asusté por el guardia, quien, al igual que yo, se asustó. Me preguntó:

—¿Quién avanza? —y yo respondí:

—Leszli Kálli, retenida por el ELN desde el pasado 12 de abril.

¡Qué susto! Era de noche y no veía dónde se encontraba, no sabía de dónde salía aquella voz.

Pusieron tablas en el pantano; quedó como una pasarela. Dos guerrilleros mataron dos gallinas en forma muy salvaje...

Más tarde mensajes en la UIS y, como hasta ahora, nada para mí, papi me echa varios cuentos buenísimos. Estos son los que más me gustaron:

Hay dos tipos de esos que estudian las arenas del desierto. Uno de ellos ve de lejos un punto amarillo y saca los binoculares del morral y mira. Le dice al otro:

—Huy, hermano, viene un tigre grandísimo y ya nos vio.

Después el tipo saca del maletín unos tenis Adidas para correr. Entonces el otro le dice:

—Oiga, hermano, muy iluso usted si piensa que el tigre no lo va a alcanzar. ¿Es que cree que le va a ganar al tigre?

Y el de los tenis le responde:

—No. Al tigre no: a usted, mi hermano.

—Nenita, ¿En qué se parece un árbol a un borracho?

—No, no sé.

—En que el árbol empieza en el suelo y termina en la copa, y el borracho empieza en la copa y termina en el suelo.

Había un pollito en un potrero lleno de vacas y de pronto un gavilán que volaba vio al pollito, y el pollito se metió debajo de una vaca, entre las patas de atrás, y cuando el gavilán venía, el pollito se corría para la otra pata, y el gavilán daba otra vuelta, y así sucesivamente. En una de esas al pollito lo caga la vaca y queda cubierto de mierda. Y el gavilán, como no vio nada, se fue. El pollito se estaba ahogando, y como pudo sacó la cabeza y empezó a hacer pío, pío, pío. En una de esas lo escucha el gavilán y se devuelve, lo atrapa, lo limpia y se lo come.

Moraleja: no todo el que te hunde dentro de la mierda es un enemigo, ni tampoco siempre el que te saca de ella es tu amigo. Pero lo más importante de todo es que cuando tengas la mierda hasta el cuello no digas ni pío.

Un chino de la calle está por ahí con una moneda rayando un carro, y en esas pasa un policía y le dice:

—¿Usted por qué está rayando ese carro con una moneda?

Y el chino responde:

—Es que yo gasto mi plata como quiera.

—Mamita, mamita, mi papá es mago.

—¿Por qué, mijita?

—Porque cogió dos cables, los unió, echó un montón de chispas y desapareció.

Llega un señor donde están los tres tipos más mentirosos del pueblo, y les dice:
—Le doy 500 pesos al que me diga la mejor mentira.
El primero dijo:
—Una vez yo estaba en la selva y un tigre se me vino y yo le mandé la mano y lo volteé completamente: el tigre quedó al revés.
El segundo dijo:
—Imagínense que yo estaba en un cuarto lleno de personas y una de ellas se estaba echando gases, pero no se sabía quién era. Entonces yo cogí un aerosol y pinté al tipo que se las estaba dando de puerco.
Por último, le pregunta el señor al tercero:
—¿Y usted qué me va a contar? —Y el otro le dice:
—Bueno, yo no voy a contar mentiras: yo estoy de testigo de que lo que le cuentan estos dos señores es la verdad, porque estos mismos ojos lo vieron.

Mi papá tiene un humor muy picante. Me encanta cuando echa cuentos, por la forma como hace sus muecas y gestos. Es muy gracioso. A todos les gusta escucharlo. Aquí eso es una forma de escape.

Diario, no sé si ya te he hablado de que éste es el cuarto campamento en el que hemos estado, y en el que más tiempo llevamos. En el primer campamento los 32 estuvimos como una semana; los 16, en el segundo campamento, como otra semana; y después, en el tercer campamento como dos meses.

Todo ha sido difícil: tenemos que empezar a acostumbrarnos al barro, la incomodidad, etc. Los primeros días es tenaz: la comida una porquería... Ya despés de que uno se acostumbra a ver todo, es mejor, y así sucesivamente, todo como que va cambiando. Y después, cuando ya estamos organizados, vienen el desespero y la depresión porque ya no hay nada por hacer. El único trabajo es pensar, y ése es el problema: dejar la mente rodar...

Por eso pienso que si nos mantenemos ocupados el tiempo pasa sin que lo sintamos y nos distraemos de la realidad. Pero de todos modos no deja de ser terrible y aburrido. Creo que nadie conoce tan bien la palabra *aburrido* y todo el significado que ella encierra como una persona secuestrada, pues en esta situación uno alcanza a comprender su significado completo.

Dentro de dos días se termina este mes. Espero que en el otro sí salgamos de aquí. No me importa qué día, así sea el mismo 31 de octubre. Con tal de salir en octubre, todo bien. Pero ése es el problema: que no sé si será en octubre o en noviembre o en diciembre, o cuándo. Ni idea.

Yo no sé por qué esta gente causa tanto dolor. Como que no les importa nada de nada.

Miércoles, *29 de septiembre de 1999*

171 días. 94 para el 2000.

Mi papá está con gripa. Me pidió el favor de que hiciera chocolate para tener en el termo. El Viejito Buena Gente llegó hoy y me trajo un bom-bom-bum, yo se lo di a papá. Le dije que el Viejito buena Gente me había traído dos, pero que yo ya me había comido el mío, y se puso feliz. ¡Lo disfruté más que si me lo hubiera comido yo!

Arreglé el cambuche y ayer lavé el jean y puse toda la ropa a secar. Mi papá está deprimido y no se ha bañado en dos días. Hoy me levanté a las 12:00 m.: volví a mi horario habitual, el de la casa. Tengo el ánimo bien, creo que es por las pastillas para la depresión.

Noticias tristes: tres de los siete policías que se les volaron a las FARC hoy fueron encontrados muertos. Pobres familias. No me imagino su dolor. ¡Qué feo!

Hoy estoy pensando en el día de la liberación, en lo difícil que será para mí separarme de mi papá. Nunca antes habíamos vivido juntos, y ya me acostumbré y me gusta. Él me entiende muy bien y nos la llevamos mejor: hablamos muy rico y la paso muy bien con él. Esto nos unió mucho, nos sirvió para conocernos. Sin duda, me hará falta.

Pienso en algo que es muy real: antes decía que si pudiera retroceder el tiempo lo haría; pero hoy digo lo contrario, porque el tiempo pasado me sirvió para madurar. Este presente a su vez pasará a un pasado y también maduraré de este presente. Toca dejar que la vida siga su rumbo.

Hablé con Uriel y Laureano de lo que está pasando aquí en el campamento, y después de que Uriel se fue a dormir, Laureano me contó muchas cosas de Pacho. Con esto confirmé lo hipócrita que es. Si antes me caía mal, ahora peor. Mi papá me dice que hay que disimular.

Le conté a papá lo que Laureano me dijo: que Pacho hablaba mal de nosotros, sólo para ganarse la confianza de la suministro; como ella es chismosa, le encanta que le echen cuentos de la gente, y con él se vuelve una miel. ¡Qué estúpido: vendernos al resto del grupo para que a él y a Juan les den huevos por las mañanas! Se me hace increíble que una persona sea así. ¿Qué clase de ser es ese pendejo?

Me gustaría poder hablarles de esto a Diego González y a Fernando, porque es bueno saber quién es el hipócrita, para que ellos no sean tan bobos y sepan que a sus espaldas también hablan mal. Hoy me tragué un zancudo y una hormiga: la hormiga en el tinto y el zancudo se me metió en la boca mientras hablaba. Fue bien incómodo.

Lo que más me tiene con la piedra afuera es que Pacho haya dicho que mi papá es un malnacido. ¡Huy, cómo lo detesto, sobre todo por lo hipócrita! Qué feo es conocer a gente así. Hoy dijo Fernando algo que es muy real: que es preferible una persona que le da frente a todo a una hipócrita, porque con la primera uno sabe a qué atenerse, mientras que de la hipócrita cualquier cosa se puede esperar.

Jueves, 30 de septiembre de 1999

172 días. 93 para el 2000.

Sigo con rabia por lo de ayer. Papá y yo estamos pendientes de cuando Pacho vaya a desayunar para que mi papá le caiga, a ver qué cara pone cuando le den los huevos. Se la pasan juntos Uriel, Pacho y Juan. El trío maravilla, como dicen ellos. Dios, que esto no se ponga peor, porque en mis manos está joder a más de uno, y si sigue esto así yo diré todo lo que sé y ha pasado.

Pero eso sí, que nadie joda a mi papá, porque yo jodo primero. Hoy pienso decirles todo a Fer y a Diego.

Las hormigas me invadieron: hay un río, son millones. Me tocó quitarme la ropa porque se me subieron y me picaron. A Diego y a Fer les dio mucha risa verme sin ropa y saltando como loca.

Hoy es jueves y no hay mensajes para mí. La verdad es que me importa un pepino. Como que es mejor así que vivir con el estrés de que me van a mandar mensajes. Hoy hablé muy rico con Diego y Fer; hablamos de la hipocresía y les leí de mi Diario lo que llevo escrito hasta ahora. Les dio risa.

Tengo la impresión de que se me están subiendo las hormigas. Piedad Córdoba dijo hoy que va a renunciar porque la están amenazando. Ahora ¿qué pasará con nosotros? Ni idea: sólo sé que nada sé.

En las noticias de Caracol dicen que el ELN no dejó pasar las cartas que enviaban las familias a los secuestrados del avión. ¡Qué rabia! ¡Qué impotencia!

Dios, haz que termine esto pronto. Cada día es peor, más difícil de soportar; es una bomba de tiempo que en cualquier momento va a explotar. Sigue dándome fuerzas, y también a papá. Diego, Fer y Lau; a los otros que se los coma el diablo por malos, por vendernos por un huevo. Hazle llegar a mi mamá de mi parte un fuerte beso de buenas noches; llénala de calma y paz interior.

Ya mañana termina septiembre, y nada. Llevamos en éstas casi seis meses, Señor, seis meses y todavía nada. Así que, por favor, que en octubre sea la libertad, Diosito lindo, que no pasemos aquí el cumpleaños de papi, que es el 21 de octubre, ni el día de las brujitas[18] ni nada. Sácanos pronto. Quiero libertad para mi papá, para mí y los demás, para que se termine tanto dolor y podamos volver a sonreír. No me sigas matando en vida. ¡Sácame de aquí ya!

Son las 10:10 P.M.

Viernes, 1 de octubre de 1999

Día 173. 92 días para el 2000.

Se me hace increíble que esté escribiendo «octubre». Siento que estoy en el mes de abril: para mí todo quedó estancado en el 12 de abril y no puedo creer que ya estamos en octubre, que el

---

18. La fiesta de Halloween, el 31 de octubre.

tiempo o la vida siga su curso. Simplemente nos han robado todo ese tiempo. Qué dolor, que injusticia. Cómo me gustaría cerrar los ojos y cuando los vuelva a abrir estar en mi casa y hacer de cuenta que todo esto fue un mal sueño.

A veces sueño que estoy en mi casa con mi familia y le pido a Dios que no me despierte, que me deje seguir con ellos, que tengo derecho de quedarme ahí, y me la paso con miedo porque sé que al despertar me tendré que ir para llegar a esta situación donde reinan el temor, el aburrimiento, la impotencia y la depresión.

El hipócrita saludó con cara de amable y yo respondí: «¡Qué más!».

Tengo unos cólicos muy feos. Hoy en la noche a una guerrillera le dio un trastorno todo raro. Yo me asusté mucho.

Estoy escuchando Amor Stereo. Llamó alguien que se llama Diego pidiendo la canción «Taxi» de Ricardo Arjona, y la voz era muy parecida a la de mi Diego.

Nos hemos unido mucho Fern, Diego, papi y yo. Nos apoyamos los cuatro y esto es bueno. Jugamos parqués y yo gané. Fer está con la piedra afuera por lo que dijo Uriel de su hermana y, la verdad, no es para menos: que digan que la hermana de uno tiene voz de caballo es algo muy feo. Además, eso no es verdad: si lo dijo sólo fue por hacer algún comentario estúpido con Pacho y con Juan. Me dan asco esos tipos por su forma de ser. Lo que pasa es que cuando a mí alguien no me entra es terrible, porque es casi imposible que cambie mi forma de pensar.

Sólo quiero decir que si algo llegara a pasar hay que tener muy en cuenta el odio que le tiene Pacho a mi papá; y Uriel, lo mismo. No es nada sana la amistad que tienen con esa gente guerrillera. Nos ponen en contra de la guerrilla hablando mal de nosotros. A veces tengo miedo porque mi vida puede peligrar, y la de papá también, Dios quiera que esto termine ya.

Mami, ¿por qué no estás aquí conmigo? Me haces tanta falta. ¿Hasta cuándo, mami? ¡Hasta cuándo tanto sufrimiento y tan injusto! Me lleno de rabia y de odio viendo todo lo que me ocurre.

En las noches sueño, pero ya no me acuerdo de lo que sueño, y me da rabia.

Hoy la comida fue fríjoles y arroz. Para completar, con mi papá

hablamos del pasado: de su separación de mamá, de [...]
noció y después se encontró con Lucía. Le conté más [...]
que yo sentía: el dolor que pasé al ver a mi mamá casad[...]
verlo a él con Lucía… En fin, no quiero ni recordar. A[...]
acuerdo un poco, me causa mucho dolor. Daría todo por [...]
dolor cuando se menciona el pasado. Al fin y al cabo el pasa [...] pasó
y se debe enterrar.

Dios quiera que el día que me case sea para siempre, porque
cuando hay separación se sufre y la peor parte la llevan los hijos.
Dios quiera que me case con una buena persona, que por sobre
todo me quiera y me respete, que no sea infiel y que yo sea buena
esposa, que no sea celosa y sea buena madre, que no me deje llevar
por el orgullo ni él tampoco. Pero lo más importante es que sea un
amor verdadero.

Yo pienso mucho en el matrimonio. Antes me parecía todo bonito, y entre más grande me pongo, le voy cogiendo más miedo a esa
palabra, porque significa mucho. Por eso le pido mucho a Dios para
que me mande una buena persona. Pienso mucho en esa persona, en
qué podrá estar haciendo en estos momentos, en si lo conozco o si
no lo he visto nunca, en si vive en mi ciudad o en otra parte, en cómo
será, quién será, cómo será el día en el que nos conozcamos, si es
que ya no lo conozco. Es un enigma. ¿Será que tiene idea de quién
soy yo? ¿Cuándo lo conoceré? ¿En qué tiempo? ¿En este momento
estará despierto o dormido? ¿Nos parecemos en algo? ¿Cómo será su
voz?… En fin, me hago millones y millones de preguntas. El día en
que esté con él le voy a decir todo esto, todo lo que yo me he pregun-
tado de él. Es más, le voy a decir que le pedía a Dios por él, que lo
cuidara y lo protegiera, aunque yo en ese tiempo ni siquiera sabía
si lo conocía o no. Pero será el padre de mis hijos, y a esa persona la
voy a querer y a cuidar. La verdad, y aunque suene algo raro, lo
quiero ya, aún sin conocerlo y sin saber quién es.

También pienso mucho en cómo serán los hijos. Pero la verdad
es que me gustaría tener sólo uno. Eso me lo pregunto mucho:
¿cómo será? ¿Será feo o lindo?

Ah, qué sarta de bobadas las que estoy escribiendo. Debe ser
porque no tengo sueño que escribo todas las estupideces que se me
ocurren sobre el futuro. Al fin y al cabo, como dice una frase, quien

_ ofrece un futuro te niega la posibilidad de vivir un presente. Mejor dicho: todo a su tiempo. Por ahora lo de ahora, y ya.

Bueno, hasta mañana, Ilak[19] o amigo guillotina. ¿Por qué esa? Porque no hay nadie que al pasar por aquí quede con cabeza. Aquí no hay secretos: hablamos con la verdad, y eso es lo rico de tenerte. Sólo confío en ti, que soy yo. Mi mejor amiga, mi mejor consejera y aliada, nunca me desamparas. Siempre nos tenemos, aquí y en cualquier parte del mundo. Atte.:

Leszli Kálli López
Adiós, Ilak.

Sábado, 2 de octubre de 1999

Día 174. 91 días para el 2000.

Tengo muchos cólicos menstruales.

Estoy triste de ver que es otro día más, que octubre empezó a correr y que nosotros estamos corriendo con él desde la nada. Se me hace increíble que esté en Colombia pero más lejos que si estuviera en Israel. Ya voy a cumplir aquí el mismo tiempo que iba a estar en Israel. Pensar que hace seis meses que mami y yo no nos hablamos. Quién sabe lo que ella pensará de mí.

Estas personas parece que no tuvieran sentimientos: pasan por dondequiera pisoteando lo que caiga, con tal de lograr su meta. Con tanto dolor de tanta gente que hay de por medio, yo me pregunto si son buenos o si triunfarán algún día. Porque no me parece que deba ser así. Algo que tengo muy claro es que no hay justicia, y no hablo de la justicia que se practica aquí en Colombia por parte del gobierno, no: yo hablo de la justicia verdadera, la que debería existir.

Cómo se contradice esta gente: dicen que luchan por el pueblo y yo me pregunto: ¿acaso mi familia y yo no somos pueblo? Entonces, ¿por qué nos causan este dolor? Eso es lo que no entiendo. O será que soy bien bruta y no reúno las condiciones para ser parte del pueblo colombiano. Yo, que sepa, nací aquí y mi familia igual.

Pacho entra al cambuche y nos cuenta que van a liberar a Daniel Hoffmann en las próximas horas. Buena noticia, muy buena.

---

19. La autora usa «Ilak» como un anagrama de su propio apellido escrito en sentido inverso.

Hoy cumple años un guerrillero. Hipócritas los de nuestro grupo que se lo celebraron con guarapo. A papá y a mí no nos invitaron. Como Pacho los puso en contra de nosotros, tengo miedo de que nos hagan algo, y más ahora que están tomando y no está el mando superior. Nos miran mal. Es bien feo el susto que tengo. Cómo me gustaría que el pintor volviera para pedirle que nos cambien de campamento o nos ponga en otro frente. ¿Qué diría Pachito, el hipócrita? Pero ése me tiene muy preocupada.

No me gusta que el mando superior salga, porque los que quedan cambian totalmente: esto se desordena, es terrible. Dios quiera que él llegue pronto.

Domingo, 3 de octubre de 1999

Día 175. 90 días para el 2000.

Diego me preguntó esta mañana si le podía decir a Pacho todo para que sepa que no somos tontos. Diego me dijo que esta madrugada salió a orinar y que se encontró con Juan y Pacho, y que Pacho le dijo:

—Huy, es muy probable que Leszli salga antes que nosotros y cuente todo lo mal que la tratan o la tratamos.

Diego se calló. Me preguntó si podía responder después, y yo le dije que sí, que le diga que no pienso quedarme callada. Y ahora Pacho fue a hablar con mi papá, me imagino que de esto. Estoy muy intrigada; quiero saber qué es lo que está pasando.

Tengo ganas de llorar por el trato que nos están dando a mi papi y a mí; es como si no existiéramos. Sobre todo me da rabia por lo que le hacen a papi, pues él se la pasa haciendo cosas buenas: les habla, les cuenta chistes, da consejos, quiere que todos estemos unidos, y mira cómo la gente paga. Qué injusto es este pueblo por tener personas con tan baja capacidad de pensamiento, gente que sólo piensa en el bienestar propio, así sea a costa del sufrimiento de los demás.

Papi anoche me contó que había escrito un libro que se llama *Hielo, cristal, segundo infinito y última esperanza*, y su protagonista se llama Simeón. Me dejo idiotizada la capacidad de imaginación que tiene. ¡Es asombroso!

Papi llegó y contó lo de la conversación con Pacho. Me dijo que como había caído en cuenta de todo, que iba a tratar de que los malentendidos se arreglaran, porque era muy feo. Pero yo pienso que es mejor no creer nada, porque ese tipo es muy hipócrita. Puede haber montado todo ese teatro para que nosotros digamos que cambió. Como quien dice, ver para creer.

Salgo a mirar tele y Daniel todo grosero la apaga diciendo que como yo soy la única que ve tele, pues que toca apagarla. ¡Qué humillación la que me embarga! Lo que sé es que este presente mío pasará a mi pasado y el futuro será nuevos presentes lindos que van a venir. Mientras que para él este presente va a seguir siendo parte de todos sus futuros, y por consiguiente así deben ser todos sus pasados. Este sólo es un mal presente que pronto pasará, y voy a tratar de olvidarlo.

Lo que me sucede son obstáculos que la vida me pone, y esta vez los voy a superar. Me los puso todos seguidos para demostrarme que la única forma de salir de aquí es con la cabeza en alto. Una vez que salga voy a saber que podía enfrentarlos no solamente de uno en uno, sino que puedo con varios juntos también. Los problemas que yo creía enormes ahora serán cosas insignificantes, pues lo más terrible ya pasó. Después de la tormenta viene la calma.

El hipócrita de Pacho se sienta y me dice que si puede hablar conmigo. Yo le digo que sí. Trata de convencerme de que él no ha hecho nada, y me pregunta que en qué me ofendió, que por qué estoy brava. Le digo una parte: al fin y al cabo él siempre se queda con todo, se lo guarda, y después lo pone otra vez sobre la mesa como para que yo quede desarmada. Pero esta vez, no, y menos sabiendo cómo es él. No le solté ninguna sonrisa y con la forma como lo miré le hice saber toda la piedra que tengo. Odio a la gente hipócrita. Me dice que siente que yo estoy envenenada, y yo con ganas de decirle que no se alcanza a imaginar lo envenenada que me encuentro, a tal punto que si me llego a morder la lengua, me muero.

Se me hace increíble todo el teatro que monta. Lo mejor es que él queda muy convencido de que le creo. ¡Qué asco de tipo! Caí una vez por boba; la segunda, por convencida; pero la tercera, no. Además, si él pide perdón, la cosa no se reduce a que yo lo perdone, no: eso se gana.

Él tiene que arreglar la embarrada que hizo, si no de esto se va a saber todo.

Estoy mirando las estrellas y se ven todas. Son muy lindas y hay muchas. Estoy sentada en la silla que papi hizo y está sonando la canción de Diego Torres «Sé que ya no volverás».

Sé que muy lejos estás
que buscas otro lugar
sin mirar para atrás…

Lunes, 4 de octubre de 1999

25 semanas. Día 176, y 89 para el 2000.

Papi se levantó, como dicen por ahí, de buenas pulgas. Dijo que va a hacer una reunión para que todos nos reconciliemos. Escribiré más tarde…

Final feliz: todos amigos de nuevo. A todos les gustó y, lo mejor, Uriel volvió a hablar con papi e incluso me regaló dos colombinas. Es increíble que después de 176 días por fin podamos vivir en paz.

Con esto papá me enseñó algo muy grande que nunca se me olvidará: que hay que saber perdonar y pedir perdón. Me siento muy orgullosa de él, de cómo habló, de todo… Todos quedamos contentos. Como quien dice, borrón y cuenta nueva. ¡Gracias, Dios!

Son las 11:00 P.M. El día pasó rápido. Diego y yo barrimos todo el campamento y quedó muy lindo. Está lloviendo, pero no hace frío. Hoy fue un día gris por la tarde y soleado en la mañana. Me bañé con papi en el río.

Juan Carlos García me mandó saludos por La Mega y Lucía envió un mensaje por Caracol, pero no mandó saludos.

Siento que pronto se acabará todo esto. No sé por qué, pero así lo siento…

Martes, 5 de octubre de 1999

Día 177. 88 días para el 2000.

Hoy jugué voleibol pero me mamé y me fui a bañar. Hablamos con papi sobre las cosas de la vida, de que no debo preocuparme tanto por todo, no vivir tan estresada porque la vida es una sola y en un abrir y cerrar de ojos ya estamos en otra vida. Hablamos de Carol, Mauri y mami. Le hice ver todo lo que siento y parece que lo tomó por el lado bueno. Comimos todos juntos. Llegó un guerrillero y yo estoy escuchando La Mega. Se respira otro aire y es bueno. Me gusta que podamos vivir como hombres y no como animales o peor.

Hoy, David, mi primo, está cumpliendo años. Desde la distancia le deseo un feliz cumpleaños.

Papi me habla muy rico y me hace ver las cosas de una manera fácil. Me dice que lo único que no tiene solución es la muerte. Le digo que me preocupa mucho mi mamá porque creo que por mí no ha podido trabajar tranquila. Él me dice que no, que ellos han seguido con su vida, porque la vida sigue y no se pueden quedar con el recuerdo… Me deja pensando y le vuelvo a preguntar:

—¿Y si nos hubiéramos muerto? —y responde:

—Nenita, nos habrían enterrado, nos habrían llorado, nos recordarían, pero seguirían. No se pueden morir con nosotros ni dejarse enterrar. La vida es así. Si uno muere antes es porque así estaba escrito, pero no por eso los demás se van a morir. La vida es un continuo sube y baja y no nos debemos dejar amargar por ello. Mira, Leszli: antes tu mamá se preocupaba por otras cosas: que la plata y otras cosas. Ahora ponte a imaginar dónde quedaron esos «problemotas» el día en que la llamaron a decirle que tú podías estar muerta. ¡En la mismísima porra! ¿Sí o no? Ahora eso vale un carajo. Lo que en este momento más le importa es que tú estés viva y vuelvas a la casa pronto. Pero mientras eso pasa, la vida sigue. ¿Te das cuenta?

Me gustó mucho la conversación de hoy. Esto es algo que he aprendido para toda la vida. Siempre voy a recordar este día: es un gran regalo que la vida me dio. El consejo de mi papá es el mejor del mundo.

En La Mega me mandan saludos. En la UIS, igual. Habló Nandor contándome que Carol, Danielito y Mauricio se fueron a vivir a Brasil, a un pueblo o ciudad que se llama Guaruya; que las cosas están igual que al comienzo: que no saben nada; que no me habían vuelto a mandar mensajes hace como un mes porque pensaron que nos encontrábamos caminando para la liberación que después en la casa, con calma, nos dirían por qué pensaron eso. Mamá dijo que no me había vuelto a hablar no porque no me quisiera sino por lo mismo que dijo Nandor; que me adora y me piensa todos los días, que le hago mucha falta y espera verme pronto; que no entiende por qué los señores del ELN no hacen nada si ya son seis meses que me tienen lejos de ella; que recapaciten... ¡Pobrecita!; que Diego Plata anda muy pendiente de mí, que llama hasta tres veces al día para preguntar que qué han sabido de mí; que todos, amigos, primos, tíos y abuela, me mandan muchos saludos.

Tengo unas ganas terribles de llorar de saber que todo cambió afuera, que Carol se fue de la casa con Dani y Mauri. Ya nada será igual que antes: ya no va a estar el mocoso haciendo ruido y jugando por toda la casa. Eso me duele, pero así es la vida: de un momento a otro cambia, cada uno coge por un lado diferente... ¡Qué feo! Lloré y lloré.

Carol, me haces tanta falta. Tú y tu pequeña familia eran parte de mi vida; y yo, al saber que no estás, me lleno de dolor porque siento que mi familia se derrumba.

Qué soledad debe existir en estos momentos en la casa. Tengo tanto miedo de llegar y enfrentar todo el dolor que me espera al ver que ustedes ya no están.

Miércoles, 6 de octubre de 1999

Día 178. 87 días para el 2000.

Me ahogo, ya no tengo fuerzas, no veo salida aunque trato de mirar más allá de lo que mi ser puede ver. Ya no hay esperanzas. El día es largo y las ganas de morir son enormes. Siento que es de noche y que estoy abandonada en un océano de olas muy altas, bajo un cielo gris y en medio de una fuerte tormenta, nadando sin saber cuál dirección es la correcta, con los brazos adoloridos por la fuerza que debo hacer para no hundirme. Mi corazón me pide a gritos que no luche más, que lo deje descansar, pero sé que si lo hago me muero. La verdad es que todo mi ser desea la paz.

Hoy liberaron a un señor de la iglesia de Cali. Parece que las liberaciones son a cuentagotas.

Carta para Diego:

Cosita, si supieras lo aburrida que me encuentro en este infierno. Es difícil soportar la realidad, Aquí los días son años, creo que tengo toda una vida aquí y esta vida ya no es vida.

Le pido a Dios que me dé fuerzas para soportar esto, pero últimamente creo que se olvidó de mí. Le pido que me explique el por qué de esto que me ocurre; una y otra vez le pregunto qué fue lo que hice para merecer esto, y le pido que me perdone si fue algo malo, pero por más que me pongo a pensar en lo pasado me doy cuenta de que no hay nada malo, que no le hecho mal a nadie, que no he matado a nadie, que no he robado nada. Al contrario, Cosita: siempre he tratado de que todo el mundo esté bien, amo a las personas que están conmigo, amo a los animales, no soy amiga de la injusticia... Esto me confunde más, y por eso pido una y otra vez que me expliquen por qué esto. Me lleno de rabia y de impotencia al ver que esto le pasa a la gente buena, mientras los malos están muy tranquilos y contentos. Entonces caigo en la cuenta de que este mundo está lleno de gente mala que es feliz haciendo el mal y pisoteando a la gente en nombre de supuestos «ideales». No les importa nada con tal de conseguir lo que quieren.

Diego, el mundo en el que nos tocó vivir es un mundo injusto. Creo que está hecho al revés, o al menos eso parece. La verdad, Cosita, no dan ganas de subir a ver o a formar parte de este teatro que dice llamarse humanidad.

Diego, espero que usted nunca cambie, porque usted forma parte de la gente que me impulsa a salir adelante.

Cuídese muchísimo. Recuerde siempre que yo lo pienso mucho y lo quiero por ayer, hoy, mañana y siempre.

Leszli Kálli.

Jueves, 7 de octubre de 1999

Día 199. 86 para el 2000.

9:00 P.M. En el cambuche de Rosalinda había una culebra de 1.50 metros, una verrugosa muy linda. Le sacaron los colmillos y nos dijeron que era muy venenosa. Papá me dio un discurso como de una hora diciéndome que les tenía que tener miedo a esos animalitos y no ser tan atrevida, porque me podían matar. Le da mucha rabia que yo sea así de confiada. Debo tratar de no preocuparlo, pues el pobre vive muy estresado por mí.

El cielo está totalmente despejado: se ven todas las estrellas; es muy lindo. Quiero estar en casa disfrutando de lo que me corresponde. ¡Dios, sácanos pronto!

Viernes, 8 de octubre de 1999

Día 180. 85 días para el 2000.

Es la 1:45 A.M. y acabo de hablar con Laureano, que llegó de ver tele. Este Laureano es un tipo muy buena gente, y admiro lo calmado que es. Hablamos de todo un poquito, y creo que hablar nos sirvió a los dos. Me desahogué un poco y eso me gustó.

Acabo de lavarme los dientes y estoy en mi cama. Tengo el radio apagado y también la vela. Estoy escribiendo con la luz de la linterna. Al frente veo el calendario que hice de los meses de octubre y noviembre, en los cuales tengo señaladas las fechas importantes: 9 de octubre, cumpleaños de Diego González; 12 de octubre y 12 de noviembre, que son los días que cumplimos aquí; 21 de octubre, cumpleaños de papá; 28 de noviembre, cumpleaños de Nandor.

Estar metida acá es una sensación algo fea, pues dentro del toldillo tengo la impresión de estar encerrada, y más cuando veo el toldillo lleno de caras, ojos, frases y números del calendario... Es algo raro.

La noche sigue despejada y hace muchísimo frío.

Hoy hace exactamente tres meses me dejé crecer las pestañas, y cuando me las veo me siento muy orgullosa de mí. Nunca imaginé que me las dejaría crecer. Qué feliz se va a poner mami cuando me las vea...

No tengo sueño, pues ayer dormí mucho en el día. Voy a seguir despierta, pero con la linterna apagada, e imaginándome muchas películas con las personas que quiero.

Ayer un mosco se metió en mi oído izquierdo y aún no ha salido. Sólo espero que no me cause ningún problema ni dolor.

Más tarde sigo:

Son las 4:15 P.M. Me levanté a las 12:00. Navarro Wolf dijo que ayer hubo una reunión en Caracas y que salió muy optimista. Vamos a ver qué sucede.

Con mi papá acabamos de arreglar el cambuche: le hicimos dos cajitas para que las cosas no se fueran al piso y yo las forré con papel de cuaderno y las pinté.

Hablando de ánimo, estoy mucho mejor: me siento más tranquila y esto me gusta, que no me preocupe mucho.

En la tarde, cuando bajé al río, encontré una culebrita, la tomé, la subí y después de consentirla un rato, la solté. Era como de 30 centímetros y bien delgadita, oscura y de líneas negras que iban de la cabeza a la colita; no tenía parches. Se la mostré al Viejito Buena Gente y me regañó: me dijo que la soltara porque podía ser peligrosa. Pero era toda mansita y, eso sí, tenía un olor bien feo.

Suspendí por un momento lo que estaba escribiendo porque las hormigas están patrullando y son un río. Tocó pararnos. En ninguna parte había visto semejante cosa, ni siquiera en documentales del *Discovery Channel*. Sólo aquí en la selva he visto tantas hormigas juntas. Los guerrilleros le llaman *la ronda*. Son miles… no: millones de hormigas; son ríos, un tapete móvil gigante. Casi siempre salen de noche, y por donde pasan arrasan con todo: de los matorrales salen despavoridos grillos, cucarachas, ranas y hasta culebras. Las cucarachas se meten en charcos para que no se las coman; en un charquito se meten hasta 20 cucarachas. Y pensar que una cucaracha es más grande que una hormiguita, pero como éstas son tantas no sólo sacan corriendo a todo animal que ven por ahí, sino también a cualquier humano. Las hormigas podrían ser el mejor ejemplo de cómo se pueden solucionar los problemas que hay en Colombia: si todos unidos buscáramos la paz, seguro la encontraríamos.

Papi y yo nos sentamos afuera y empezamos a hablar de lo que deben estar pensando de nosotros en nuestras casas. Papi me dijo algo que me gustó mucho: que él se habría muerto si esto me hubiera tocado sola. Yo le dije:

—Bueno, papi, aquí estoy en mi secuestro. Dios quiso que tú me acompañaras —y el dijo:

—Sí, menos mal.

La linterna se me fundió y estoy escribiendo con la de papi.

En las noticias hablan de la reunión de Pablo Beltrán y la comisión. Dicen que el presidente de Venezuela está dispuesto a que la Convención Nacional que propone el ELN se haga en Venezuela, y que sólo se podrá efectuar si el presidente Andrés Pastrana está de acuerdo. De ser así, se reunirán otra vez para fijar las fechas de eso y también de nuestra liberación. Dios quiera que el presidente diga que sí, para que nuestra salida sea bien pronto.

Como me gustaría que al llegar yo a Bucaramanga, Diego me dijera que me ama y me pidiera que pensara las cosas para volver. Ese sí sería un súper regalo. Pero algo en mí dice que no, que todo será igual, que debe tener novia, o quién sabe qué, que me quiere como amiga. No, mejor no pienso en eso porque me amargo. Todo a su tiempo, y que sea lo que Dios quiera. Prometo que no voy a forzar nada. Voy a dejar que la vida siga su curso. Lo que es mío, es mío: eso nadie me lo quitará nunca.

Yo le pido mucho a Dios que a mi vida llegue un buen hombre que me quiera mucho, como dice Cristina: «que me mate y se haga matar por mí». Esa parte es de «Cristina y los subterráneos», es una canción muy linda.

Un avión está pasando, aquí se escuchan mucho los aviones y también se ven, pero muy altos. La noche está despejada y está haciendo frío, ya no sé ni qué más escribir.

Tengo ganas de hacerle una carta a mi hermano.

Nandor:

Estoy muy orgullosa y feliz de tener un hermano como tú. Aquí a veces me siento muy sola a pesar de encontrarme con mi papá. Siento como si fuera otro mundo en el que me encuentro, y la verdad, a pesar de que estamos en el mismo mundo, yo me siento en otra dimensión, me siento en un gran laberinto y no sé cuál es la salida. Lo único que sé y que me mantiene con vida es que después de este enorme laberinto están ustedes. Eso es lo que me impulsa a salir y a tratar de salir bien.

Aquí tengo momentos en los que me encuentro muy feliz y en paz porque siento que pronto voy a ver la luz al final del camino. Pero a ratos esa luz se convierte en una ilusión óptica y me doy cuenta de que todo sigue igual. Entonces me siento a esperar tratando de no desesperarme, a pesar de que siento que la fuerza y el entusiasmo con los que comencé se me agotan poco a poco. Me doy cuenta de que tengo el compromiso de salir viva y sana para estar con ustedes, y entonces vuelvo a sentir la fuerza que sentí al comienzo. Así puedo superar las crisis e incluso continuar con más empuje que al principio.

Este «sube y baja» lo tengo siempre: aquí es el pan diario. Estoy segura de que no sólo yo lo tengo, sino también los demás, aunque nadie se lo hace saber a otro. Para mí esto va muy, pero muy lento; las conversaciones como que están estancadas y eso me enloquece, aunque ya no tanto como los primeros días. Sólo espero que pronto lleguen a un acuerdo y nos dejen a nosotros en paz.

Nanditor, te quiero y te extraño mundos. Dios quiera que pronto te vuelva a ver.

Cuídate y cuida a mamá. Permanezcan muy unidos los tres: Carol, tú y mamá. Yo los querré siempre.

Atte.,

Leszli Kálli L., tu hermanita

Sábado, 9 de octubre de 1999

Día 181. 84 días para el 2000.

Hoy les escribí una carta a los señores del COCE, donde les digo cómo me siento y quién es mi familia; incluso di nombres y edades. Después fui donde el mando superior y lloré mientras le hablaba. Le gustó mucho la carta y me dijo que la iba a enviar. Espero que dé resultado. Me dijo que si en un futuro me iba bien, estaría dispuesto a ayudar a otros.

Hoy está cumpliendo años Diego González. Lo felicité, le hice una tarjeta y todos la firmaron. Hoy no he comido y no tengo ganas de comer. Tengo puestos el jean y la camiseta negra. Papá está hablando con Uriel del 767, su próximo avión.

Comí y le di como mil vueltas a la cancha de lado a lado y en zigzag. Después, como a las 6:15, Fer nos reunió a todos en la cancha e hizo que nos tomáramos las manos. Fue algo raro, algo así como un minuto de silencio. Yo metí la pata, pues Uriel estaba hablando y yo, que estaba llevada, empecé a decir que creía que saldríamos en noviembre. Entonces papá dijo:

—A mí los aviones de la compañía me parecen lindos…

Lo hizo con el fin de que me diera cuenta de que estaba hablando algo que no coordinaba para nada con el tema.

Está a punto de caer una tormenta tenaz, está tronando mucho y el cielo está totalmente nublado. No hay velitas y estoy únicamente con la luz de la linterna. Hoy vi *Sábados felices* y otro programa que se llama *También caerás*.

Tengo la mente en otra parte, lejos de aquí, en un mundo que no es mundo, donde respiro paz, donde siempre hay una luna llena que alumbra todo: algo plano, muy plano, como un paisaje desértico pegado a un mar sin olas, bien calmado. Desde allí se ven todas las estrellas y la noche es cálida. Estoy tranquila, sola con mis pensamientos, acostada desnuda en la arena, con los brazos extendidos y mirando el contraste del cielo, las estrellas, la arena, la luna llena y el mar que parece un lago por lo calmado. Nada me importa en este momento. No quiero ver a nadie y nadie me quiere ver. Soy muy feliz. No quiero cerrar los ojos porque estoy maravillada con el espectáculo de la belleza. No hay tiempo, no hay afanes: me puedo tomar todo el tiempo que desee. No tengo frío ni calor. Estoy tranquila, estoy feliz. Nada me importa en estos momentos.

Domingo, 10 de octubre de 1999

Día 182. 83 días para el 2000.

Hoy en *Despertar en América* hablaron mamá y Nandor.

Hay una noticia buena: el presidente de Colombia dijo que sí, que está de acuerdo. Hay que esperar a ver qué pasa. No quise ver el noticiero: ya no como cuento de nada de lo que dicen. Sólo quiero la libertad para mí, para papi, para los otros 14 del avión y para los 2.000 secuestrados del país.

En la tele hay una propaganda muy triste; es en silencio y salen imágenes en blanco y negro. Dice: «Más de 2.000 secuestrados, tantas muertes…» y otras cosas; y después dice: «¿Vale la pena la guerra?».

Diego González se acerca y me dice:

—Leszli, ¿usted por qué presiente que es en noviembre?

Y yo le digo que el 11 de abril hablé con Diego Plata y le dije:

—Bueno, Diego, nos vemos en noviembre.

Y, la verdad, después me quedé pensando por qué dije *noviembre*. No sé, pero algo en mí dice que yo salgo en noviembre.

Increíble que nadie me haya mandado saludos de Rubén. Y yo que pensaba que era su mejor amiga. Pero cuando llegue le voy a decir.

Estoy escuchando la canción que Pacho me dedicó, «Nunca te olvidaré» de Kike Iglesias. Me hace acordar de esos días… ¡Mucho lo cursi!

Me bañé en el río. Un helicóptero pasó, pero alto y muy rápido. No he comido aún. Le pedí a la suministro bocadillo y galletas y repartí entre todos. Les gustó mucho ese detalle. Fernando empezó a imitar a mi mamá, Diego y Fer se pintaron en la camisa el símbolo de «no más violencia», que es verde. Me preguntaron:

—Leszli, ¿y usted cómo piensa salir? —y les dije:

—Con el pantalón rojo y la camisa negra —estaba haciendo alusión a los colores del Ejército de Liberación Nacional. Soltaron la risa. Pero lo que les dije no es cierto: ni en broma haría algo así.

Papá y yo fuimos a ver las noticias. Decidimos quedarnos sentados en la silla y después él me dijo que fuéramos a la cancha a escuchar las noticias. El cielo estaba despejado y vimos las estrellas. Yo me puse a dar vueltas en la cancha y me mareé.

Hoy, antes del noticiero, hablamos Laureano, Diego, Fernando, papi y yo sobre las drogas. Laureano preguntó quién ha probado y algunos dijimos que sí. Cada uno contó sobre lo suyo. Fue muy chistoso escuchar hablar de eso.

Ahorita tomé tinto y me tiene hiperactiva. Qué mamera sentirse así, y uno acá con este aburrimiento que es tenaz.

Mami, ¿qué estás pensando en estos momentos?, ¿qué estás haciendo?, ¿con quién estás?, ¿cómo estás vestida?, ¿qué has comido hoy?, ¿cuántos cigarrillos te has fumado?, ¿Nandor está contigo? Tengo tantas preguntas y ninguna respuesta.

Hoy llegó al campamento otro compa que es muy mal educado: mira muy mal, con odio, no saluda ni da la cara para que uno lo salude. ¡Qué mamera esta gente!

Ilak, ¿qué sería de mí si no te tuviera conmigo? ¿Cómo serían estos días sin poder desahogarme con nadie? Ilak, sin duda eres algo muy importante para mí.

Aquí cuento todo: ésta es mi vida. El día que yo muera la gente va a saber lo que pensaba, lo que sentía. Puede que a nadie le importe, pero sería muy triste para mí pasar por la vida sin dejar testimonio. Sea bueno o malo, de aquí debe salir algo.

Estoy en el cambuche con papá. Le digo que ponga el radio y le da pereza; a mí igual. Entonces le digo que voy a cantar, y le canto una canción de «Christina y los subterráneos». Después le pido que me cante la canción que me dedicó en Bucaramanga el 10 de octubre de 1996 en el restaurante La Carreta, antes de irme para Atlanta a estudiar (me fui aquí el 11 por la mañana, y el 10 a esta hora estábamos en La Carreta, en la despedida, con Carol, Lucía y mi papá). La canción se llama «Reloj». ¡Me encanta! Me acuerdo que papi me la dedicó con mucha nostalgia. Después me cantó «Un barquito chiquitico». Ésa me encanta; papi se la inventó cuando yo era pequeña, y a mí me encantaba:

Un barquito chiquitico
navegaba en alta mar,
navegaba de ola en ola,
navegaba sin cesar.
(se repite).
Hasta que una de sus olas
casi lo hace naufragar.
Y era la mar… y era la mar
la que con sus olas
no lo quería dejar llegar.
Pero el barquito chiquitico
navegaba sin cesar.
Y este barquito chiquitico
de las olas se lograba escapar.
Y la mar, enfurecida,
con las garras de sus olas
lo volvía a intentar.

Pero el barquito chiquitico
navegaba y navegaba
y navegaba sin cesar.
Y ese barco chiquitico
A su puerto llegó a anclar.
Y en la mar que con sus olas
Se reía sin cesar.

Aún me acuerdo de estos tiempos en que era bebé y me cantaba la canción, y me empujaba y me cogía, y hacíamos de cuenta que él era el mar y yo el barquito. Increíble que el tiempo pase tan rápido. Cómo ha crecido mi cuerpo; soy casi igual a él.

Es rico recordar las cosas lindas, pero triste al mismo tiempo, porque son épocas pasadas que nunca volverán. Por lo menos en esta vida no. Tal vez se las cuente a mis hijos.

Quiero saber todo de ese hombre que es mi papá. Hijo de dos húngaros, el papá se llamaba Nandor Kálli F., y la mamá de éste era la abuela Gisella Daniel. A ella sí la conocí: fue hija de una rusa judía y un húngaro. Papi nació aquí en Colombia, en Bogotá, y tiene una hermana, Judith, que vive en Seattle, USA.

La abuela murió en el año 92, el 19 de noviembre; y el abuelo cuando papi tenía 18 años. La abuela murió de cáncer en el páncreas y el abuelo de un infarto.

Papi nació en 1950, el 21 de octubre. Me lleva treinta años.

Mi abuelo Nandor nació el mismo día que yo: el 11 de diciembre. Yo era la nieta preferida de la abuela Gisella. Me quería mucho, le gustaba mi forma de ser; no sé por qué, pero yo era la consentida. Ella, al igual que mi abuelo, estuvo en Europa durante la Segunda Guerra Mundial. Ellos escaparon y, por medio de la Cruz Roja Internacional, llegaron por distintos lados: a la abuela le tocó Canadá, llegó a Toronto, pero después se fue a Nueva York y luego a Venezuela. Ahí conoció a mi abuelo y después se vinieron a Colombia, y aquí nacieron papi y Judith...

Mañana sigo hablando, pero no sé si de lo mismo o de otras cosas...

Lunes, 11 de octubre de 1999

Día 183. 26 semanas. 82 días para el 2000.

No pude dormir. Pasé la noche en vela, caminé por la cancha de lado a lado, después me senté, escuché música, sentí un vacío, me acosté y me quedé dormida a las 5:30 A.M. Papi me trajo chocolate como a las 9:00 A.M. Me lo tomé y seguí durmiendo. Soñé con un avión muy grande y también con un secuestro. Miraba la lista de pasajeros y papá y yo estábamos en el segundo grupo.

Hoy jugamos al porcentaje. Es un juego en el que pongo mi nombre y el nombre de la persona en la cual estoy pensando. Después a cada letra le coloco un número, según su posición en el alfabeto. Si es la letra A, pues coloco el número 1, si es la letra B, el número 2, y así sucesivamente. Luego sumo todos los números y el resultado final es el porcentaje del pensamiento que la otra persona tiene sobre mí. Por ejemplo:

G	A	B	O	+	A	D	E	L	A
7	1	2	16		1	4	5	12	1

Total: 26   Total: 23

26+23= 49%

No he comido nada ni pienso hacerlo, aunque si me preguntan digo que sí para no preocupar a papá.

Si esto sigue así no lo voy a soportar y voy a tomar cartas en el asunto para terminar con esta pesadilla de vida que me tocó vivir. No voy a dejar que me maten poco a poco de dolor y de depresión; prefiero matarme de una. Dios me perdone, pero no aguanto más. ¡No más! ¡Odio este presente, odio mi vida, odio respirar, odio ver el mundo desde aquí, odio el verde, odio la tierra que piso, odio todo…! ¡Vida, carajo, quiero abarcarte! Me estoy destrozando el alma y nadie me escucha. Mamá, perdóname por esto, perdóname por querer morir, pero esto no lo soporto más. Ya no quiero que Dios me mande fuerzas, no quiero paz: ¡quiero salir de aquí! Como esto es imposible, porque no está en tus manos sino en las de gente sin sentimientos, me jodí. Perdón por pensar así, pero es lo que siento. ¡Dios no está aquí conmigo!

Martes, 12 de octubre de 1999

Día 184. 81 días para el 2000.

Hoy cumplimos seis meses de estar acá. Hoy llegó una miquita al campamento, la trajeron dos guerrilleros, se llama Chita y se la pasó todo el día conmigo; eso me alegró mucho. Papi jugó voleibol ayer y hoy. Me bañé y bañé a Fokker, el perro que está con nosotros desde que nació (ya está grande).

Tengo problemas con el estómago: llevo cuatro días estreñida; hoy traté de hacer del cuerpo y me salió mucha sangre, pero no me duele. Le pedí chicha a la salubrista, a ver si eso me ayuda.

Recibimos mensajes por la UIS. Mami me dijo que me adora, que lastimosamente los señores del COCE son hombres y no mujeres y no alcanzan a imaginarse lo que es tener a los hijos privados de la libertad; que estaba dispuesta a todo, que quiere venir acá conmigo; que una vez me tenga no volveremos a separarnos nunca; que expusiera mi caso a los señores del ELN, que les contara lo que sufro; que yo voy a volar alto, muy alto, para regresar al nido.

Mami, me ahogo aquí; quiero morirme rápido. Esto no es justo. Mami, ya expuse mi caso ante el COCE, les conté todo y estoy esperando respuesta. Mami: ésta no es vida, estoy vegetando. Mami, te amo, te amo. Perdóname si llego a hacer algo estúpido, pero debes comprenderme: esto es muy duro y ya no tengo fuerzas; soy débil, no aguanto esta lucha contra la nada; soy muy frágil y esto me quedó grande; ya nada tiene sentido para mí. Me siento culpable por lo que está pasando.

Carta al ELN

Comando Central, Ejército de Liberación nacional, ELN.

Me permito mandarles esta carta para volverles a contar lo mal que me encuentro aquí. El problema no es tanto físico sino mental, es depresivo. Me dan ganas de llorar a cualquier hora, en la noche no duermo casi nada, de día duermo lo que más puedo porque me parece más llevadera la cosa y porque no se ve tan clara la realidad. No practico ningún deporte aquí; el único ejercicio que hago son las cortas caminatas para dirigirme al río, a bañarme, y para ir a la letrina. No me dan ganas de ver televisión, tampoco de comer; lo hago sólo porque si no como la úlcera se me alborota y me va peor. Cada cinco minutos pregunto la hora, a ver si han transcurrido las horas, y el día se me hace eterno: un segundo se convierte en un minuto, el minuto en hora y la horita en día, y el día parece una eternidad. En las noches me desespero tanto que me pongo a caminar de lado a lado de la cancha. Aquí fumo mucho, como un paquete al día. Me siento ahogada siempre, me duele el alma y el pensamiento me exige un descanso, pues lo tengo trabajando las 24 horas. Siempre estoy pensando: pienso en todo esto, en mi casa, más que todo en mi mamá, en mis hermanos, en mi gato y en todo. No sé qué hacer para que ustedes entiendan lo trágico que es esto de estar acá. Yo siento que estoy vegetando. Esta vida ya no es vida, y si esto no termina pronto, muy pronto, creo que estoy dispuesta a hacer cualquier cosa. Aquí le pido a Dios que me mande la muerte pronto. Ya no quiero vivir más así. Esta vida ya no la soporto más. Es muy duro estar aquí. Quiero que ustedes se apiaden de mí y de mi papá y nos liberen. Ustedes no deben ser tan malos como los pintan. Algo que tengo muy claro es que son hombres de carne y hueso, con sentimientos, y que deben tener hijos. Pónganse a pensar si a ustedes les gustaría pasar por algo así, y más si se ven privados de su libertad en compañía de un padre o de una hija, y mucho más sabiendo que es injusta su retención.

Señores, antes les había mandado una carta dándoles explicación detallada de mi caso. ¡Por favor, piedad¡ ¡Pido piedad! ¡No más sufrimiento! En sus manos está la felicidad de mi hogar, de mi vida, de la vida de mi papá. Sólo con unas palabras suyas se resolvería este infierno por el cual pasamos mi familia y yo.

Ayúdennos. Hoy por mí y mañana por ti. Somos hermanos e hijos todos de un gran Dios. Pónganle fin a esta pesadilla. Yo me les estoy arrodillando y les estoy pidiendo misericordia. Aquí me estoy volviendo loca. ¡No aguanto más!

Miren, dense cuenta de una cosa que es totalmente verdadera: papá y yo no les ponemos ni les quitamos nada. Déjennos ir, por favor. Libertad, no más esto. ¡No más!

Atte. Leszli Kálli.

Miércoles, 13 de octubre de 1999

Día 185. 80 días para el 2000.

Hoy papi vuelve a jugar. Yo me pongo a hacer una silla nueva y queda muy bien. La mica se fue y me alegro. Comí y vomité. Tengo un aliento horrible por los cinco ajos que me comí.

Mami habla por la UIS. Dice lo sola que está, que Pablito entra al cuarto como presintiendo que yo voy a llegar; que Carol llama cada tres días de Brasil y que Diego llama todos los días; que Nandor está en el hospital y que se siente muy solo; que no me preocupe si estoy gorda, que cuando llegue me pondré a dieta; que quiere consentirme; que hoy liberaron a un señor de Cali y que anunció que habrá más liberaciones. Ella piensa que entre ésas puedo estar yo. Al escuchar el mensaje estaba con mi papá y Uriel, y me puse a llorar; las lágrimas se me salieron y cuando se despidió, yo en voz alta le dije:

—Chao, mamita.

Estoy perdida. Tengo miedo, mucho miedo. ¡Dios, sácanos de aquí ya! ¡No es justo esto!

Jueves, 14 de octubre de 1999

Día 186. 70 días para el 2000.

En la radio ya pasan canciones de Navidad y eso me desespera. Papi llegó y nos dijo a Pacho, Laureano y a mí que en las noticias informaron que Faciolince dijo que ya está todo listo para iniciar los diálogos con el ELN y que el lunes en Caracas van a fijar la fecha. Una vez que se inicien los diálogos, liberarán a todos los secuestrados, tanto los del Fokker, de la iglesia La María y de la Ciénaga del Torno de Barranquilla. Yo no estoy emocionada. Ver para creer. Es que hablan mucha pendejada por todas partes y ya nadie come cuento.

Anoche soñé con Juan Pablo. Yo le quería comprar un anillo, después compré muchas chocolatinas Jet. En el sueño también se encontraba Tatiana Lara, quien me decía:

—Leszli, háblele a Juan Pablo de toda la gente que usted conoce —y yo le decía:

—Los Mora, Beto y Juan David.

Después mi mamá llegaba y me decía:

—Leszli, no compres el anillo; es muy feo.

¡Y desperté! Qué sueño tan raro.

Mami me dijo ayer que yo podría estar en casa para Halloween. Dios quiera que sí.

Me hundo en el infierno de mis días: hoyo grande y oscuro en el que caigo con rapidez. *Voy en demencia al infinito. Quiero irme ya, quiero escapar, quiero correr por un sitio despejado donde no existan árboles, donde no exista el verde, y descansar al final en un controvertido compromiso, donde el caos tenga cabida en el mundo de todos menos en el mío, para cavar algo cautivo donde lo casual pueda ceder, y ser cenicienta en algo errado donde lo chistoso sea la clave de lo clásico, y coger un mundo conciso donde tomemos demasiadas decisiones y estemos distanciados en lo desconocido y la delgadez de la vida sea danzar bajo las estrellas. Gran desafío desaloja la dureza, se convierte en un gran deseo dulce y estamos todos en la fase de la fuerza donde lo físico no importe y una escena eficaz donde estén todos, donde nadie pueda llenar un motivo de felicidad, donde nada esté hecho con motivos reales, donde nadie tenga que ser lambón, porque en la nave de los mejores sólo estamos los levemente grandes. El laberinto se volvió claro y ya no es oscuro: es luminoso. Una gran ilusión verdadera estoy viviendo en el infierno.*

Acabo de escribir estoy y no sé ni qué fue lo que escribí. Simplemente dejé correr mi mano con un lapicero entre los dedos y apunté todo lo que pasaba por mi cabeza. Sentí algo que jamás había sentido. Fue un momento en el cual toqué fondo y capté lo vivido en estos renglones. Duró como 10 minutos, pero fueron muy intensos. Después volvió todo a la normalidad. Estoy aterrada de ver lo anotado. Parece que otro lo hubiera escrito. ¡Pero no: fui yo!

Más tarde continuaré.

Ya es de noche, son las 11:30 P.M. Estoy muy desesperada. Tengo dos granos en la cabeza y me duelen. La mica volvió y se la pasó a mi lado casi toda la tarde. Es muy consentida y cuando el compa[20] fue por ella no se me quería soltar. Mamá no habló hoy por la UIS, tampoco me mandaron mensajes de saludos por La Mega.

Estoy escuchando Radio Noticias Caracol. Hablan del Plan Milenio, sobre los narcotraficantes que capturaron. En la noche, después de la TV, encontré a papá, Pacho, Diego, Lau, Fer y Juan hablando sentados en las sillas. Juan habla idioteces sobre sus perros. Muy particularmente creo que todo eso del pedigrí es una estupidez, y más como él lo cuenta. En lugar de andar criando perros y pagando montones por animales finos debería tener un hijo y consentirlo o regalar esa plata a niños pobres. Yo adoro a los animales, pero pienso que un animal con pedigrí esencialmente vale lo mismo que cualquier chandoso que uno se encuentre en la calle. Si uno se interesa por uno de esos animalitos abandonados está demostrando que de verdad quiere a los animales. Me parece horrible querer sólo a los que cuestan plata. Es una estupidez igual a todas las cosas que él habla. No entiendo por qué no puede asumir su edad: se las da de hombre de 18 años en lugar de aceptar los años que realmente tiene. Cuando él habla me quedo en silencio y no le digo lo que pienso, porque para qué. Mejor evitar problemas y cada cual con su vida.

Viernes, 15 de octubre de 1999

Día 187. 78 días para el 2000.

5:00 P.M. Estoy sentada afuera, en las sillas, con papi y con Pacho. Hoy el día fue aburrido. Tengo principios de gripa, pues me rasca el paladar y estoy con tos. Papá jugó parqués con Uriel, Fer y Diego.

---

20. Abreviatura amistosa que se hace para decir compañero.

La linterna se está quedando sin pilas. Estamos escuchando la emisora «La Luciérnaga». ¡Qué mamera! Hoy es viernes. Si estuviera en casa ya estaría armando plan. ¿Qué estará haciendo mi gatito y también mami?

Hoy pasaron unas guacamayas verdes muy lindas; eran como quince. Dormí de las 12:10 a las 3:56.

Son las 7:00 y Juan Carlos García me manda saludos por La Mega. Estoy sola. Todos se fueron a ver el noticiero.

Dios, tantos días que viví en libertad, tantos sueños y metas que me fijé, y todo para nada. Estoy atada, tengo el alma destrozada. Ya no tengo fuerzas y veo todo nublado. Te he rogado que me saques, pero no me escuchas. Esta vida es fea. Estoy en la nada y quiero morir. Ya debo estar muerta para algunas personas: deben pensar que no volveré, y la verdad es que yo también lo creo. Creo que esto es un castigo por lo que hice una noche de marzo del 98. Dios me trajo aquí y me está diciendo lo que habría pasado si yo me hubiera muerto. Me trajo en vida.

No quiero esta vida, rincón de sentimientos oscuros, gran laberinto en el que me encuentro. Deseo ver la luz de paz, pero en 187 días no me han dejado verla... y creo que no me dejarán verla nunca. Estoy en medio de dos caminos que tienen el mismo destino final. Uno es éste, lento y difícil, y el otro es rápido, pero cobarde. ¡Para qué seguir soportándote, vida estúpida! Quiero ponerte fin.

Son las 11:00 P.M. No fui a ver la telenovela. Además no la pusieron porque se dañó la planta eléctrica. Diego estaba en las sillas. Yo salí y le pregunté qué tenía. El pobre está igual que yo. Hablamos, le dije que me sentía igual, y la verdad, creo que todos estamos en las mismas.

Yo pensaba que el día en que yo llegara a faltar el mundo se acabaría; pero la verdad es que todo sigue. A quien se le acabó el mundo fue a mí.

Papi me dijo hoy que yo me parecía mucho a la abuela Giselle en la forma de ser, y que físicamente me parezco a Nandor. Que Carol tiene mucho de él y de mi mamá también: de él tiene la calma, y de mi mamá la verraquera; que es cautelosa y muy inteligente. De Nandor, mi hermano, que es idéntico al abuelo Nandor. De mí dice que soy una mezcla de él, la abuela Giselle y mamá. De Lauren, que es igualita a Lucía, y de Marcelita, mi otra media hermana, que es idéntica a él y muy parecida en los ojos a la abuela Giselle.

A mí me da mucho pesar con papi porque no es feliz con nadie. Él me dijo la otra noche que la época más feliz de su vida fueron los quince años de matrimonio con mi mamá, pero que después llegaron muchos problemas y peleas, hasta que se separaron amándose aún.

Hoy secuestraron a la esposa del gobernador del Caquetá. Pobre señora; no se imagina lo que le espera. También fue el Ejército de Liberación Nacional.

Estoy tachando los días en el calendario que puse en las tablas en donde ponemos las cosas que tenemos papi y yo, y marcando otro día más en mi báculo.

Pacho me dice que él escribe a escondidas porque de esta manera no le quitarán el diario.

Sábado, 16 de octubre de 1999

Día 188. 77 días para el 2000.

Hoy me levanté a las 6:30 A.M. porque tenía ganas de orinar. Estaba lloviendo y bajé y traje dos arepas, una para papi y otra para mí. No tomé chocolate: estoy llena; pienso no comer más. Papi arregla o trata de arreglar el radio. El ranchero hoy es el suministro.[21] Tienen la mica en la cocina.

Son las 7:15 A.M. y estoy muy despierta. Ya empiezo a sentir el peso del día. La agonía a cuentagotas; la impotencia se abre paso en el despertar de cada día.

En la tarde discutí con papá porque yo quería remodelar una camisa suya, y se puso bravo. Yo me desesperé porque ya la tenía casi lista y le dije que sí, y él que no, y que sí, y así hasta que me puse histérica y la dejé ahí en la tabla y me quedé dormida. Después me levanté y me puse a llorar y me volví a acostar. Más tarde volví a levantarme y él me contó que habían soltado a la mica y que él la llamó y había bajado, pero que después volvió a subirse a los árboles. Entonces yo la llamé y volvió. La ponía en la tabla, pero ella me perseguía para abrazarme y subírseme. Fue muy chistoso. Le dije a papi

---

21. Persona encargada de administrar las proviciones de alimentos.

en un tono bonito que me dejara remodelar la camisa y dijo que
sí. La remodelé y le gustó. Con los pedazos que quedaron le hice a
la mica una camisa y se la puse (idea de papi).

No me bañé, pero sí comí. Papá lavó los platos. Me puse a escuchar música y no hubo mensajes en La Mega. Me cambié a Corazón
Stereo y me puse a escuchar la línea del amor. Me pareció oír la voz
de Diego llamando a Juan David para que hablara en el programa,
pero colgaron.

Más tarde llegaron el mando superior y otro guerrillero, me saludaron, se fueron a bañar y se acostaron. Tengo rabia y pienso y me
hago una película de cómo será mi esposo. ¡Qué video!, como dice
Salvador. En eso se me fue toda la noche. Caminé por la cancha, miré
al cielo y está nublado. No tengo sueño y son como las 11 P.M. Me
quité el reloj porque me la pasaba mirando la hora y no se movía
nada; eso me estresaba más.

Nada, que llegan las velas y los cigarrillos se agotan. Quedan siete
y son de papá.

Hay una culebrita muy linda debajo de donde se hace la mica
cuando duerme. Es color naranja y tiene unos puntitos negros. No le
digo a nadie porque si no la matan. Papi salió a orinar, la vio y le dijo
al guardia que la matara. ¡Mucha embarrada! Está bravo conmigo
porque no le dije que había una culebra.

Domingo, 17 de octubre de 1999

Día 189. 76 días para el 2000.

No dormí. Salí a la cancha a las 3:30 A.M. y después fui a la cocina.
La salubrista estaba de cocinera. Cuando amaneció me fui a bañar.
Lavé el saco aguamarina, la camisa rosada que remodelé, el pantalón
negro y el short vinotinto; subí y me puse los jeans y la camisa Nike,
fui al salón de TV y me corté las uñas. Hablé con el mando superior.
Me dijo que había mandado mi carta y que antes de eso se la mostró
al pintor; que a él le pareció muy bien hecha pero que habría estado
mejor si le hubiera puesto un dibujo. Le pregunté cómo iba todo,
qué había dicho el COCE, y me contó que próximamente habría
una reunión y que debía esperar a ver qué resultados arrojaba eso. Yo
pienso que lo de siempre: que nada. Me quedé un rato y después fui
a la cocina a calentarme porque tenía mucho frío y las manos y los

pies morados. Antes de ir me puse la chaqueta de papi y después subí y me acosté. Me levanté a las 2:30 p.m. y me fui a almorzar fríjoles con pedacitos de plátano picado y arroz. Subí, me fumé un cigarrillo y ahora estoy sentada en la silla que hice, mirando un partido de fútbol mientras escribo.

Aquí los partidos de fútbol casi siempre son por las tardes. Se forma siempre el equipo de los del Fokker 50 versus el de la guerrilla. ¡Qué ironía: secuestrados vs. secuestradores! Es bien chistoso. En medio del juego parece que la gente se olvida por unos minutos que está secuestrada y juega delicioso. Igual es con el voleibol: siempre el equipo de la guerrilla juega contra el equipo del Fokker.

Hoy en la noche, a las 6:30, el mando superior dijo que quería hablarnos, y todos fuimos al comedor. Estaba bastante molesto por unas cosas que le había contado de nosotros el Viejito Buena Gente. Primero habló fuerte, pero cuando Uriel le dijo cómo eran las cosas, se calló. El mando superior nos dio la razón y parece que la suministro se irá del campamento. Además nos dijo que toda la guerrilla entendía que nosotros estemos así de mamados, pero que ellos también estaban igual. Se habló mucho, pero lo mismo de siempre, nada nuevo.

Mientras el mando superior hablaba, yo jugaba a hacer una figurita con la velita. Pacho se encontraba frente a mí y me miraba lo que yo hacía. Cuando terminé se la regalé. Fue algo que me nació. Después me puse a pensar por qué lo había hecho y no me lo pude explicar. Le dije que la guardara, que era un regalo, y a él le dio risa.

Hoy tomé las tres comidas. Son las 9:15 p.m. y tengo sueño, aunque he dormido toda la tarde. Por la mañana jugué con la culebrita muerta y me dijo el compa de más edad que no era una coral sino una «mataganado». Así la llaman, y dicen que es muy peligrosa porque la piel de lo que pica se pudre poco a poco.

Siento que el tiempo no depende de mí ni de lo que yo haga. Esto es una prueba de resistencia. Hay que aguantar hasta donde toque y mamarse el aburrimiento hasta donde sea. Así que voy a tratar de hacerlo. Papá dice: «Aquí nosotros estamos como las gallinas, esperando a que nos definan la situación. Comemos y esperamos. En cualquier momento pueden dar la orden de matarnos y listo: ahí quedamos. O también de liberarnos y entonces saldremos y punto».

8

bolibol que tiene 720 cuadritos 9
de ancho por 80 de largo [▭] la luna
esta por la mitad y yo
no puedo controlarme?
latico no escucha musica a todo
volumen y metal que mamera.
Dios necesito tener la mente quieta por un
segundo no pensar me preocupa mucho el
futuro que hacer para no sentirlo. alguien me
dice que lo que me tiene asi es eso que ya
se aproxima navidad y yo solo aqui.

Tiempo, pasa rápido, muy rápido, te lo suplico. Ayúdanos a no sentirte tanto. Que tu paso sea un abrir y cerrar de ojos, y que cuando nos demos cuenta esto ya forme parte de un feo pasado.

Son las 12:06 A.M. y me levanté a orinar. Está lloviendo y tengo miedo, un feo presentimiento, no sé de qué ni por qué. Pongo música. Controlo mi mente y pienso en algo que no tendría por qué pensar. Está sonando Shakira; canta «Mis días sin ti».

Cómo me gustaría estar en mi casa, poder prender la luz y ver tele. Así no me sentiría tan mal. En vez de eso estoy en un cambuche que en cualquier momento se puede caer, armada de una linterna para no sentir miedo. Me identifico fuertemente con la canción que suena. Así me siento. Salí a orinar y me mojé; ahora tengo frío. Estoy pensando en mamá: ¿cómo serán sus noches? ¿Qué estará haciendo en estos momentos, en ésta época que para mí es la mejor del año?

Lunes, 18 de octubre de 1999

Día 190. 75 días para el 2000. Semana número 27.

Hoy es la reunión en Caracas de la comisión encabezada por el procurador general de la Nación, María Emma Mejía, Antonio Navarro Wolf, Pablo Beltrán y otros. Espero que lleguen a un acuerdo y le pongan fin a esto. La cara que dibujé en el toldillo y que está a mis pies alumbra cuando le llega la luz de la linterna.

Anoche papi me dijo que no le gustaba mucho mi forma de pensar y que le preocupaba mucho que yo me fuera a Israel. Pienso en cómo soy y cuál es mi forma de pensar, y la verdad es que me gusta. Soy sincera, digo las cosas de frente, lo que me gusta y lo que no. Soy imprudente, eso es algo malo; por ser sincera, muy arrebatada: quiero que todo se haga ya. Me encantan los animales y creo que no hay razón para matarlos. Me gusta la gente sencilla y franca, que sea leal y que me diga lo que no le gusta de mí y las cosas que no soporta. Me encanta la soledad, pues considero que es la condición en que más fácilmente nos encontramos con nosotros. A veces la gente me incomoda y por eso me gusta que me dejen sola. Me fascina mirar el cielo, el azul profundo, y ver cómo avanzan las nubes y las estrellas, aunque no las diferencio muy bien; eso no importa: yo imagino que forman figuras según mejor me parezca. Me gusta caminar descalza en el pasto y la tierra, siento descanso al hacerlo. Hay días en los que me pongo triste, por lo general antes de que me llegue el período, y otros en los que me emociono mucho y quiero hacer de todo. Me pongo feliz y eso pasa cuando la luna está llena… es algo curioso. Me encantan los atardeceres y amaneceres. La lluvia me pone triste, me baja la moral. Soy romántica, me encanta que la persona que me quiere me lo demuestre; me gustan los detalles pequeños y estúpidos pero originales que salgan del corazón, la música clásica y romántica que me llegue al alma o las canciones que hablan de la guerra y la paz, como las de Pablo Milanés o Silvio Rodríguez. Me gusta que la persona con la que hablo me mire a los ojos porque soy de quienes creen que los ojos son el espejo del alma.

Hay gente que me cae bien de sólo mirarla, y otra que no soporto, que me cae mal porque sí. Me gusta que la gente me escuche, y también escuchar. Dibujo cosas extrañas que no sé qué significan. Me gusta mucho el blanco, el negro, y sobre todo el color aguamarina. Creo en Dios, pero no en la Iglesia, aunque la respeto, y creo en el matrimonio. Me gusta respetar y que me respeten. Adoro a las personas que dicen lo que sienten, sin pensar. Mi animal preferido es el gato. Me identifico con él: le gusta que lo consientan y que le hagan saber que lo aprecian, pero a veces se aparta y no se deja tocar; le gusta más la noche que el día, igual que a mí; es cauteloso y cada paso que da, cada movimiento, es hermoso y propio, bien definido.

Me fascina el chocolate y el helado de chocolate. Me encanta la aventura e incluso un poco el peligro. Me gusta salirme de lo cotidiano y pasar a un mundo irreal. Soy de decisiones: cuando las tomo las cumplo. Me enloquece viajar y conocer, ver parajes raros. Odio la monotonía y ver siempre las mismas cosas.

Sueño despierta y me gusta. Creo que hay otras formas de vida en otros mundos, que la muerte es sólo uno de muchos pasos que da el alma. Creo en el amor verdadero y espero ser de una sola persona. Cuando me siento engañada hago saber lo mal que me encuentro, y le hago entender a la otra persona lo que se siente; sólo entonces doy media vuelta. Creo en el perdón, pero no en el olvido. Cuando fallo ando con precaución, por miedo de volver a equivocarme. Creo en la amistad más no en la compinchería.

Me gusta consentir y que me consientan; como quien dice, bailo al son que me toquen. Puedo ser la mujer más dulce y tierna sin ser pegachenta, pero igual odiosa y mala. Cambio de ánimo con facilidad y eso no me gusta. Soy muy inconstante en algunas cosas, pero no en todas. Me gusta ver volar los pájaros. Les tengo pánico a las cucarachas. Adoro la familia; me gusta sentir el calor del hogar, ver la casa con vida, la Navidad con mucha gente y un arbolito de navidad grande y ancho. Los girasoles me gustan mucho, son mi flor preferida. Me encanta andar en sandalias, las adoro, y la ropa cómoda.

Son las 6:00 P.M. Estoy sentada en la silla y tengo puestas las botas, las medias blancas con las que llegué aquí y la camisa rosada que terminé de coser. Hoy me depilé y lavé la sudadera azul. Papi jugó todo el día. Hoy es lunes festivo.

Escuché en las noticias que el gobierno está reunido con el ELN en Cuba y no en Caracas, como dijeron al principio, pero de los resultados de ese encuentro aún no han dicho nada. Antonio Navarro Wolf dijo que las cosas se iban a dar más rápido con el Ejército de Liberación Nacional que con las Fuerzas Armadas Revolucionarias de Colombia. Eso me parece bueno. Hoy me maquillé y me puse el short vinotinto.

Ésta es una especie de flor que crece en la copa de un árbol, y es muy grande. Desde la silla se ve muy linda; me gusta mucho. Pacho me dice que él nunca la había visto, pero que es muy linda. Le pregunté cuánto puede tener el diámetro y me dice que casi un metro.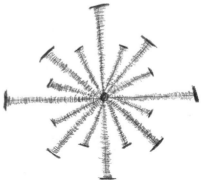

En «La Luciérnaga», de Caracol, dicen que no hubo reunión porque Pastrana no la autorizó. Laureano se puso muy triste y dice que ésa es nuestra sentencia de muerte.

Estábamos hablando de todo, menos papi, que está dormido, y empezaron a hacer comentarios burlescos sobre mi mamá, sobre brujas y velas blancas, y que: Madame que es bruja que lea las cartas, y otro resto de bobadas que al principio me dieron risa. Luego me sentí incómoda y les dije que por favor más respeto y que no quería volver a escuchar más burlas sobre mi mamá, que ellos no sabían qué motivos tenía ella para hacer lo que cuenta en sus cartas, y que por lo tanto les pedía respeto. A Fernando no le gustó ni cinco y se puso medio bravo, pero me importa un carajo. Que joda y remede a su mamá o hermanos, o a los miembros de otras familias, pero que con mi mamá no se meta. Todos se quedaron en silencio y después empezamos a hablar de nuevo.

Vi en la tele una propaganda linda sobre la marcha por la paz que se realizará el 24 de octubre en toda Colombia. Dice algo así: que India logró tal cosa, que Alemania tal otra, que España esto, que los ingleses esto otro. ¿Y Colombia? Dios quiera que todos los colombianos salgan y apoyen la marcha por ellos mismos, por nosotros, por la paz.

Martes, 19 de octubre de 1999

Día 191 y 74 para el 2000.

Hoy lloré todo el día y tuve sueños feos: que Mauricio se moría y el papá de Diego también; que Diego estaba muy mal y yo no lo podía ayudar y eso me deprimía. Sueños feos y muy confusos.

Mami me manda un mensaje por la UIS: que el daño que nos están haciendo es muy grande; que no tenemos nada que ver con el conflicto; que trabaja mucho, pero que se siente impotente; que Carol llama a diario desde Brasil y que está deprimida por mi papá, que ahora se ha dado cuenta de lo importante que es para ella; que Nandor está muy deprimido y sueña casi a diario con nosotros, igual que Carol; que en las noches cuando hace frío se levanta y piensa en cómo estaré o que a ella le toca demostrar fortaleza y tranquilidad, porque si no todos decaen y eso es peor. Escuché que un gato maullaba y ella me dijo que era Pablito.

No puedo contener las lágrimas y me suelto a llorar de la impotencia, de la tristeza y la alegría. Me dijo palabras muy hermosas. Fui donde el mando superior y le conté lo del mensaje y que no hacía sino llorar de lo desesperada que estaba; también le pregunté si ya le había llegado la carta al COCE y le pedí que me ayudara, que se pusiera en mi lugar. Yo sé que él no puede sacarme de aquí porque eso no depende de su decisión, pero sí pueden escucharlo y tener en cuenta su opinión. Le pedí que volviera a hablar con el COCE, que me ayudara, que yo sólo tengo seis años más que su hija y que adoro a mi mamá, y que me estaba volviendo loca. No sé si tome en cuenta lo que le dije, sólo espero que sí porque es la verdad.

Es que no se puede ser tan malo en la vida. Si ellos supieran cómo era mi vida y la de mis papás y hermanos no dudarían por un instante en dejarnos salir.

Señor, yo no permito más sufrimiento en mi vida ni en la de los seres que amo. Sé que tengo toda una vida por delante, pero a papi le quedan máximo treinta años —pasado mañana cumple 49 años—. No es justo que le hagan desperdiciar así su vida. Camino por la cancha de lado a lado; son 50 pasos de largo y 30 de ancho, y en la mitad hay una malla de voleibol que tiene 720 cuadritos: 9 de ancho por 80 de largo. Conté uno por uno los cuadritos. La luna está por la mitad y no puedo controlarme.

Laureano escucha música metal a todo volumen. ¡Qué mamera!

Dios, necesito tener la mente quieta por un segundo; no quiero pensar. Me preocupa mucho el futuro. ¿Qué hacer para no sentirlo? El mando superior me dice que lo que me tiene así es ver que se aproxima la Navidad.

Miércoles, 20 de octubre de 1999

Día 192. 73 días para el 2000.

Hoy no he fumado. Tengo la úlcera alborotada. Anoche soñé que estaba con Diego en una finca y hablábamos del suicidio de Paloma. Yo me ponía triste y Diego me decía que ella estaba viva y yo le decía que no, que yo había ido al funeral. En el sueño también me veía en el Chocó[22] y no quería que Diego estuviera a mi lado.

Hoy me levanté a las 6:00 a.m., fui a la cocina y vi como mataban a Chispi, el marranito. Fue tenaz: con un destornillador en el corazón y un hachazo en la frente.

Acabo de fumarme un cigarrillo marca Poker que trajo un guerrillero. Me tomé un tinto y la suministro me regaló un bom-bom-bum, pero yo se lo di a papi. Mañana él cumple años y me siento mal de pensar que los va a cumplir en cautiverio. No hay ingredientes para hacerle un ponqué y eso me tiene triste.

22. Región colombiana de la costa del Pacífico.

El mando superior no me ha dado la cara hoy y la verdad es que lo entiendo. Debe ser bien difícil para él verme así. Pero entonces, ¿a quién le digo lo que siento?

Hoy no pienso bañarme, no tengo ánimos de nada. La situación me tiene mal y no sé quien pueda ayudarme.

Son las 7:10 P.M. Miro el calendario y me desespero de ver que tacho los días y nada pasa. ¿Qué hacer? No quiero que sigan avanzando los días y yo aquí sin vivirlos, más muerta que viva. La vida sigue para todos menos para mí, para papi y para otros 2.000 secuestrados que hay en este país. Dios, espero que esa marcha haga algo, que mueva montañas para sacarnos de aquí.

Nadie entiende mi dolor. Los guerrilleros se vuelven duros, tienen el corazón como una roca: no sienten, no lloran, no se desesperan. Son muy duros y yo muy débil para soportar esta guerra que desangra a todo el país.

Nandor habló por la UIS. Dijo que hoy una ONG está reunida con el propósito de hacer algo por mí; que a él le tocó llevar fotos, que después me cuenta bien cómo fue todo. Mami no me habló.

Papi se queja mucho de que le duele el cuerpo, sobre todo cuando camina. No sé qué hacer. Mañana voy a hablar con el mando superior a ver qué se puede hacer al respecto.

Ayer en el río le corté el pelo a papi, todo un dedo de largo, y le gustó mucho. Hoy están jugando fútbol Colombia y México en California. Papi y yo llegamos de ver el noticiero y nos pusimos a hablar de nuestra situación. Y le dije que era rico saber que no estamos solos, que hay mucha gente sufriendo con nosotros, que pienso que este país tiene que cambiar porque la gente ya está cansada de tanta guerra, que con los secuestros del avión Fokker, la iglesia de Cali y la ciénaga del Torno la gente se pellizcó y se dio cuenta de que a cualquiera le puede pasar: es mucha la gente que en este país viaja en avión, va a misa y anda por carretera, que es donde la guerrilla hace las llamadas pescas milagrosas.

La marcha del 24 de octubre va a mover masas y a despertar a este gobierno y a los grupos que causan este dolor, para que se sienten y hagan la paz. Nos estamos matando nosotros mismos, nos estamos acabando. Y toda Colombia se pregunta: ¿quién gana con esta guerra absurda donde todos sufrimos, tanto los que la hacen como los que la vivimos? ¿Por quién nos matamos? ¿Por quién sufrimos?

Por Dios, todos somos seres humanos, y lo más triste es que todos somos colombianos. ¿Quién puede tener la conciencia tranquila con todo esto? ¿Vale la pena vivir así? ¿Por qué tanto odio entre nosotros? Este país necesita un cambio urgente. Es muy fácil decirlo y exigirlo, pero para ello todos debemos trabajar, promover la paz, buscarla y no esperar a que otros la hagan para poder salir tranquilos a las calles y disfrutar algo que nos hemos ganado. Todos podemos si queremos.

Dios, ayuda a este país. Cambia la forma de pensar de las personas que se roban el dinero del pueblo: Ése es nuestro problema: la corrupción tan hijuemadre que existe aquí, y el hecho de que al final pagamos justos por pecadores. El problema está arriba: en el Estado, en el alto gobierno, en los miserables que viven rico de robarse el dinero de los hospitales de los pobres, de toda la demás gente. En este país da pesar pagar impuestos porque se sabe que no van a parar donde deberían, sino a los bolsillos de unos pocos que son los que tienen este país así. A esos señores no les conviene que llegue la paz porque saben que los primeros perjudicados serían ellos.

Jueves, 21 de octubre de 1999

Día 193. 72 días para el 2000.

Hoy pienso hacerle una cartica a papi para entregársela en la madrugada.

Papá:

Hoy quiero que sepas que te amo y estoy feliz con la vida por tenerte hoy aquí junto a mí.

Quiero que sepas que sí me encantaría tenerte siempre a mi lado. Sólo le pido al gran Ser que nunca me faltes y que pueda aprender todo de ti, porque tú eres el mejor papá. Si en este mundo todas las personas fueran como tú, este cuento de vivir sería mucho mejor. Sólo quiero seguir tu ejemplo y ponerlo en práctica con los míos en el futuro. Pero antes me tomo este presente y lo guardo como un gran tesoro en mi memoria para que en cualquier momento pueda sacarlo y ponerlo de ejemplo. Papi, aunque no están aquí Nandor y Carol para reiterarte lo mucho que te amamos, yo, por ellos, te hago llegar este mensaje.

Papá, gracias por ser quien eres: un tipo bueno y lógico al cual le debemos la mitad de nuestras vidas. Esperamos estar contigo siempre y que tú puedas estar con nosotros.

Gracias, papá, una y mil veces más, por ser un tipo único como ninguno.

Feliz cumpleaños, querido papá.

Atte.:
Leszli Kálli López
Tu hija en cautiverio.

Todo el programa de la UIS, de 7:30 a 8:00 P.M., se lo dedicaron a Papi. Hablaron Lucía, Cony, Catuto, Rodolfo Peña, Orlando Beltrán, Carlos Ortiz y Esperanza Duque. Marcelita le cantó el cumpleaños. También le dieron serenata. Después habló Nandor y mami leyó algo muy lindo sobre que la felicidad está a la vuelta de la esquina y que el triunfo es el fracaso al revés; que sea fuerte y que me adora.

Yo me siento muy bien con papi. A las 6:30 P.M., todos nos reunimos en el comedor y le cantamos el cumpleaños y le dimos una tarjeta que hicimos entre todos.

Me bañé tarde y me pegué un susto con un sapo grande porque pensé que era una culebra. Después puse La Mega, Juanca me saludó y una culebrita llegó, una patojita. El Viejito Buena Gente trató de matarla y ella saltó y se perdió. Después me puse a escuchar la UIS, y como a las 10:00 salí y me puse a hablar con el compa que llegó ayer, al que le dicen el Calvo, un tipo muy buena gente. Él me da cigarillos cuando los otros guerrilleros dicen que no hay.

El ánimo está bien, estoy calmada. Las noticias parecen buenas y la gente está muy positiva. Hoy la luna está casi llena; mañana lo estará por completo.

Arcángel San Gabriel, te pido que me traigas buenas noticias, pues dicen que tú eres portador de buenas nuevas. La liberación sería la mejor noticia que nos puedas dar. Ayúdanos.

Viernes, 22 de octubre de 1999

Día 194. 71 días para el 2000.

Y fue noche y llegó el día. El sol alumbra y vuelve la fe: tengo esperanzas y el ánimo está feliz. Arreglo el cambuche: le pongo palmas y le dejo la puerta de palmas y la mitad de plástico.

El día pasó rápido, tuve la mente ocupada y eso me gustó. Diego González, papá, Fernando y yo nos acordamos de cosas que nos han pasado, y nos reímos a carcajadas. Eso fue rico.

Hoy, cuando estaba en el río, sentí algo muy extraño por Diego. No sé que pasará cuando lo vuelva a ver. Quiero saber si mirándolo a los ojos todo lo que sentía antes vuelve. No sé si lo que sentía por él todavía está en mí o ya se fue.

Sábado, 23 de octubre de 1999

Día 195. 70 días para el 2000.

Me levanté y fui a desayunar con Diego y Fer. Papá se fue a bañar y luego Laureano. Después pedí un cuaderno y me puse a escribir.

Pensé en cortar más palmas para el cambuche, pero no encontré machete. Le pedí a la salubrista que mandara a comprar Fenisec. Me dijo que sí; vamos a ver. Estoy escuchando La Mega. Ayer para la comida hicieron jugo de papaya con leche. Muy rico.

Me doy cuenta de que escribo mucho más cuando estoy mal;

igual me pasa cuando dibujo. La creatividad me llega cuando estoy en uno de los dos extremos: o muy triste o muy feliz; pero soy poco creativa cuando estoy normal.

Domingo, 24 de octubre de 1999

Día 196. 69 días para el 2000.

Hoy me levanté faltando 20 minutos para las 9:00 A.M. y me fui a bañar. Es un día gris. Fernando hizo hojitas que dicen «No más» y las pegó en cada casita. Después nos fuimos a ver tele; estaban mostrando la gran marcha por la paz en todo el país. Medellín fue increíble: mucha gente; la de Bucaramanga no la mostraron. También pasaron la firma en La Uribe, Meta, para los diálogos con las FARC[23]. Fue lindo ver tanta gente. Salió Otto Duarte en Caracas. Él es un ex compañero de este secuestro.

Almorcé fríjoles, arroz y trozos de limón con sal y aceite de oliva.

Ayer me puse a leer *Así se templó el acero;* hoy voy a seguir.

La luna está bellísima: embruja, es sencillamente divina, totalmente llena. El cielo está despejado, junto a la Luna hay una estrella, y una nube alargada en medio del horizonte. Ésta es, sin duda, la mejor luna que he visto.

Hoy llegó un guerrillero que está con el pintor. Me mandó saludos. Yo se los devolví con él. En el comedor me encontré con Pacho; cambiamos un par de palabras sobre libros, pero él es muy malo para leer. Me quedé leyendo el libro mientras esperaba que estuviera listo el café.

Voy a jugar a decir mentiras, voy a hacer creer un montón de basura hasta el día en que salga de aquí; así no me aburriré tanto. Si noto peligro de caer en mi propio juego simplemente lo suspendo, y ya. De ese modo me saco un clavito y quedamos en paz… Eso pensé mientras todos estaban viendo la tele.

Pensar que toda la gente que quiero tiene la oportunidad de ver la misma luna que me tiene loca. Buen augurio: el Negro, otro guerrillero del campamento, me dice que para diciembre ya no estaremos aquí. Dios quiera que así sea; es lo que más deseo en este mo-

---

23. Fuerzas Armadas Revolucionarias de Colombia. Agrupación guerrillera de ideología marxista que le ha hecho la guerra al Estado colombiano desde la década del sesenta.

mento: la libertad. Escuché una vez que nadie conoce la dicha de la libertad hasta que la pierde, y que cuando no se la tiene es cuando se la conoce. Increíble, pero totalmente verdadero.

Aquí he cambiado mucho mi forma de actuar y de pensar. Noto que he madurado mucho, y eso me gusta. Una vez me puse a mirar y me di cuenta de que día a día uno no se da cuenta de los cambios, pero que se crece y se avanza, no mucho, pero sí algo. Cuando han pasado muchos años los cambios no sólo se notan con facilidad sino que pueden ser sorprendentes.

La noche está muy fría y tengo cólicos. Me meto debajo de la cobija. Son las 11:00 p.m. Papá hablaba con Uriel de simuladores de aviones, del 727, del jumbo, del MD Fokker, del 767, 757 y otros, de radiales y vectores y otras cosas. Estaba aburrida y por eso salí y me senté con ellos. Papi me pidió que contara cómo fue el atraco que nos hicieron en el 89 siete tipos encapuchados y armados que se metieron en el apartamento a las 12:30 del día. Les conté todo: como pusieron una bomba debajo de la cama, en el mismo sitio donde yo estaba escondida... todo.

Lunes, 25 de octubre de 1999

Día 197. 68 días para el 2000. Semana número 28.

Hoy salí en busca de piticas[24] para arreglarle el cambuche a Laureano, desbaraté el de un guerrillero que ya se fue. Lau consiguió palmas y mi papá le aconsejó que pusiera un plástico en el techo.

Tomé chicha y puse a fermentar más. Después vi en la tele *Lolita* y *Marido y mujer*. No me bañé, pero sí comí. Hay luna llena, pero no tan linda como la de ayer. Estoy escuchando a los Enanitos Verdes en La Mega. Hoy reflexioné mucho sobre lo que pensé ayer: eso de jugar diciendo mentiras; pero mejor no.

La guerilla es buena con nosotros: no nos hacen sentir mal, no nos humillan, tratan de darnos todo lo mejor, pero por más que hagan, uno no deja de sentirse mal aquí.

Es difícil dar una opinión global sobre cómo es la guerilla del ELN. Me parece que se podría comparar a la gente que hay en un colegio o en un salón de clases: hay personas alegres, buenas com-

---

24. Pedacitos de tela o de sábanas.

pañeras, colaboradoras, amigables y generosas, como también hay personas que son odiosas, resentidas, mala gente y con mucho odio en la mirada. Pero también están los que no son ni lo uno ni lo otro: gente callada, prudente, discreta y muy apartada, de la que no se puede decir que es buena ni mala. Como quien dice, ni muy caliente ni muy frío. O como dice mamá: «Si se van no hacen falta, y si llegan no incomodan». Gente neutral.

Diego, ¿por qué siempre pienso en ti? ¿Por qué te quiero tanto? ¿En qué momento entraste en mi vida y te adueñaste de mi corazón? ¿Por qué por más que trato de sacarte de mi vida, de mi mente, de mi alma, más te metes? ¿Por qué me duele saber que esto es así? ¿Hasta cuándo durará este sentimiento tan fuerte, terco y grande en mí? ¡Cómo deseo que termine para bien de los dos!

Que sea lo que Dios quiera.

Martes, 26 de octubre de 1999

Día 198. 67 días para el 2000.

Soñé que estaba embarazada, que veía la Sierra Nevada de Santa Marta y que veía a Nandor volando en el parapente. Yo estaba filmando y me sentía triste de estar embarazada.

Hoy cumplo tres meses de haberme rapado el pelo. Ahora tengo el pelo de tres centímetros, más o menos.

Me fui a bañar al río y llegó un comandante nuevo que es muy gordo. Me saludó por mi nombre. Dijo que me había visto en el periódico.

Mami me habló con mucha alegría: que yo era la hija preferida de papi y que si había mensajes que me perturbaran que simplemente apagara la radio; que sabe que yo soy la más fuerte de sus hijos.

Mami dice que en sueños me ha visto feliz con papá. También me dijo que nada es malo y que a todo lo malo se le puede sacar provecho. Que Pablo Beltrán dijo en el noticiero que iba a haber liberaciones y que ella tiene fe en que entre los liberados estemos nosotros.

Hoy terminé de leer *Así se templó el acero*. Me impactó este libro: muy lindo, muy fuerte. Algo se me quedó, una frase muy hermosa: «Aprende también a vivir cuando la vida se hace insoportable. Hazla útil».

Día 199. 66 días para el 2000.

Hoy me levanté y recordé haber soñado que nos cambiaban de campamento. Hoy el Negro estaba limpiando el fusil y una pistola 9mm Smith & Wesson. Yo se la limpié con ACPM[25] y aceite. Le conté que Mami tenía un revólver Smith & Wesson 38 largo. Después de que terminé me dio las gracias y me vine. Tomé chicha con mi papá. Estoy pensando tanto en mi mamá; quiero, deseo y añoro verla pronto. Papá me dijo que se van a reunir en La Habana los delegados del gobierno y los del ELN.

Fui a ver *Padres e hijos* y después me puse a leer mi diario. Cuando estaba en ésas llegó la mica y se me acomodó en las piernas. En este mismo instante está mirando cómo escribo y el cuaderno lo apoyo sobre ella. Diego y Fernando andan bravos conmigo y con mi papá; a mí eso me tiene sin cuidado. Hoy se despidió el guerrillero gordo.

No tengo ganas de bañarme: estoy deprimida porque esto no avanza para ningún lado, y no es justo. Hasta me parece aburrido escribir siempre lo mismo: que no es justo, que la impotencia y lo de siempre.

Nandor habló por la UIS diciendo que nos mantuviéramos como el dólar: subiendo el ánimo un poquito cada día; que espera que en el sorteo que realiza el ELN salgamos papá, yo, o los dos o todos; que eso es una lotería.

Con mi papá hablamos del pasado y le dije todo lo que pensaba acerca de su vida.

Jueves, 28 de octubre de 1999

Hoy se cumplen 200 días de nuestro secuestro. Esto es sorprendente.

Soñé que bombardeaban Bucaramanga y que nos hacían subir en unos camiones que al cabo de un rato llegaban a unos parqueaderos. Sin bajarnos, nos poníamos a jugar con un computador.

Hoy pasó un avión muy bajito. Papá dice que es de Aires, una aerolínea.

---

25. Aceite Combustible para Motores.

Papi me dice: «Me pasa lo que te pasaba a ti de chiquita: que te levantabas de primera y, como no veías a nadie despierto, levantabas a todos y parecía que los contabas; y todos (tu mamá y yo, Nandor y Carol) nos despertábamos; y ahí te dormías. Era algo bien raro: no te gustaba sentirte sola.

Hoy, cuando estaban jugando fútbol, el balón se les fue a la letrina. Un guerrillero lo sacó y lo lavó. Yo jugué parqués con Diego, Fer y Papi. En la radio hablan de la fiesta que van a hacer para el 31 de octubre. Increíble, parece que fue ayer que yo estaba disfrazada de bruja en el Café Bonaparte, con mis amigos, y que el 1 de noviembre nos fuimos con Diego, Salvador, Pedro, Luis a la Misa de los Santos. ¡Cómo pasa el tiempo de rápido! Y yo me quedé clavada en abril. ¡Maldita sea esta situación!

Desde hace tiempo mi papá se queja de un dolor muy fuerte en los riñones. El mando superior lo visitó y le dijo que mañana a primera hora avisará de eso por radio.

Hay dos perros negros vagando por el campamento y los guerrilleros están muy asustados. Enviaron a un grupo a buscarlos para ver si eran salvajes, de un cazador o del ejército.

En la noche fui a la letrina. Cuando subía, un guerrillero me regaló un cigarrillo. Le dije que ya se venía la Navidad y que eso me daba mucho guayabo por estar acá. Él me dijo:

—No, tranquila, que salen antes.

Le dije que él era un iluso si pensaba que saldríamos antes de diciembre. A veces creo que no voy a volver porque siempre me suceden cosas malas.

Dicen que la vida está escrita ya en alguna parte y que todo sucede por alguna razón, que nada ocurre porque sí. Hoy me puse a pensar en eso y me pregunté: ¿cuál será el motivo de esto? Sin rabia, sólo por curiosidad, como esperando ver de dónde me salía esa respuesta, me examiné a fondo, pero no, no la encuentro. ¿Por qué esto me pasa tan joven, con 18 años, y dura tanto tiempo?

Noto un gran cambio en mí: noto que he crecido mucho mentalmente. Eso me alegra, pero a la vez me pone triste. Estoy dejando a la niña con la que viví tanto tiempo, ésa a la que no le importaba nada, ésa que tenía tanto impulso, la acelerada, la irreverente; eso me duele. Ahora, antes de hacer cualquier cosa pienso primero en qué daño puede causarme o causar a los que me rodean. Antes no era responsable. No digo que ahora lo sea del todo, pero sí en gran parte.

Tengo miedo de llegar a ser feliz y que se me vuelva a ir esa felicidad por algo o por alguien. Quiero pensar que de ahora en adelante la felicidad estará en mí. Soy la única que puede ponerla y quitarla. No voy a dejar que me la quiten. Mi felicidad no puede tomarla alguien ajeno a mí; mi felicidad está en mí.

Quien iba a pensar que algún día se nos torcía por algo así de duro, de difícil. Mamita, cómo te debes sentir sin mí, sin tu chiquita. ¿Te acuerdas cuando te decía: «Mami, me consientes?». Y tú me decías: «No, nenita, ya está muy grande para eso». Eso me daba mucha tristeza porque aunque yo había crecido físicamente seguía siendo tu chiquita. Ten la seguridad de que cuando sea más grande te voy a seguir diciendo: «Mami, ¿me consientes?». Eso para mí es muy lindo porque es en esos momentos cuando caigo en la cuenta de que soy, fui y seguiré siendo tu chiquita. Mami, te adoro. Si hubiera sabido que ese 12 de abril nos separarían, te habría dicho esto y mucho más de lo que siempre he sentido.

Mami, ¿por qué pasan estas cosas en el mundo? ¿Por qué nos separan sin darnos una razón? ¿Por qué nos hacen vivir algo tan injusto? ¿Qué mal le hacemos nosotros a la gente para que nos pase esto? ¿Por qué la vida le quitó el color a nuestras vidas?

Yo, igual que tú, me pregunto muchas veces si Dios existe. Para no desesperarme pienso que sí, pero que el pobre anda muy preocupado con otros asuntos más importantes que el nuestro. De nada valió que el papa Juan Pablo II haya pedido nuestra liberación y que haya rezado por nosotros. Fíjate, aquí estamos: 200 días y nada; tú sin saber nada de mí y yo sin poder verte y decirte que estoy viva y bien, aunque triste por no tenerte. ¿Cuándo volverá a estar la suerte de nuestro lado?

Mamita, buenas noches.

Te quiero y quiero y deseo que estés bien.

Viernes, 29 de octubre de 1999

Día 201. 64 días para el 2000.

Hoy nació la hija de Manuel Fernando Torres, secuestrado del avión Fokker 50 de Avianca, compañero de cautiverio que se encuentra en el otro grupo. Él está con Ana María Gómez, Juan Manuel Corzo, Gloria Amaya de Alonso, Yezid Gómez, Abner Duarte y Nicolás Pérez. Antes eran ocho, pero el pasado 2 de octubre soltaron a Daniel Hoffmann, el norteamericano. Escuchamos en la radio a Isabel, la mamá de la niña; pedía que soltaran al padre para compartir con él esa alegría.

Estoy suelta del estómago. Hoy desayuné y almorcé cancharinas (pasteles de harina de trigo y azúcar), limonada, lentejas, dos arepas y arroz.

Hoy liberaron a otro secuestrado de la iglesia La María. Se dañó la planta eléctrica de gasolina. Estoy escuchando la UIS Stereo: música clásica.

Hablé con mi papá sobre mi futuro. Decidimos que lo mejor es que estudie inglés y manejo de computadores, y después ver la posibilidad de que me vaya a estudiar fuera del país. Habría que ver qué carrera tiene más demanda por fuera y cursarla aquí o en el exterior. Me parece bien, aunque me da pesar lo de Israel; pero la verdad es que tengo que poner los pies en la tierra, ¡porque me está cogiendo la tarde sin hacer nada!

Juan González me dice en broma:

—Leszli, cásate conmigo y vámonos para Canadá. Así haremos felices a mi mamá y a tu papá y resolveremos dos problemas.

¡Solté la risa! A Juan le gustan las bromas pesadas, pero no me imaginé que tanto.

Tengo rabia porque me partieron en dos. Ya habría llegado de Israel hablando inglés, y ahora no tengo ni inglés y sí mucho tiempo perdido. Pero a lo hecho, pecho, o como dice la frase que me gusta tanto: «No mires para atrás con rabia, ni hacia delante con miedo; mira a tu alrededor con atención».

Sábado, 30 de octubre de 1999

La noche fue larga. No hubo tele y hoy tampoco. Papá me hizo una ventosa en la espalda y se me fue de una el viento que tenía. Hoy me desperté como a las 6:20 A.M. porque tenía ganas de orinar, y después bajé a la cocina y me comí una arepa. Me volví a acostar, pero antes me lavé los dientes.

Me volví a levantar a las 11:00 A.M. Lavé el arroz para preparar guarapo con el fermento de panela. Me fui a sentar en el comedor. La hija de la suministro me regaló un pedazo de banano. ¿Por qué? No sé, ella es una niña algo rara: un día está bien y otro no. Igual que yo.

Ayer les llegaron botas a Fernando y a Diego. Están contentos. Yo les dije por molestar:

—Ése es el regalo de Navidad que el ELN les está dando.

—¿Por qué piensa negativo, Leszli? También puede ser porque vamos a caminar.

—O pa'que tengan para otros seis meses...

En las noticias dicen que la próxima semana el ELN se reunirá en Cuba con un delegado del gobierno y que las cosas van por muy buen camino; que esperan que de esa reunión salgan noticias que le gusten al país. Eso lo dijo el propio Víctor G. Ricardo, el alto comisionado para la paz.

Hoy soñé que estaba en un río alto y cristalino y abajo se veía que todos estaban jugando con un pañuelo: la salubrista, papá, Juan, Diego, Pacho, Lau, Fer, Uriel y otros de la guerrilla. Yo estaba bañándome y cuando ellos terminaron de jugar y subieron me tocó bajar, porque iban a ensuciar el agua y yo ya estaba limpia. Después tuve otro sueño: yo estaba en un bar junto a gente disfrazada y de pronto me caía. Beatriz me echaba agua y después llegó mucha gente y todos me empujaban y echaban algo. Yo estaba tirada en el piso y la música me transportaba. Estaba metida en la música y no me importaba nada, ¡era como si estuviera drogada o no sé qué!

Después del almuerzo me puse a hablar con el Viejito Buena Gente. En su cambuche vi unos colores, se los pedí prestados y le hice un dibujito a la hija de la suministro. Le gustó. Eso me alegró.

Anteayer me llegó el champú Denorex que encargué; tengo mucha caspa. Hoy es sábado, día de mensajes. No sé si me voy a levantar a escucharlos. Hoy el Viejito Buena Gente me puso el tema de cuando los tipos sacaron las armas en el avión. Me preguntó qué había pensado y me dio mucha mamera volver a hablar de eso y recordar aquel día tan terrible. El Viejito me dice que él, por lo que dicen en las noticias, ve que la liberación se acerca. Le digo que no sea iluso, que desde hace 202 días hablan y hablan y hablan, que yo sólo creeré cuando digan: «bueno, alístense que nos vamos, porque ya es la entrega», y cuando me vea montada en el helicóptero y éste ya haya despegado. Ahí sí creo; antes no.

Volvió a llegar el guerrillero gordo que sabía mi nombre. Él no sabe nada; me dice que le encargaron venir a mirar unos asuntos que no tienen nada que ver con nosotros.

Hoy comí un pedazo de panelita y estoy esperando a que llegue la suministro para que me dé dos panelas, porque quiero ponerlas a fermentar.

Me siento súper gorda. ¡Es feo sentirse así!

Me pongo a pensar que he podido sobrevivir durante más de seis meses con seis camisetas: dos verdes: una que me dieron en la primera semana de cautiverio y otra que me dio Carlos González, el que se murió aquí, y que destiñe cada vez que la lavo; una roja que recorté; otra que fue de mi papá y una blanca que también me dieron acá y que después de que las remodelé quedaron como un esqueletico; tengo una que me queda pegadita y que confeccioné a partir de una que era de papi; y la última es una Nike que me entregaron con una pañoleta de flores (la camisa Gap con flores se me perdió durante la primera semana). De pantalones, tengo uno negro y otro azul que remodelé y que ahora son descaderados y pegaditos, porque les quité los resortes de la cintura y de los tobillos. También tengo el jean con el que llegué aquí. Antes no teníamos toallas y cuando nos bañábamos nos tocaba esperar como 30 minutos, como chulos al sol, mientras nos secábamos. Ahora tengo tres toallas. Y yo que llevaba una maleta como con 50 kilos de ropa para Israel y me parecía tan poquito. ¡Qué tal! Me acuerdo de eso y me río.

Me bañé casi de noche y después comí fríjoles y arroz. En el comedor estaban sentados mi papá, Uriel y Laureano. Me senté con ellos y empezaron a hablar de aviones, como de costumbre. Uriel me contó que cuando él era joven se iba a estudiar a los cementerios pues ésa es una costumbre que tienen en los pueblos, porque de esa manera todo queda en la mente y a la persona le va bien. También hablaron del enano Solano, otro comandante de la aviación, y de sus peas[26] con mi papá en Madrid. Dijeron que éste no es el primer se-

26. Borracheras.

cuestro de aviones en Colombia, que ha habido siete antes. Me pareció increíble.

Hoy hice una pulserita de cordón blanco; no pienso quitármela sino cuando vea a toda la gente que quiero.

Hoy por día, y mañana por fecha, hace un año estaba arreglándome para la fiesta de las brujas. Me veía muy linda disfrazada de bruja. Me hice una careta con escarcha. Después fui al Bonaparte con Diego, Silvio, la Rata y el gordo Manuel. La pasamos muy rico, aunque Diego me hizo una muy fea; me acuerdo y aún me da mucha rabia. ¡Ésa algún día se la cobro! Ese día él me tomó una foto y creo que la tiene aún. Yo sé que mañana se deben acordar de mí todos los que estuvieron conmigo.

Estoy en la cama con mi súper cobija y escucho Amor Stereo.

¡Cómo quiero volver a casa! Quiero que todo esto termine pronto.

Hoy Uriel, mientras barría, dijo muchas cosas que me pusieron a pensar; que en cualquier momento nos matan, que si llega a meterse el ejército los guerrilleros nos matarían antes que entregarnos vivos, para echarle el pato al ejército. Pero los guerrilleros dicen lo contrario: que es el ejército el que nos puede matar para echarle el pato a la guerrilla. Una de las dos versiones es verdadera, pero en las dos los que salimos muertos somos nosotros... ¡Qué triste! También dijo que estábamos como esclavos, que los guerrilleros hacen lo que se les da la gana con nosotros: nos llevan, nos ponen, nos quitan, nos dan, en fin... No sé si creerle, pero lo que dice suena feo. Si es verdad, es muy dura esta realidad. Sólo espero un pronto final.

Son las 9:30 P.M.

El triunfo es el fracaso al revés. La felicidad es la tristeza al revés. Lo bueno siempre está junto a lo malo: cuando uno se sienta a tu mesa, el otro reposa en tu cama; se turnan. Sólo espero que todo este tiempo malo traiga la misma cantidad de tiempo bueno. Así no me importaría durar cinco años, si sé que al cabo de esos cinco años vienen otros cinco de dicha. Eso sería muy lindo, pero no se sabe.

Mi Norte se acerca. No tengo ancla porque no quiero anclar en ninguna parte: sólo quiero tener rumbo fijo, pero siempre andando, sin parar. Vida, con 18 años y ya te conozco en el peor momento. Trato de comprenderte, pero eres rara, impredecible, y tal vez es eso lo que me gusta de ti: que cambias rápido, que no te estancas, que para bien o para mal cambias.

Domingo, 31 de octubre de 1999

Día 203 en cautiverio. 62 días para el 2000.

Nanditor y mami hablaron de mí, me saludaron y dijeron que esperaban que ésta fuera la última vez que me hablaban por *Amanecer en América*.

Con mi papá hablamos de que todos están muy optimistas, que los únicos que no lo estamos somos nosotros, y ahora menos con la cantidad de ropa y de mercado que llegó.

Al ir a desayunar me entero de que la salubrista, la rancia, la arrabalera, ha reemplazado a la ranchera y, como le caemos mal, empieza a cantar: «Y a mí me importa un bledo su situación», pero antes de cantar, dijo: «Huy, ya estoy como la otra compa: quiero que se meta la plaga» ¿Eso es ser tan inferior: es el vómito de ser humano rebajado a su mínima expresión!

Son las 8:00 A.M. y Diego y Fer están escuchando por radio la misa del domingo. Soñé que Nandor compraba un carro de color verde, lindo, y también una bicicleta y un parapente; todo eso el mismo día.

Papi trató de arreglar la planta eléctrica y no pudo. Ahora quién sabe cuánto tiempo estemos sin tele. Él sabe de aviones y de motores, pero no sé qué le pasó.

Estoy haciendo chicha, hice dos timbos[27], pero sólo estarán dentro de tres días.

Hoy no pienso bañarme: tengo mamera. Además me corté un dedo de la mano izquierda cuando estaba pelando un palo con un puñal que me prestó el novio de la compa de mi edad.

Está que llega diciembre y se puede decir que cumplí una vez más la promesa que hago todos los diciembres: no perder la virginidad hasta el día de mi matrimonio. Pero las otras que hice no las cumplí, no por ganas sino por estar acá. La mayoría de las jóvenes de mi edad ya no son vírgenes; quizá yo sea la única que sí. Eso me hace

27. Tarros de dos litros cada uno.

sentir única y feliz por no ser como ellas. Aunque eso les parece a ellas muy estúpido, para mí es importante. ¡Pienso que mi virginidad está reservada a una persona única y que no será de cualquier tipo que salga conmigo!

Otra cosa muy importante que hice fue dejarme crecer las pestañas después de diez años. En diciembre voy a proponerme dejar el cigarrillo, encontrar una carrera que me guste y ponerme a estudiar. Tengo que mirar en la lista de propuestas que hice el año pasado para ver cuáles cumplí y cuáles no.

Pedí por la salud de mi familia y creo que se dio. Pedí por mis papás y por mis hermanos y parece que se cumplió.

Hasta las 9:40 P.M. me quedé hablando con Laureano sobre mi forma de pensar, sobre lo que quiero... le conté la historia de Diego, de Cristhian, sobre Atlanta, que me gustaría vivir en un pueblo pequeño de algún país europeo como Italia... Y él me contó cosas suyas. Después llegó Uriel y me vine a dormir porque es aburrido hablar con él. Con Laureano es distinto porque él y yo somos casi de la misma edad: yo tengo 18 y el 24.

A Laureano se le murió el papá en el accidente del avión 727 de Avianca que iba a Nueva York. Su papá se llamaba igual que él, Laureano Caviedes, y era el comandante de ese avión.

Uriel y Laureano me dicen que mi mamá me tuvo muy consentida, o me tiene, pues se nota en mi forma de ser. Yo les digo la verdad, que sí, pero que aquí todo eso cambió; que cuando llegue a mi casa seguirá siendo igual. Lau me dice que para ella debe ser algo tenaz; yo le digo que sí.

La página 448 de *Así se templó el acero* me impactó. Es como si pasara lo mismo conmigo:

«¿Qué hacer? Este interrogante sin respuesta se abría ante él, como un precipicio negro y amenazador.

»¿Para qué vivir cuando ya había perdido lo más preciado, la capacidad de luchar? ¿Con qué justificar su vida ahora, y en el triste mañana? ¿Con qué llenarla? ¿Simplemente con comer, beber y respirar? ¿Quedar como un impotente ante los camaradas que avanzarían combatiendo? ¿Convertirse en una carga para el destacamento? ¿Y si enviaba al otro mundo el cuerpo que le había traicionado? Una bala en el corazón y... ¡fuera penas! Había sabido vivir y había que saber acabar a tiempo. ¿Quién iba a condenar al combatiente que no deseaba agonizar?

»Su mano palpó en el bolsillo el cuerpo plano de la pistola, y los dedos, con movimientos acostumbrados, empuñaron la culata. Lentamente sacó el arma.

»¿Quién iba a pensar que llegaría a este día?».

»El cañón le miró despectivamente al ojo. Pavel dejó la pistola sobre sus rodillas y blasfemó colérico.

»¡Todo esto es heroísmo novelesco, hermanito! Siempre y en todo tiempo cualquier idiota puede pegarse un tiro. Es la salida más cobarde y fácil de la situación. ¡Si te es difícil vivir, pégate un tiro! ¿Pero has probado tú a vencer esta vida? ¿Has hecho todo para romper el cerco de hierro? ¿Te has olvidado acaso de cómo en Novograd-Vlonski os lanzasteis al ataque diecisiete veces en un día y a pesar de todo, lo tomasteis? Guarda la pistola y no se lo cuentes nunca a nadie. Aprende también a vivir cuando la vida se hace insoportable. Hazla útil».

Ésta es otra frase del libro que no quiero olvidar jamás: «Puede haber amistad sin amor, pero el amor sin amistad, sin compañerismo, sin intereses comunes, es mezquino… Eso no es amor, es simplemente placer egoísta. Un juguete».

Los que todavía quedamos secuestrados del Fokker 50 retenido mientras volaba de Bucaramanga a Bogotá: Manuel Fernando Torres, Juan de Jesús González, Fernando Buitrago, Diego González, Uriel Velasco, Juan Manuel Corzo, Francisco López, Ana María Gómez, Gloria de Alonso, Leszli Kálli López, Laszlo Kálli Daniel, Yezid Gómez, Abner Duarte, Nicolás Pérez, Laureano Caviedes.

Quiero conocer estos sitios que estando aquí vi en un diccionario Larousse: iglesia de San Juan de la Canea (S. XIII) en Ohrid (Macedonia); Ciudad del Cabo (Cape Town, en inglés), capital de la provincia del Cabo Occidental; la ciudad al pie de la montaña de la Tabla; islas Fidji.

Lunes festivo, 1 de noviembre de 1999

Día 204 y 61 para el 2000. Semana número 29.

Ayer Juan Pablo Montoya ganó la Fórmula Cart en California. Hoy papi está arreglando las sillas de afuera mientras escucho La

Mega. Dicen que en Bucaramanga está haciendo un lindo día, con mucho sol.

Ayer soñé con mi mamá, estaba feliz de verme. Tengo miedo de ver que llega diciembre y yo todavía siga aquí. Será una Navidad muy dura y difícil de soportar.

Tengo ganas de orinar y no puedo; sufro muy seguido de eso.

Hoy en la madrugada, hace un año, estaba en la Misa de los Santos y Diego y yo nos besábamos después de casi dos años y medio de haber terminado.

Papi quitó las tablas que llevan a la cancha y luego fuimos a bañarnos al río. Hoy estuve a punto de desesperarme, pero Uriel me calmó diciéndome que él me entendía porque estaba en las mismas, que tuviera calma, que no sacaba nada si me ponía así.

Se me escurrieron las lágrimas. ¡Qué impotencia la que sentimos los secuestrados! El 12 de noviembre vamos a cumplir aquí siete meses; eso es mucho tiempo y esta gente y el gobierno no hacen nada. Cómo me gustaría que aunque sea por un minuto sintieran qué significa estar acá.

Supimos que entregaron a varias personas de la iglesia La María de Cali; quedan veinte.

Vi dos estrellas fugaces, una de ellas cuando estaba sola en la cancha. De repente me dio por unir los brazos por detrás y pasarlos para delante sin soltarlos. Después les mostré a papi y a todos mi destreza. Me puse a hablar con papi, que estaba deprimido. Le dije que tuviera calma, que están soltando gente, y me dijo:

—Sí, estamos viendo cómo sueltan a todos, pero con nosotros no pasa nada.

Le dije que pensara en los soldados, en la gente que llevaba

más de un año secuestrada, en los extranjeros... Eso parece que lo reconfortó un poco. Empezamos a hablar de mí y de mis dibujos. Me dijo que estudiara artes, que eso era lo mío. Me sorprendí y le di las gracias por apoyarme. Le dije que yo siempre quise estudiar eso, pero que no se lo había dicho porque pensé que no le gustaría y que me iba a decir que eso era para marihuaneros y drogadictos. Me dijo que no.

Voy a estudiar Bellas Artes, eso me encanta, eso es lo mío. ¡Qué felicidad!

Martes, 2 de noviembre de 1999

Día 205. 60 días para el 2000.

Me levanté a las 5:00 A.M. porque escuché los gritos del marrano que estaban matando. Menos mal que yo no como carne. Me da mucho pesar.

Ayer las FARC liberaron a dos españoles. Me bañé a las 6:30 y lavé la cobija de lana, la sobresábana y también la almohada, y subí con mi papá. Juntos hicimos el escritorio en donde estoy escribiendo; arreglamos las sillas y barrí (en ese momento supe que liberaron a otro secuestrado de Cali. ¡Qué bueno!). Quedó todo muy lindo pero estoy mamada. Me tomé un Robaxifén[28], me volví a bañar y me puse el jean y la camisa rosada. Me siento muy optimista: espero que los próximos en ser librados seamos nosotros. ¡Dios, lo deseo tanto!

Tomé chicha todo el día y nos robamos con mi papá dos panelas para hacer más chicha. Ya fue la reunión con Víctor G. Ricardo y Pablo Beltrán en Cuba y dicen que esperan agilizar las negociaciones para que se logre la Convención Nacional que plantea el Ejército de Liberación Nacional antes de finalizar el año.

Una vez se firme el acuerdo entre gobierno y ELN para iniciar los diálogos de la Convención nos liberarán. Lo que no sé, por más que pregunto, es si esto es político o económico. En el noticiero dijeron una vez que estaban pidiendo entre cuatro y cinco millones de dólares, pero no aclararon si era a Avianca o a las familias por separado. No sé... ¡Qué desespero, aquí no se sabe nada! Tiene toda la razón

28. Relajante muscular.

un señor de Cali al que liberaron ayer: «Esto es un pasaje al infierno de ida y vuelta, pero con fecha de regreso abierta, y eso es una agonía que mata poco a poco».

Recuerdo que hace un año por esta época Nandor me enseñaba la constelación de Escorpión. Tan lindo mi hermanito. Cómo lo necesito a él y a todos.

Daniel Hoffmann habló algo de un helicóptero, que él no creía que llegara, pero que había llegado; que así nos iba a pasar.

Miércoles, 3 de noviembre de 1999

Día 206 y 59 días para el 2000.

Hoy el día fue algo distinto: empezó a llover a las 2:00. Salí detrás del cambuche y me bañé con jabón y champú. Fue muy rico. Papá me pidió 40 dólares prestados para comprarle al Viejito Buena Gente un radio de 12 bandas muy bueno.

Cuando iba a la cocina por comida vi a un perezoso grande, como de seis cuartas de tamaño, de un color como gris y marrón atigrado. Llamé a todos para que lo vieran, pues se estaba subiendo a la copa de un árbol.

Mami dijo que tiene la casa muy linda para cuando llegue, que se desespera, pero me pide que yo no lo haga; que dibuje, que lea; que una de las secuestradas de Cali durante el tiempo de la retención aprendió a hacer escultura; que esto me serviría para aprender a querer la vida, ya que antes como que yo no la quería de a mucho.

Papi me dice que escuche la canción que a mi mamá le gustaba, que era su canción: «Tú iluminas mi vida» («You Light Up My Life»).

Jueves, 4 de noviembre de 1999

Día 207. 58 días para el 2000.

Soñé que me iba en un avión 767. Estaba feliz. Mami, Nandor, Carol, Dani, Papi y Diego me acompañaban para despedirme. Yo pensaba que era increíble que después de tanto tiempo al fin pudiera cumplir lo que quería.

Hoy Fer hizo tortas y el almuerzo fue un plato grande de arroz con leche. Me puse a leer y saqué las frases que me llegaron al alma. No hay mucho por hacer. El día está gris y frio.

Cosito, aquí te recuerdo minuto a minuto, día a día. Estás en mí en cada movimiento, cuando me siento triste y sola. Sé que estás conmigo en pensamiento y eso me ayuda. El tiempo aquí no lo considero del todo perdido, ya que segundo a segundo crece en mí este amor y se hace más fuerte.

Viernes, 5 de noviembre de 1999

Día 208 y 57 días para el 2000.

Hoy, mientras camino por el campamento, siento la respiración más fuerte que de costumbre: mi corazón late y lo siento en la cabeza. Parece que no escuchara más ruido que el de mi cuerpo, y mi pensamiento está fuera de mí, en un lugar que sin duda no es éste. Me siento en un tronco caído, tal vez de viejo, y la mirada se me pierde en el claro azul del cielo. El cuerpo lo siento liviano y creo poder volar… Me balanceo hacia delante y hacia atrás; mis brazos envuelven mis piernas que están recogidas sobre el tronco. Me transporto a un lugar donde me veo tendida en la arena, mirando las estrellas. Mientras estoy allí en pensamiento me voy a las estrellas, a universos diferentes, a mundo imaginarios de sueños irreales, y es en esos lugares donde siento tranquilidad porque de alguna manera de ahí vengo y allí pertenezco.

Algún día volveré al mundo de sueños donde todo se cumple, donde el dolor es momentáneo y la imaginación vive en blanco, negro, azules, violetas, amarillos y todos los colores, porque ellos son pequeños mundos en el mismo mundo. Ahí no hay creencias aparte de la que cada ser quiera cumplir. Todo es armonía, nadie depende de nadie, el sentimiento del amor se cambia por el sentimiento de querernos a nosotros mismos, nada más. Y ese sentimiento merece más recompensa que el de querer a otros. La soledad es el mayor estado de felicidad y la compañía es sólo otra etapa en la que escuchamos, y nada más. Nadie quiere sentir compañía porque no le dejan tiempo para imaginar, y es la imaginación la que da la vida a esos seres. ¡Mundo mágico, que sin estar allá vives en mí!

Soñé que me iban a sacar del colegio porque me portaba mal. Después soñé que en la calle le pedía a una señora que vendía frutas que me regalara una porque yo no tenía dinero, y me dio una naranja; después había otra señora con más frutas y le pedí que me regalara algo y entonces me dio una manzana que parecía un durazno, y después llegó mi papá y me dijo:

—Coge todas las frutas que quieras. No te preocupes: todas son tuyas.

Fue muy rico el sueño porque todas las sensaciones las vivía: sentí el sabor de todas las frutas, vi los colores lindos de ellas... El único problema fue despertarme y ver que no era real.

Hoy está cumpliendo años *Cristhian* Gómez, creo que veinte. Desde la distancia y con el pensamiento le deseo un feliz cumpleaños.

En el cambuche de Pacho encontraron una serpiente coral de 75 cm., roja, blanca y negra, que estaba entre las botas, no metida sino en medio de ellas. La partieron por la mitad y seguía moviendo la cola. Mataron, además, una culebra de dos metros que llaman barbiamarilla; es como roja con negro y por debajo como naranja. Se tiró de un árbol grande que hay al lado del cambuche del comedor. Dicen que es muy peligrosa.

Sábado, 6 de noviembre de 1999

Día 209 y 56 días para el 2000.

Anoche lloré mucho recordando a mi mamá. Llevo como tres días sin bañarme. La última vez que lo hice fue con agua de lluvia.

Soñé que mi mamá había ido a Atlanta y que tenía un álbum de fotos y después vi el periódico y vi las mismas fotos y el Fokker 50; hablaban de nosotros. Después vi otra imagen donde yo me peinaba y le decía a mi mamá que me hiciera un moño con una cinta celeste y ella no quería. Entonces yo le dije que por favor, grité y me desperté.

El gallo canta a cualquier hora. Hoy le dio por cantar a las 3:00 a.m.

Anoche dijeron en un noticiero radial que liberarán a tres personas de la iglesia de Cali.

Es lindo ver gente, así sean guerrilleros. Ellos son muy amigos, se quieren todos, entre ellos no hay envidia: son como niños, hacen chistes, cantan... Son muy buenos con nosotros y entre ellos mismos. El comandante es uno más: no se le rinde pleitesía, es otro «compa»; eso me parece excelente. Entre ellos se respetan mucho; son como hermanos.

Ayer y hoy he sentido por raticos el olor de Diego Plata. Es increíble, pero huele. Esto me pone a pensar, a acordarme de él y de todos esos momentos que pasamos juntos. Me da tristeza recordar eso y saber que no tengo cómo decirle lo que pienso, cómo me gustaría hablar con él, verlo, abrazarlo y decirle lo mucho que lo quiero y la falta que me hace…

Domingo, 7 de noviembre de 1999

Día 210 y 55 días para el 2000.

Anoche hubo mensajes, pero no los escuché. Me contaron que mami dijo que estaba acostumbrada a solucionar todos los problemas, pero que éste se le había salido de las manos. Judith mandó un mensaje: que había hablado con la media hermana de ellos y que ella le contó a su mamá en Hungría, pero que ella ya sabía porque en Hungría se transmitió la noticia del avión y que éramos descendientes de húngaros. Después, desde Gran Bretaña habló la media hermana, que se expresa en inglés porque no sabe ni jota de español; dijo que estaba muy preocupada, que esperaba que esto se solucionara pronto para bien de todos, que nos quiere y que tuviéramos calma.

¿Qué hacer cuando la vida ya no tiene razón de ser? ¿Qué hacer para matar el tiempo? Siento miedo. Me levanto, doy una vuelta, me siento, me acuesto, fumo un cigarrillo, doy otra vuelta… No hay nada que hacer; así es siempre.

Lunes, 8 de noviembre de 1999

Día 211, 54 días para el 2000. Semana número 30.

Hubo un temblor de tierra de 6.5 grados en la escala de Richter. El epicentro fue en Piedecuesta, Santander, pero no ocurrió nada porque estaba a 150 kilómetros de profundidad. Dos décimas más y habría sido igual que el de Armenia. La tierra zumbó. Tuve mucho miedo por mi familia. Papá me tranquilizó.

Papi me prestó su reloj. El mío se quedó sin pilas. Hoy estoy cumpliendo cuatro meses con pestañas.

Martes, 9 de noviembre de 1999

Día 212 y 53 días para el 2000.

Hoy me puse a leer el libro *16 cuentos latinoamericanos*; voy por la página 101. Estoy súper aburrida, ya no quiero leer más; son en total 221 páginas. No sé qué hacer. Miro al Negro y le digo:

—Negro, estoy aburrida —le da risa y me dice:

—Hombre, Leszli, ¿Qué puedo hacer? —y le digo:

—No sé. Sólo sé que día a día me aburro más aquí, viéndoles a diario las caras a ustedes —le da más risa.

Tengo 72 cm de cintura. Subí diez centímetros aquí. Eso me mortifica y me deprime muchísimo.

El día está gris, todos juegan. Fer cose banderas para el ELN, yo ayudo a hacer unas insignias… huele feo. En este momento el desasosiego lo tengo al ciento, como dicen aquí. No me pienso bañar. Ayer volví a hacerlo con el agua del cielo.

Son las 5:29 con 34 segundos de una horrible tarde. Tengo un espantoso nacido; los dedos de mi mano derecha están amarillos. Me siento mal, triste, fea, inútil, impotente, amargada, ¡vuelvo a estar gorda! Quiero tomar Fenisec, pero por más que lo pido no me lo traen.

Por La Mega me mandó saludos Juan Carlos. Por la UIS habló mamá diciendo que anoche por tele vio una entrevista que le hicieron a Pablo Beltrán donde éste le decía al hijo que estudiara y que no se fuera al monte. Que ella también quiere que su hija de 18 años estudie y no esté en la selva.

Después habló mi primo David. Entre otras cosas le dijo a papá:

—Tío, espero que le hayas enseñado a hacer vino a toda la guerilla. Te quiero mucho.

Fui a comer como a las 10:00 P.M. Papi fue primero y me trajo arroz. ¡Tan lindo! Me quedé hablando con él.

Miércoles, 10 de noviembre de 1999

213 días. 52 días para el 2000.

Problema en la cocina con la hija de la suministro, una niña de 12 años. Me mandó a callar de buenas a primeras porque ella es así.

Me dio risa por lo igualada. Quería humillarme. No le respondí y le di la queja a su mamá.

En las noticias hablan del ELN y el gobierno, dicen que todo va por buen camino.

Me di cuenta de que Uriel vive en el mismo edificio que Gladys Guerra. Él estuvo hoy en el cambuche Kálli hasta las nueve, hablando con papi y con miss Leszli. Lucía habló por la UIS: que la preconvención sería en los primeros días de diciembre. ¡Vamos a ver!

Las estrellas se ven muy lindas. Se ve Altair.

Jueves, 11 de noviembre de 1999

Día 214. 51 días para el 2000.

En las noticias informaron que colocaron un carro bomba en Bogotá, con 70 u 80 kilos de explosivos. También dicen en las noticias que Víctor G. Ricardo se reunió ayer en Bogotá con los familiares de los secuestrados del Fokker, de la iglesia La María y de la ciénaga del Torno de Barranquilla, pero ni idea. Dicen que los familiares salieron muy optimistas y que Víctor G. no dio declaraciones porque lo internaron en la clínica, pues se sentía mal.

Se me reventó el nacido. ¡Qué asco! En el noticiero vi algo que me dolió muchísimo: mataron a un niño de un año y ocho meses; en la foto se parecía a Danielito. Lo hizo un mal nacido que dizque porque quería matar al perrito del niño, y entonces le disparó. El hombre tiene 19 años, y esto pasó en un barrio humilde de Cali. Quise llorar, estoy triste, ¡qué rabia y dolor me embargan! Quiero ver a Danielito, abrazarlo y coger a picos al bebé consentido. ¡Es tan lindo el muñeco!

Habló mami por la UIS: que espera verme igual de linda que cuando me fui, que ella está tranquila porque todos me deben consentir, ya que soy la única mujer y niña del grupo. ¡Qué equivocada estás, mamita! Donde Papi no estuviera hasta me habrían pegado estos desgraciados. Me la tienen montada; siempre me hacen aparte. Cuando están hablando y llego se quedan en silencio, y hasta se burlan de mí. Y como yo no me dejo, me dicen que soy una guache y una grosera; a papá le dicen que soy una malcriada. Papi se da cuenta de todo y me da la razón. Partida de mala sangre son los que me tocaron de compañeros. Entre ellos se hacen risitas y se apoyan... En pocas palabras, hasta se consienten. Cuando estoy muy triste —y eso es a cada rato— y salgo del cambuche, pasan, me ven llorando y siguen derecho. Por poco y hasta les da risa. Y eso que todos tienen entre 30 y 35 años. Mami, cómo será que cuando tú hablas por la radio y yo no estoy escuchando, se quedan callados y no me llaman. Cuando me entero de que hablaste les pregunto que dijiste, y ellos:

—No, nada, lo mismo de siempre.

Pero cuando hablan para ellos, suben el volumen o Fernando copia los mensajes y se los pasa al interesado. ¿Puedes creer que esta gente sea así?

Viernes, 12 de noviembre de 1999

Día 215. 50 días para el 2000. Siete meses de estar en cautiverio por el ELN en las montañas de Colombia.

Soñé que esta gente estaba haciendo campos minados. En algún momento empezaron a cantar el Himno de Colombia y se dieron cuenta de que se les unían más voces. Comenzaron a disparar y nos cogieron a mí y a otra niña. Yo le dije: «Hágase la muerta», y nos tiramos y empezaron a explotar las minas y venían tiros de todos lados. Yo estaba muy calmada y le decía que tranquila. Después un guerrillero nos subió a una casa en ruinas o en obra negra, y disminuyó la intensidad del combate. Yo le dije: «Bueno, nos vamos ya», y empezamos a saltar casas de techo en techo que eran como las casas del conjunto Quintas del Cacique, en Bucaramanga. Cuando estábamos pasando a una casa de lejos vi otra con muchísimas ratas que se paseaban por toda la fachada. Era de madrugada.

Me fui a bañar con mi papá. Sin querer vi a Pacho sin ropa. ¡Qué asco! Más blanco no puede ser, y la cola es tenaz: súper blanca. Todos se dieron cuenta de que yo lo vi, y Juan me preguntó si me había parecido muy blanca la cola de Pacho. Yo le dije que no había sido mi intención mirar, que había bajado al río sin darme cuenta. ¡Y así fue!

Después comimos. Acepté carne, pero después vomité. Luego vimos la película *En el nombre del padre*. Es muy linda. Ocurre en Londres y en Irlanda y es una historia de la vida real.

Cuando estaba viendo tele, en la noche, tuve ganas de orinar. Cuando fui al baño me topé con una coral y por poco la piso. ¡Cómo me asusté! Los otros se dieron cuenta y la mataron. Era una coral roja, blanca y negra.

Vi a mi mamá en el noticiero de RCN, a mediodía. Salió muy linda, con una camisa blanca sin mangas. Tiene el pelo un poco largo. Todos me dijeron que se veía muy linda; me sentí muy orgullosa y feliz.

Dicen que están rompiendo los anillos de seguridad. Que si dicen que va a haber cambio de campamento, es mentira; que sería la orden de la liberación. Hay un noventa por ciento de probabilidades de que yo esté en mi casa para el 11 de diciembre. Tengo una corazonada.

Ayer terminé de leer el libro *16 cuentos latinoamericanos*. «La señorita Cora», de Cortázar me gustó. «Un día de estos» de García Márquez es el mejor, pero creo que antes ya lo había leído, tal vez en *Los funerales de la Mamá Grande*. «Un regalo para Julia» de Masiani bueno… Todos son buenos, menos uno que se titula «El Centerfiel».

Domingo, 14 de noviembre de 1999

Día 217. 48 días para el 2000.

Me levanté feliz, con el ánimo en alto, pero después de un rato llegó el mando superior. Le pregunté cómo le fue, y dijo:

—Ahí, más o menos.

Eso me cayó como un chorro de agua helada. No dijo nada más. Yo me pongo feliz cada vez que sale y cuento los días para ver cuándo regresa, porque pienso que va a traer la tan anhelada noticia de la liberación. Pero con una respuesta como la que me dio todas las esperanzas se me van a la basura. Siento un ir y venir al infierno, pero con la pequeña diferencia de que al regreso, ¡pum-pum!, ¡estoy en el infierno más real!

Si él al menos supiera que me quedo con el Padrenuestro en la boca cada vez que sale… Siento lástima de mí. Veo cómo nos esquiva cuando llega. Casi ni nos da la cara, y todos con la esperanza de que nos diga algo, sea bueno o malo. Cualquier cosa menos esta incertidumbre de estar en la nada con nada y de no saber nada de nada.

Al final le pregunté si podía hablar con él mañana, o cuando tuviera tiempo. Resulta ridículo pensar que no tiene tiempo aquí, si aquí lo que sobra es tiempo y por eso reina el aburrimiento. Me dijo que mañana hablaríamos en la mañana. De todos modos, quedé triste. Ahora ya debo prepararme mentalmente para escuchar las mismas palabras de siempre: que no sabe, que dicen esto y aquello, que tranquila y que él se había ausentado para hacer cosas que no tienen nada ver con nosotros.

Estaba mirando el reinado de belleza en Cartagena, pero se terminó la gasolina de la planta.

Lunes festivo, 15 de noviembre de 1999

Día 218, 47 días al 2000. 31 semanas.

Anoche soñé que había llegado hace ya mucho tiempo a casa, y que veía a todos menos a Diego. Lo quería ver, pero no lo llamaba.

En el sueño, una noche, estando yo en la urbanización de los Altos de Cañaveral, entre el gimnasio y la rueda, llegó. Nos miramos, se acercó donde yo estaba y me abrazó. Vestía una chaqueta de cuero negra y se veía súper lindo. Después nos metíamos en una piscina con ropa y todo, y nuestros movimientos eran como en cámara lenta. Nos besábamos. Después yo salía, y cuando estaba en la ducha de la piscina —yo tenía puesto un vestido de baño rojo de dos partes— veía que en la piscina se proyectaba una línea o mancha negra que la atravesaba a lo largo y que salía de Diego o, más exactamente, de su chaqueta.

Hablé con el mando superior y con Laureano. Bueno para mí: parece que van a hacer liberaciones y se rumora que yo saldría, pero aún no se sabe quién más. Sólo espero que papi venga conmigo.

Martes, 16 de noviembre de 1999

Día 219. 46 días para el 2000.

No hay cigarrillos; papi está desesperado. Llovió toda la noche y ayer todo el día. Diego me regaló un cigarrillo y se lo di a papi.

Mami habló hoy de que supo noticias de mí y que está muy contenta por esto; que espera que me hayan contado todo lo que ella habló de mí. Que siempre me tiene en su memoria y que todo lo ve allí como en una película, desde que yo era pequeña, con todas mis travesuras y lo tremenda e inteligente que era, hasta cuando grande; que se acuerda de la canción que me cantaba papi, la del barquito chiquitico, y que ahora le parece que era como premonitoria, sólo que lo que tenía que ocurrir no pasó en un barco sino en un avión; que ya es muy poco el tiempo que resta esperar, pues que en poco tiempo estaré en casa. Que Carol está pendiente para viajar a Bucaramanga en cuanto sepa la noticia y que Nandor está trabajando en el hospital.

Salí corriendo feliz para contárselo al mando superior. Me felicitó y me dio la mano. Esto me confirma que todo se aclara y que voy rumbo a la liberad. Respiro libertad, aunque todo se nubla y se pone triste cuando pienso que a Papi tal vez no lo dejan salir. Pero le pido a Dios, a la abuela, a los abuelos, a Carlos G. y a Gonzalo Rodríguez que entre todos me concedan la dicha completa de que él venga conmigo.

Estoy feliz, muy feliz, Gracias. Diosito lindo. Mil gracias. El ELN me quitó mi libertad, me enseñó lo que significaba, me hizo querer la vida, me hizo madurar y crecer y me llenó de tristeza, pero también me va a dar la alegría más grande de mi vida. Esto no habría podido comprenderlo sino sintiendo primero tristeza para después poder disfrutar en toda su plenitud la felicidad.

Miércoles, 17 de noviembre de 1999

Día 220. 45 días para el 2000.

Anoche hablé con Laureano hasta las 11:00 sobre las noticias y el mensaje de mi mamá. el está emocionado por los signos que dio el mando superior.

Hoy pasaron dos aviones de la fuerza aérea muy rápido y a escasa altura. Cosas así no las había visto sino en las películas.

Papi me dice:

—¿Qué tal si hubiera sido la delincuencia común la que llamó a tu mamá?

Me dice que hay que hablar con el mando superior para que averigüe con el COCE si eso es verdad, o sino para prevenir a mamá.

El Negro hoy me dijo:

—¿Cómo está? —le respondí:

—Aburrida, libéreme como siempre, mamamos gallo. Y me dijo:

—Vea, Leszli, para el viernes hay primicia.

—Negro, no hable basura. ¿Ahora con qué me va a salir? La semana pasada fue lo mismo y resulta que la primicia era la película *En el nombre del padre*. Ahora me imagino que pondrán una de las que ya hemos visto: *Hormiguitas* o *La estrategia del caracol*. Negro, la verdad es que usted no cumple ni años —le dio muchísima risa, y me dijo:

—Sólo espere y verá que el viernes hay primicia —y se fue riéndose—. ¡Esta Leszli me sale con unas!

Jueves, 18 de noviembre de 1999

Día 221. 44 días para el 2000.

Hoy en el Congreso debaten si intercambian soldados por guerrilleros.

Estuve hablando con el mando superior de varias cosas: de platos típicos de regiones, de la vida, de cómo estaba yo, de mi familia. Le conté que papá seguía malo. El pobre casi no se puede levantar porque le duele todo. Al parecer son los riñones, pero él me dice que no me preocupe, que ya se le pasará. Eso me tiene muy preocupada, y se lo dije al mando superior. Esperar a ver qué ocurre. También le pregunté que cuándo pensaba ella que llegaría la noticia del mando del Magdalena Medio. Me dijo que, según sus cuentas, el 25 ó 26 de este mes.

En La Mega escuché una canción que dice:

Tal vez mañana brille el sol
Y su calor permita
Que a mi existir vuelva la ilusión.

Me arranqué a llorar. Tengo miedo, mucho miedo: ¡qué tal que papi no salga conmigo! Estoy entre la espada y la pared. Algo me dice que si deciden que me vaya sola, me quedaré con él, que junto a él está mi lugar. Pero algo menos fuerte me dice que desde afuera puedo hacer más por él.

También tengo miedo de que todo se dañe y se trunque. Si las cosas siguen bien, creo que en diciembre, en los primeros días, estaremos en casa. Si Dios está conmigo, papi también.

Mami, te adoro. Quiero estar ya, ya, ya, contigo.

Viernes, 19 de noviembre de 1999

Día 222. 43 días para el 2000.

Hoy está cumpliendo seis años de muerto el abuelo Alfonso; y Mauricio, mi cuñado, cumple años.

Me fui a bañar con papá. En las noticias no dicen nada. El mando superior salió, ni idea de dónde o a qué.

Cuando cosía el pantalón negro, el Negro me dijo:

—Miren a la mujer maravilla.

Me dio risa.

Todos estos días en la mañana los guerrilleros han cantado su himno.

Sábado, 20 de noviembre de 1999

Día 223, 42 días para el 2000.

Estoy escuchando una propaganda que dice: «Vuelve a casa en esta Navidad, ven a casa en esta Navidad». ¡Por mí ya estaría en casa! Me mortifica la propaganda: no me imagino a mami armando el arbolito sin mí. ¿Qué Navidad será ésta para ella sin mí? Dios me ayudará a estar en casa para entonces.

Hoy el almuerzo fue sopa de yuca y arroz, y avena con panela. Me pasé la tarde haciendo croquis de apartamentos y de este campamento. Le pedí al Negro tinta verde para mi micropunta.

En la mañana, Juan Carlos G. se despidió de mí porque dejó el trabajo de La Mega. Yo no lo voy a escuchar más. ¡Qué tristeza!

Día 224. 41 días para el 2000.

Me quedé dormida esta madrugada. Juan me contó que Mami dijo lo mismo de siempre. No sé por qué no me dicen qué fue lo que realmente dijo.

Hoy capturaron a trece personas a las que acusan de estar vinculadas con el secuestro de nuestro avión.

Las cosas siguen bien. Papi me dice que está triste porque no hacemos ejercicio ni nada; que así nos estamos muriendo. Hoy me estaba contando sobre los aviones 747, que era una nota volar en ellos, y que ahora sigue el 767 que es muy bueno, que su cabina es excelente y que está contento por eso.

Me puse a mirar las hormigas y papi me contó que cuando era niño en un acuario metió tierra e hizo cavernas para las hormigas, porque le parecían trabajadoras e inteligentes. Me quedé mucho tiempo mirándolas con él, pues a los dos nos parecen lindas y que tienen mucho que enseñarnos; son un ejemplo para la humanidad. Una sola no hace nada, pero en cuanto están todas juntas, son poder.

Ayer en la noche escuché al pájaro arriero; así le dicen por aquí. Sólo sale de noche: por más que he tratado de verlo nunca lo he logrado. Su canto es igual a la voz de una persona diciendo: «¡mula mula!». Se escucha durísimo. La primera vez que lo escuché pensé que habían traído mulas al campamento y salí corriendo a mirar quién había llegado, pero el guardia me dijo que no era un arriero el que decía eso sino un pájaro. Como no se lo creía, me quedé esperando a ver si era verdad. Y sí, era verdad.

Ayer no me bañé y hoy tampoco pienso bañarme. Tengo miedo de que llegue la noticia de Abel —uno de los mandos que estuvo con nosotros la primera semana— y no sea nada importante. Qué decaída más fea sería.

Hoy en la tarde, como a las 5:00 jugué ajedrez con el Calvo, el guerrillero, y gané. En la noche la luna estaba llena. Papi me explicó que cada 27 días y 7 horas vuelve a haber luna llena, o sea que para el 19 de diciembre estará llena de nuevo. Estoy hiperactiva por la luna; siempre me pasa.

Uriel, papi y yo nos quedamos hablando sobre la abuela Gisella y también de cómo había llegado a Colombia y de que sus raíces venían de los tártaros.

Me gusta mucho hablar con papi, siempre me ha gustado; lo mismo con mami. Sé que me pueden enseñar muchas cosas y los dos me parecen muy inteligentes. Son únicos. Los amo.

Hoy la comida fue arroz y fríjoles. Estoy contenta y feliz; tengo muy buena energía. Son las 9:00 p.m. y ya todos están acostados, menos yo, que estoy más despierta que el carajo.

Tengo nacidos en las axilas. Estoy escuchando Amor Stereo y mascando la tapita de un lapicero. Estoy tomando algo para los estafilococos que tengo. Me hice hace dos días unos tapadedos con papel higiénico y cinta pegante, porque los dedos se me estaban poniendo muy amarillos por el cigarrillo. Resultó una machera ese invento. Cuando venía de bañarme vi una motica de diente de león. Les tengo muy mal agüero: siempre que veo una me entero de la muerte de alguien. No me gustó. Pedí que no le fuera a pasar nada a nadie de mi familia ni a las personas que quiero. Voy a apagar la linterna porque las pilas ya están un poco malas y la luz se vuelve amarilla, muy tenue.

Lunes, 22 de noviembre de 1999

Día 225. 40 días para el 2000. Semana 32 en cautiverio.

Hoy los guerrilleros barrieron todo el campamento. Me llegó el período. El almuerzo fue arroz y arvejas. Lavé el plato de papi y el mío. Me dieron cólicos, pero el Viejito Buena Gente me hizo una aromática y se me calmaron. Jugué ajedrez con papi. Juan González está cumpliendo años.

Anoche soñé que papi se moría. Hoy fui a hablar con el mando superior:

—Tengo miedo, mucho miedo de que me toque celebrar mi cumpleaños aquí. ¿Usted cree que para entonces todavía esté aquí?

—Respondió:

—¡No, seguro que no!

Eso me hizo feliz.

Martes, 23 de noviembre de 1999

Día 226. 39 días para el 2000.

Hoy el día amaneció lindo, y papi de mal genio, no sé por qué razón. Fui a recibir un poco de sol en la cancha porque estoy muy blanca. Después me bañé. Nos dieron un banano a cada uno. Mami y Nandor hablaron por radio. Una noticia buena: parece que nos vamos. Vi *La estrategia del caracol:* muy buena.

Miércoles, 24 de noviembre de 1999

Día 227. 38 días para el 2000.

Todo el día me la pasé alistando las cosas para caminar. Después jugué dos partidas de ajedrez con Laureano.

Mami y Nandor hablaron por radio. Mami, que no pondrá el arbolito de Navidad mientras yo no llegue y que mi cumpleaños será espectacular; yo sé que así será. Que mi primo David se fue a vivir a Estados Unidos; quedé sorprendida como Condorito, pero me alegró: yo sé que le va a ir bien porque él es muy inteligente y despierto. Dios quiera que no se ponga triste como cuando yo me fui.

Jueves, 25 de noviembre de 1999

Día 229. 37 días para el 2000.

Mi papi bajó a lavar lo poco que le faltaba, y yo he vuelto a mirar qué es lo que sirve y qué no. Hoy o mañana el mando superior nos dará una razón. Hay mucho movimiento de la guerrilla, que está lavando todo, pero todo. Como quien dice, blanco es, gallina lo pone. Ni que fuéramos bobos para no darnos cuenta de que seguramente nos movemos.

A un guerrillero muy buena persona le regalé la estrella de David que mi mami me dio cuando me fui; le puse una cinta roja.

Todos estamos a la expectativa, pues el mando superior llegó y dijo que quiere hablarnos. Yo ya sabía, pero de todas maneras tengo el corazón que se me sale por la boca de lo emocionada que estoy; los demás están igual. Son las 4:33 p.m. y a las 6:00 se reunirá con nosotros. Di una vuelta por el campamento para recordarlo bien. Empiezo a sentir nostalgia, pues son casi cinco meses de estaraquí mirando los mismos árboles, los mismos caminos… todo. Esta gente, los compas, ya son como nuestra familia. Una vez que salgamos lo más posible es que no los volvamos a ver en la vida. Siento unas cositas raras en el cuerpo; el corazón me late a mil. A Fer y a Diego los tengo enfrente, en las sillas de papi. Están cosiendo brazaletes del ELN para matar el tiempo. Parecen tranquilos, pero yo sé que están igual o peor que yo. Uriel escucha música y el resto está en el cambuche de Pacho y Laureano, jugando ajedrez. Los demás miran el juego.

Le digo a Juan:

—Juan, unas palabras para mi diario —y responde:

—¡Ay, Leszli! —papi grita:

—¡No jodas más!

La tarde está gris, fría. Estoy vestida con botas, el short vinotinto y la camisita rosada que arreglé.

Diego está quemando unas hojitas y papi tiene el periquito en el bolsillo y lo consiente más que a mí. Papi le dice a Laureano:

—Bueno, Laureano, vaya a bañarse y póngase bien presentado.

Los guerrilleros salieron de la reunión y pasaron por aquí como si nada.

Después continuaré escribiendo. Voy para la reunión.

Sí, ya es un hecho: nos vamos. El mando superior dijo: nos vamos todos. El 28 nos dejarán en manos de otro grupo y de ahí seguiremos caminando. Mañana nos vamos. ¡Estoy feliz!

En los mensajes mami dice que también está feliz, que no se aguantó y armó hoy un arbolito. No me esperó para armarlo. Ella es así de arrebatada.

Viernes, 26 de noviembre de 1999

Día 229. 36 días para el 2000.

La despedida con la guerrilla fue muy triste. Hoy cabalgamos durante cuatro horas, yo en la mejor mula. Pasamos por un gran río y ahora estamos en una casita de tablas donde papi y yo armamos ya el lugar donde dormir. Voy a comer atún y arroz. Me bañé en un río súper grande, sobre un tronco, por miedo a caerme, pues tiene mucha corriente. Estoy feliz.

Increíble: después de tanto tiempo de vivir entre árboles, salí de la casita y está totalmente despejado; se ve todo el cielo. Estiro los brazos y camino descalza sobre el pasto. Las estrellas en la noche se ven lindas. Esto no se compara con el pedacito de cielo que teníamos para verlas. Aquí se ven todas. Es bellísimo. Papi me muestra la Cruz del Norte. Se ve un resplandor por el lado donde sale el sol.

El Negro nos muestra que se puede hervir agua en una bolsa de plástico. Eso suena increíble, pero lo probó y es verdad.

Todos están durmiendo ya, o por lo menos así parece.

Nos comunicaron que iban a entregarnos mañana mismo al otro frente. Como quien dice, están agilizando las cosas. Eso es muy bueno. Estoy feliz.

Sábado, 27 de noviembre de 1999

Día 230. 35 días para el 2000.

Amanece y empezamos la marcha. Cruzamos el río en canoa y comenzamos la caminata, siempre por la montaña. Caminamos desde las 8:20 A.M. hasta las 3:30 P.M. Mi mula se cayó. Casi me pierdo, pues estaba muy atrasada con respecto a los que iban a pie, y muy adelantada de los otros que montaban en mula. La mula se paró y salió corriendo, y me tocó perseguirla. Sólo se dejó agarrar como a la hora. ¡Tan mamona! Después, en el camino, nos prepararon avena y nos dieron galletas junto a un río de película.

A las 3:30 llegamos a una casita situada junto a dos ríos grandes muy lindos que se unen para formar uno inmenso. Allí nos bañamos. Papá y yo cogimos la mejor cama y el mejor colchón. Hay una gatica blanca con negro a la que le puse Misiá Mirringa, pues no tenía nombre.

Nos topamos con dos compas del frente que nos va a liberar. Hay cinco guerrilleros solamente.

Domingo, 28 de noviembre de 1999

Día 231 y 34 días para el 2000.

Me levanto a las 4:45 A.M. Estoy feliz aunque muy cansada. Me duelen las piernas y la espalda. Tengo un súper morado en la rodilla izquierda y estoy llena de ronchas como de sarampión, pero son picaduras de insectos.

Hoy llegaron dos guerrilleros que conocimos el tercer día de la retención. Son buena gente, pero uno de ellos es muy callado.

Nos despedimos de los compas del frente donde habíamos estado. Papá le mandó a la suministro 30.000 pesos para que le compre a su hija un regalo de Navidad. Al Negro le dieron 10.000 y a Danielito, otro guerrillero, también. Quedaron felices.

Anoche soñé que hablaba por teléfono con mi mamá y que le decía que tranquila, que ya iba para la casa. Ella dijo que cómo hacía para saber que yo era Leszli, y entonces le dije la fecha, día y hora de mi cumpleaños. Hoy cumple años Nanditor. Me bañé con mi papá todo el día en el río. Fue muy rico. Me estoy poniendo roja por el sol.

Lunes, 29 de noviembre de 1999

33 semanas. 232 días.

Seguimos aquí. Anoche llegó el campesino dueño de esto y piensa que somos de la guerrilla urbana. Comí unas cosas muy ricas que salen de un árbol que llaman *arbopán*. Las hojas de este árbol tienen forma de abanico. Por otro lado, me seguí bronceando y estoy más roja.

No han llegado las mulas, que es lo único que estamos esperando para irnos.

Hay sólo siete guerrilleros cuidándonos. No hay radio ni tele, ya que no hay ni generador ni pilas. Estamos a la vista de muchos campesinos y eso nos preocupa, pues sentimos que el ELN nos abandonó. Pues antes por uno solo de nosotros había como treinta

compas mirándonos. Un guerrillero me dijo que se enteró de mi rapada. Según él, tuve un cambio muy bueno; dice que ahora soy una mejor persona y que estoy más flaca.

Los compas nos

tratan súper bien, son muy amables. Ayer fueron a una tiendita y nos compraron comida y cigarrillos; sin que yo les dijera nada me compraron toallas higiénicas, aunque no las necesito. Me gustó mucho el detalle.

Hoy me bañé con el jabón que huele a Dieguito y me acordé de él, aunque lo tengo siempre en la memoria.

Martes, 30 de noviembre de 1999

Día 233. 32 días para el 2000.

Seguimos en la casita del río. Rico. Ayer aparecieron unos guerrilleros que no veíamos desde los primeros días del secuestro. No han llegado las mulas.

Mi relación con Laureano ha mejorado: somos más amigos, nos contamos todo y nos bañamos juntos en el río. Es una nota tenerlo aquí. Es la única persona, fuera de papi, que vale la pena.

Hoy sólo se quedaron tres compas cuidándonos. Nos sentimos desamparados. Estoy más roja y llena de más picaduras. Los compas son una nota. Ayer les limpié la cocina y recogí la basura, y con eso me los gané. Uno de ellos tiene un fusil R 15, 9 mm. Es súper lindo. Me lo mostró y me sollé. Otro guerrillero me mostró su Galil cuando lo estaba limpiando. Le tiene puesto un nombre: «Peluquero».

Miércoles, 1 de diciembre de 1999

Día 234. 31 días para el 2000.

Mami, ayer no habló por la UIS, Hoy nos despertamos a las 4:30 A.M. y salimos a caminar durante cuatro horas en las cuales paramos en una tienda a descansar y comer galletas, después de un rato, fui a la parte de atrás de la tienda a inspeccionar y encontré a un pobre pato, que lo tenían amarrado de una pata por una cabuya a un árbol. Lo desamarré, traté de ahuyentarlo del lugar sin que me vieran, pero el pato pendejo, no se fue, después lo agarraron.

Nos ordenaron seguir caminando. Hicimos un breve descanso de nuevo, agotada me senté y vi, en el suelo de la selva, un caminito angosto lleno de laboriosas hormigas, aburrida las observe, graciosas, ingenuas, tranquilas, bellas, caminando con sus mercaditos de hojitas verdes a sus espaldas en filas bien organizadas, incansables, deteniéndose por escasos momentos, lapsos que se otorgaban tal vez para reconocerse, saludarse, aconsejarse, o piropearse, citarse o quizás también para prevenirse de nuestra invasión en su territorio, quizás pensaban que por nuestro colosal tamaño, éramos dioses.

Luego y sin motivo Uriel, se les acercó y las empezó a pisar, hiriéndolas, las mataba, ellas, despavoridas escapaban, se escondían, desaparecían, dejando sus recientes y diminutas cargas, a lo largo de sus vías, pobres hormigas, que pensarían.

¿Que éramos dioses?, sí... los dioses malos.

Eran tan ingenuas.

Ojalá que Uriel haga esto sólo para fastidiarme, sería muy triste que lo hiciera porque sí. Y ni para qué decirle algo, ¿para que con más saña las matara? Mi mirada le hizo más que un reproche, mi papá también estaba indignado con la escena, lo vi en su cara. Sin embargo no lo comentamos.

Más que un reproche a Uriel, lo miré como se mira a un pedazo de mierda.

Hoy llegamos a este campamento, es espantosamente horrible, tenebroso, con un río caudaloso de color marrón y lleno de enormes piedras a los lados.

Jueves, 2 de diciembre de 1999

Día 235. 30 días para el 2000.

Hoy no me bañé y sólo tomé dos comidas: el desayuno y la cena. Hice una lista de las cosas que más necesitábamos y escuché los mensajes por radio: mamá contó que Carol llega el 9 de este mes, que todos mis amigos y familiares están muy pendientes de mí. Me da tristeza saber que en casi ocho meses de retención sólo dos personas, Jairo Jaramillo y María Helena, la mamá de Diego, me han mandado mensajes; al resto parece que poco le importa. Es triste saber que nadie que no sea de la familia se interesa por nuestra situación. Yo creía que a Diego sí le importaba, pero ahora me doy cuenta de que estaba muy equivocada. Sé que le importo un bledo en estos momentos tan duros para mí en los que me siento tan sola, que el mundo se me ha ido y yo me ha quedado en la nada. Me haría tan feliz que me mandara algún mensaje.

Me duele, pero sé que por poco tiempo. Sé que alguien tiene que llegar a mi vida. Como dice la canción: «Alguien que cuide de mí, que quiera matarme y se mate por mí». ¡Qué soledad! Y lo que más me duele es que nadie está conmigo, sólo mi familia.

¡Tantas horas perdidas, tantos días que los creía llenos de todo, y a la hora de la verdad tan faltos de todo!

Me quedo pensando en lo que estoy viviendo y me dan ganas de llorar, pero me contengo pues ya ni con llorar me desahogo. Acepto todo, con dolor, pero lo acepto; vivo mi realidad y siento una profunda tristeza de verme así tan llena de nada. Como una y otra vez me lo repito, ya todo pasó, pasa y pasará. Ya no soy ni la sombra de lo que era antes. Estoy muy cansada para luchar contra la nada. La vida se perdió y con ella me fui poco a poco hasta llegar a esto que soy.

Todo me falta y a todo falto… Apago mi luz: nadie la ve.

Viernes, 3 de diciembre de 1999

Día 236. 29 días para el 2000.

Tengo un dolor de cabeza fuerte y mucho desgano. Cuando me paro se me van los colores y creo caer; tengo que sentarme rápidamente. Fuera de eso, dolor en la espalda y leve dolor de huesos. Me fui a bañar y pude hacerlo a medias. Me senté en una gran piedra y me quedé dormida. Tengo poco apetito y se me vino la sangre por la nariz. Decidí subir y acostarme. Me demoré como media hora subiendo y se me volvió a venir la sangre. Un guerrillero se dio cuenta y me dio papel higiénico. Una guerrillera me dice que son los síntomas del paludismo. Papá me dio una pastilla de Aralén[29] y me quedé dormida. Me levanté a las 3:00 y seguía igual. Salí del cambuche y un guerrillero me dijo que estaba algo pálida.

Me puso a quemar periódicos para calentarme las manos. Papá me regañó, me dijo que era una estúpida y que le hiciera caso. Me dio rabia, pero no le contesté. Lo dijo delante de todos como por hacerme sentir mal, pero todos saben qué poco caso le hago.

Regresé al cambuche y me puse a llorar por todo: por nostalgia, por desespero y por aburrimiento. Hoy estaba sentada leyendo y

29. Nombre comercial de una droga antipalúdica.

un compa me vio una cana; le pedí el favor de que me la quitara y la guardé.

Estaba jugando dominó con dos guerrilleros cuando estalló una mina quibrapatas, pero nadie se preocupó… Después jugamos ajedrez y perdí las dos veces.

Las hormigas me invadieron el cambuche y por eso me tocó salir. El mando superior de este grupo dice que vivo muy apartada del grupo y que por eso me da más duro todo esto. Estoy escuchando Amor Stereo y escribiendo a la luz de la vela. Me salí de la cama porque me pesaba estar allí. Está lloviendo y la noche está fría.

Sábado, 4 de diciembre de 1999

Día 237. 28 días para el 2000.

Estoy escuchando por la UIS un programa que se llama *Valores humanos,* sobre ballet contemporáneo.

Cuando me levanté se me escurrieron las lágrimas: esta época es tan linda y yo aquí…

Me fui a bañar; ya domino el río. Una guerrillera me dijo que yo le gustaba a un compa; le dije que no quería tener problemas y que además tengo novio. Tras de que estoy aquí bien aburrida, triste y desesperada, ahora también me voy a sentir incómoda con los recaditos que me manda un guerrillero. Definitivamente estoy bien jodida. Y para rematar, él es bien feo.

Cuando estaba escribiendo llegó un guerrillero y le comenté cómo me sentía. Después llegó otro y estuvimos hablando un rato, pero les pedí el favor de que se fueran pues quería dormir, ya que tengo que trasnochar para escuchar los mensajes.

Tengo diarrea; me tomé un metronidazol. Hoy amanecí un poco mejor, con más alientos, pero de todas maneras sigo triste. Tengo ganas de hablar con mi mamá, de decirle lo que siento, lo que sufro y la rabia que me da no poder verla. Antes ella todo lo podía; ahora que en realidad sufro, ella no puede hacer nada para sacarme de aquí.

El último guerrillero cree en Dios y eso me gusta. Tal vez es mi poca fe en Él lo que me tiene aún aquí.

Hoy, mientras papi y yo comíamos, me dio mucha tristeza de vernos así. Me sentí la mujer más infeliz del mundo. Comer así, en ese cambuche, en este clima, en esta época… así debe ser la pobreza absoluta. Entonces entendí por qué los guerrilleros hacen estas cosas: para que la gente no aguante hambre, para que no exista tanta pobreza en este país tan rico y para que la gente deje de robarse la plata. Eso me dio rabia, pero no entiendo por qué nosotros estamos aquí y no esa clase de gente que le hace tanto daño al país. Justos por pecadores. ¡Qué rabia!

Son las 9:20 de la noche. Poco sueño y mucha pensadera. Me senté en la cama pues algo raro me pasó: empecé a decir casi gritando: «¡Mamá!». ¡Me haces tanta falta!… Ya no sé qué hacer. Quiero estar ya con ella.

Domingo, 5 de diciembre de 1999

Día 238. 27 días para el 2000.

Día muy aburrido, igual a todos. Entre más pasan los días, más insoportables se hacen. Ayer se cumplieron diez meses de haberse ido Diego; hace diez meses que no lo veo, casi un año. Qué triste me siento.

Los medios dicen que las conversaciones entre el ELN y el gobierno van muy bien. Ayer o esta madrugada escuché a mi mamá y a Nandor en *Amanecer en América*.

Sigo con diarrea y no hay drogas.

No sé qué pasa aquí: esta gente cree que nunca va a pasar por una situación de éstas y por eso no hacen nada. El día que les toque la lotería de la mala suerte van a sentir la misma rabia que yo siento de ver que el gobierno no hace nada, y que nadie mueve un dedo. De verdad que la indiferencia es el peor cáncer de los colombianos.

Lunes, 6 de diciembre de 1999

Día 239. 26 días para el 2000. 34 semanas de cautiverio.

Ayer decidí traer mis cosas al cambuche donde duermen papá, Uriel, Laureano, Fer y Diego, pues donde estaba me sentía muy sola y no tenía espacio para mí, pues llegaban a las 7:00 u 8:00 de la mañana a prender el radio. Además, no me gustó que un guerrillero rebujara mis cosas pensando que eran de él.

Ayer mi papá se puso furioso conmigo y no sé por qué. Llegó histérico al río a gritarme. Le dije que no me gritara. Me dormí temprano. No fui a bañarme. Me dio mucho mareo y a papá no le gustó que me hubiera quedado sola, ya que le conté que me habían dado el recado de que yo le gustaba a un guerrillero.

Llovió toda la noche.

Soñé que una mujer me enseñaba las estrellas. Me decía: «Ésta es Sagitario», y veía una flecha. Me decía; «Ésta es Minotauro y ésta es Servus»... Era un conjunto de estrellas, pero no tenía forma, aunque brillaba mucho.

Ayer el desayuno fue chocolate en agua y pescado frito. No comí ni tomé nada. La comida es tenaz. Hoy el desayuno es arepa y agua de panela. Papá dice que en estos días he perdido por lo menos cuatro kilos. ¡Sé que mi gato está comiendo mejor que yo! ¡Qué ironía!

Este cambuche parece una tienda de la Cruz Roja en tiempo de guerra. Fuera de eso, cada cama con toldillo. Estoy escuchando en La Mega *Lunes Latino*.

Fernando y Diego están como yo: tristes y decaídos. Los demás están optimistas pensando que este campamento es de paso y que nos iremos dentro de poco.

Eso puede ser verdad, pero dudo que nos dejen libres. Creo más bien que nos llevaran a otro campamento con mejores condiciones que éste; o tal vez más interno. La verdad es que no quiero hacerme falsas expectativas de que voy a pasar la Navidad con mi familia. Si soy negativa no me va a dar tan duro, pues con el bajón que tuve con lo que el mando superior nos dijo, que nos liberarían, fue suficiente.

Aquí hay muchos ejemplares de los periódicos *El Universal, El Tiempo, Voz y Vanguardia*, pero todos son viejos. En uno de *El Tiempo* dice: «Las conversaciones entre el ELN y el gobierno están congeladas». Era como de agosto. Cuando miré la fecha casi me da un ataque.

Hoy Laureano se levantó a contarnos que a las 6:00 a.m. dieron una noticia en la que decían que no se haría la Convención hasta que todos los secuestrados, tanto de Cali, Bucaramanga y Barranquilla, fueran liberados. Aquí cualquier palabra nos pone a temblar, pues los únicos perjudicados somos nosotros.

Me acabo de poner el jean que tenía guardado en la maleta, pero sólo lo hice para ver si había adelgazado. Lo volví a guardar...

Diego dice que le contaron que saldríamos de este campamento por ahí el 10 de diciembre.

«Hoy todo tiene un brillo nuevo porque llegó la Navidad»... Es una propaganda. Tengo una vela prendida.

Gladys llega y no me saluda. Así digan todos que soy una grosera. ¡No la voy a saludar si ella no me saluda primero! ¡Regaladita si no, mamita!

Lavé los platos con papel higiénico y alcohol. Me bañé en la quebradita que da al río y fue súper: sola y desnuda... y lo mejor, tranquila; además, no queda tan abajo.

Está lloviendo muy fuerte. Papi toma y nos da agua de lluvia a todos.

Martes, 7 de diciembre de 1999

240 días. 25 días para el 2000.

Anoche soñé con Diego: que estábamos en la portería de su edificio y nos montábamos en el carro en el que nos estrellamos hace un año por estas fechas. Le dije:

—Increíble, hace un año y el carro está bien —le dio risa y nos montamos.

Después tuve otro sueño con una llave antigua que liberaba unos juguetes y se iban para el cielo porque ya no creían en ellos.

Sigo con diarrea.

Uriel me lleva siempre la contraria. Pacho amaneció con fiebre y diarrea y Uriel dice que es una infección, pero a todos nos ha dado y él quiere que le demos Cipro. Papá le pidió que agotara antes todos los otros recursos, porque esas pastillas aquí son un tesoro. Vamos a ver si con suero se le alivia algo.

Lloré hasta más no poder: se me pusieron los ojos rojos. Diego, Fer y Lau me decían que yo he sido muy fuerte y una verraca como para que en estos últimos días desfallezca. Que me acordara de lo que mi mamá había dicho: «Leszli, no llores porque llorar es traer energía negativa». Entonces me limpié las lágrimas, me paré y tomé un Acetaminofén para el dolor de cabeza.

Papi me toca y me dice que tengo fiebre. Me da un Cipro a la 1:45 P.M., pues desde el 2 de diciembre he estado enferma, con mucha diarrea. Mi papá empieza a preocuparse porque he perdido de cuatro a cinco kilos de peso en siete días.

Pacho llega y descansa en la cama de Diego; hablamos un rato. Después llegó Uriel y yo me quedé en silencio. Llegó la comida y comí, pero poco. Papi tuvo un altercado con un guerrillero: le dijo que lo veía raro y éste le dijo que lo respetara. Papi lleva cuatro días diciéndole que estoy enferma y él presta las ollas de mala gana. Cuando Pacho se enferma le traen té de coca y jugo de guayaba, pero para mí, siendo la única mujer, me dejan abandonada. A papá eso le parece injusto. Encendí dos velitas para celebrar el día de las velitas.

Miércoles, 8 de diciembre de 1999

Día 241. 24 días para el 2000.

Estoy a la expectativa pues los elenos dicen que nos vamos, pero para otro campamento bien interno en la selva. Si están haciendo un campamento con buenas condiciones es porque vamos a estar igual o más tiempo que en el campamento donde permanecimos del 20 de junio al 25 de noviembre. Sólo pensar en eso me produce escalofrío.

¿Por qué Pablo Beltrán dice que a la gente que no tiene nada ya la soltaron y a los que sí tienen todavía los retienen aquí, y a mí, que no tengo dinero, no me sueltan? ¿Por compañía, porque les caigo bien, porque soy una ayuda moral para mi papá? No sé. Lo que sí sé es que están actuando mal conmigo. ¿Por qué no se darán cuenta si yo les mandé una carta explicándoles mi situación y la de mi familia? Estoy esperando que llegue el mando superior. Le voy a comentar pues el hombre es estudiado y muy inteligente y estoy segura de que va a entender bien y se lo explicará así al COCE. Al parecer yo no puedo hacerlo por no tener las palabras adecuadas y la idea bien definida.

Me la paso en calzoncillos, pues toda mi ropa está mojada. Los calzoncillos son de papi, blancos y grandes, parecen short, y la camisilla es blanca.

Fer me dio unas clases de etiqueta. Me fui a bañar y me regalaron tres tomates y papas. El guerrillero le pidió disculpas a mi papá y mi papá a él.

Me queda una esperanza: ¿por qué ser negativos?, ¿por qué no creer? San Miguel arcángel llévame a casa ya.

A las 9:00 P.M. van a poner una velita roja para pedir nuestra liberación.

Jueves, 9 de diciembre de 1999

Día 242. 23 días para el 2000.

Pasa una avioneta de sur a norte, muy bajita.

Hoy liberaron a una de las ocho personas de Barranquilla, una mujer.

Sigo en calzoncillos, no me voy a bañar. Le pedí prestado a Diego el *Manual de auxiliares de Avianca* y lo leí. Tengo dolor de cabeza, me levanto y no me hallo en ninguna parte. Me meto en la cama. El tiempo se burla de mí pues pasa lento.

Papi me humilla y me grita delante de todos. Me dice que soy una estúpida. ¡Más estúpido será él! Se siente feliz cada vez que lo hace, y yo sin poder desahogarme con nadie. Parece que todos se burlan de mí, a nadie le importa lo que me pasa, todos son unos pobres machistas. ¡Maldita la hora en la que llegué a parar aquí! Me quiero pegar un tiro. ¡Qué humillación! ¡Mami, te extraño tanto!

Viernes, 10 de diciembre de 1999

Día 243. 22 días para el 2000.

Liberaron a los tres últimos rehenes de Cali. Todos están felices, menos yo.

Me desahogo con un guerrillero: le cuento mi caso y se preocupa:

—Entonces, ¿qué hace usted aquí?

Sábado, 11 de diciembre de 1999

Día 244. 21 días para el 2000.

Espero que hoy sea mi peor cumpleaños. Nací faltando 15 para las 11:00 A.M., un jueves de 1980.

Me regalaron un jugo de manzana y a un guerrillero no se le da la gana de darme la torta que papi me mandó comprar. Debe ser porque nos odia, sobre todo a mí. A mí no me importa: algún día saldré de aquí y voy a comerme todas las tortas que quiera.

Hay una manada de micos por aquí y el puerco Negro hizo el

amague de que le iba a disparar a uno, precisamente el que yo estaba mirando. No le dije nada y se empezó a reír. Él se parece al mismo diablo, así me lo imagino. Mide como dos metros y es un asco.

Hoy llegaron compas nuevos y una salubrista, pero sin drogas.

El compa nuevo que trajo la otra torta me dijo que me la habían mandado unos mandos que yo no conozco. Le dije que cómo sabían que yo cumplía años y me dijo que no sabía.

Eso me parece increíble. Qué bueno que me la mandaron los mandos superiores del ELN, que no sea la misma que mi papá mandó a comprar, sino otra.

Bueno, hoy se mejoró esto. Papi me hizo una carta bellísima y todos la firmaron. Me partieron la torta y yo apagué la velita. Después de una súper noticia de primera plana: el ELN fijó la liberación inmediata una vez pongan fecha, lugar y hora para la Convención, y eso se hará la próxima semana.

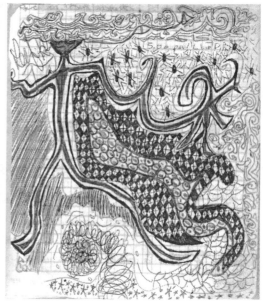

Ése fue el mejor regalo de cumpleaños.

Hoy supe que el mando del Magdalena Medio es el sucesor de Manuel Pérez Martínez y que el señor que me mandó el ponqué es el segundo después de él.

«Carta de papá».
Leszli:

Solamente se conoce el *valor* de alguien en las duras adversidades, en el peligro extremo en las fuertes pruebas, como aquel día en que otros, entre ellos tú y yo, no quisimos ver la muerte. Pero tú la enfrentaste y no dejaste que se llevara la vida de Yezid. Este detalle y muchísimos más lo demuestran.

Ahora, aquí en las montañas selváticas de la Serranía de San Lucas, después de pasar largos meses de cautiverio y de haber pasado por tantos frentes guerrilleros, donde todos te quisieron y admiraron tu manera de ser, yo, tu padre, siento el más grande orgullo y le doy gracias a la vida por estar a tu lado. Tú eres y serás siempre mi apoyo. Te he querido inmensamente y más ahora que sé que el valor tuyo es incalculable.

Que cumplas infinitas veces infinito.

Papá

Dic. 11, 1999

Domingo, 12 de diciembre de 1999

Día 245. 20 días para el 2000.

En *Amanecer en América* o en *Voces del secuestro* hablaron Carol, Elga y André. Carol me mandó saludos de mi mamá y Nandor no sé dónde se encontraba. Después Gloria de Gómez, la mamá de Ana María, me leyó un mensaje de Judith, muy lindo. Y María Clara Londoño, la novia de Juan de Jesús González, me felicitó.

Me fui a bañar al río con papi. Él se la pasó cantando y fue bien chistoso verlo: se la pasaba de piedra en piedra haciendo clavadas y yo igual, pero sin cantar. Ahora subí y estoy escuchando música y pensando en el día del reencuentro con todos.

Hoy estamos cumpliendo ocho meses desde que secuestraron el avión.

Hoy me pinté las uñas con brillo.

El 10 de diciembre vi una comadreja en el río, súper grande y parecía tener un chaleco amarillo. Muy, pero muy linda.

Lunes, 13 de diciembre de 1999

Semana número 35. 19 días para el 2000 y 246 días de cautiverio.

Fui a bañarme al río y ayudé a hacer la ensalada. La idea fue mía; quedó muy rica. Todos contentos. Después me quedé casi toda la tarde allá, le di comida y agua a la gallinita, le estiré la patica para que se moviera más y la consentí. Después agarré un grillo, le di café y se limpiaba muy bonito; me tocaba con sus antenas y también lo consentí. Después subí, jugué ajedrez con un guerrillero y le gané. Pero ya está jugando mucho mejor.

Se fue otro guerrillero. Ahora la suministro es la salubrista. Uriel nos cuenta historias muy lindas sobre San Mateo, su pueblo. Son las 10:15 P.M. Me acaba de picar una avispa en el pie derecho. Estaba metida en la bota que me puse para ir a tomar agua de panela con Uriel y Laureano. Di un grito y empecé a zapatear porque me dolió mucho.

Buena noticia en el *Cuarto de hora* de las 9:00 en Caracol. Oímos aplausos y nos pusimos felices: el Congreso le dio el espaldarazo al presidente. Por medio de la ley de Orden Público, el Congreso extendió la vigencia de la ley 418 por tres años más y eso faculta al gobierno para adelantar procesos de paz con la insurgencia y crear zonas o áreas de distensión con el mismo fin. Eso era lo que estábamos esperando para que el ELN se reuniera con el gobierno para fijar hora, fecha y lugar para la Convención. Teniendo eso, ahora sí nos pueden liberar. Gracias, Dios.

Martes, 14 de diciembre de 1999

Día 247. 18 días para el 2000.

Cuando me bañaba, mientras miraba el río desde una piedra, me elevé y me comuniqué con Dios. Gran conversación. Puse mis menos y mis más y vi todo claro. Le pedí ayuda, que me mostrara el camino a seguir una vez llegara a casa. Le conté que tenía miedo de fracasar, de afrontar lo que se me viene encima porque lo desconozco. Me dio resultado. Fue un momento único, muy lindo.

Antes lavé la ropa, se secó y hablé con papá; dice cosas que me hacen reír. Mientras hablábamos se le fue una bota en la corriente y él se fue detrás de ella y la agarró. Fue muy chistoso.

Tengo que bañarme con jabón de lavar ropa porque no hay más. Antes me parecía terrible, ahora ni me importa. El almuerzo: fríjoles y arroz; la comida lo mismo, más remolacha. Sólo comí remolacha. La comida es insoportable y fuera de eso no hay aceite. Tampoco hay cigarrillos. Está lloviendo súper desde las 5:30. Son las 6:01 P.M.

Ni mami ni Carol ni Nandor mandaron mensajes. Estoy preocupada, no entiendo cómo no dicen nada y me dejan sin dormir, preocupada toda la noche. Tengo un mal pensamiento, una cosa rara, y fuera de eso no me mandan mensajes. Dios quiera que no haya pasado nada. Es que ni mami ni Nandor me felicitaron el sábado y eso está muy raro y no sé nada. No sé qué les pasa, no entiendo por qué me dejan así. Eso me desespera, se me alborota la úlcera y no puedo dormir. Fuera de eso no hay Mylanta, no hay cigarrillos, tengo hambre y no hay comida. ¿Cómo me hacen esto?

Miércoles, 15 de diciembre de 1999

Día 248. 17 días para el 2000.

Hoy llegó un guerrillero con su mujer y dos compas. Nos dieron galletas y llegó el aceite. Hablé con él, que no sabe nada. Cree que pasaremos aquí la Navidad y el Año Nuevo. Se volvieron a ir las ilusiones.

Fui al río y lloré. Subí y bañé a la miquita que trajeron ellos. Volvió a pasar la manada de micos carablanca. La mica es de esa misma clase.

El alma se me hace pedazos y nada puedo hacer para evitarlo. Que injusto. Empezó a llover súper fuerte a las 5:55 P.M. y son las 7:30 y ya paró un poco.

En las noticias habló Víctor G. Ricardo y dijo que lo único que estaban esperando es que ampliaran la ley 418 y, como eso ya está, que en los próximos días hacen la reunión con el ELN para fijar hora, fecha y lugar de la liberación, y que eso será en los próximos días.

Jueves, 16 de diciembre de 1999

Día 249. 16 para el 2000.

Un guerrillero nos dijo a las 9:30 A.M.

—A alistarse porque salimos a la 1:00 P.M.

Organizamos y salimos. Tres horas de camino, una subida muy empinada. Bajamos una papaya de un árbol, llegamos a una tienda en la que había linternas, pilas, cuchillos, mecheros, crema de dientes y cepillos. Los guerrilleros hicieron compras y seguimos. Después llegamos a una casita donde había una niña muy graciosa. Nos dieron jugos California de manzana, dos papas para cada uno y una latica de salchichas. Dormimos en una colchoneta con papi porque la otra se la prestamos a Uriel, Lau y Fer, que durmieron atravesados, con la mitad del cuerpo por fuera de la colchoneta. Fue una noche muy dura.

Viernes, 17 de diciembre de 1999

Día 250. 15 días para el 2000.

Nos levantamos muy temprano y continuamos la marcha; había una subida horrible, muy dura, y casi me da la pálida. Caminamos una hora y treinta minutos y llegamos a una casita donde desayunamos y almorzamos, todo junto. A los otros les hicieron gallina y a papi y a mí nos dieron cuatro huevos. Yo los preparé con cebolla larga y quedaron muy ricos, con arroz y agua. Había dos gatos, uno siamés y otro como enrazado de siamés, pero sin serlo. Muy lindos. También comimos papaya y guamas y nos repartieron lecheritas.

Llegaron dos mulas. Yo tomé una y la otra se la dieron a la compañera de un guerrillero porque estaba enferma. Continuamos la marcha, y la mula mía casi se cae al río y yo con ella. Anduvimos como una hora y treinta minutos, o más, hasta que llegamos a un campamento muy lindo, pero antes de éste pasamos por un campamento abandonado que tenía un letrero: «Bienvenidos a este campo». Allí hay una piscina natural muy, pero muy linda. Todo queda cerca y todo es plano y sin barro. A papi le dieron el mejor cambuche, grande, muy grande, y acomodamos un colchón para los dos porque el otro tuvimos que prestárselo a Fer y a Diego. La comida fue arroz, fríjoles y coscojas[30]. Muy rico. Estoy cansadísima. Hasta mañana...

Sábado, 18 de diciembre de 1999

Día 251. 14 días para el 2000.

Anoche soñé con mi primo Tony, que estábamos en la ciudad y que nos rescataban y había muchos muertos. También soñé que una culebra me mordía.

Conseguimos otro colchón. Hoy puse la mesita en medio de las dos camas. Todo está lindo. Cogimos piticas y las colocamos para tender la ropa. Encontraron una coral de buen tamaño y la mataron. Mi papá se fue a bañar al río y yo no, porque tengo toda la ropa

---

30. Plátanos verdes fritos en rodajas o tostones.

mojada. Empezó a llover. Son las 12:30 del día. Anoche, antes de dormir, me tomé una lechecita. Hice el desayuno: arepa y chocolate sin leche.

Un guerrillero me hizo una tablita para poner los pies, muy linda. Papi hizo la cama y ya estamos bien. Me coloqué la camisa negra después de bañarme.

Hoy hay mensajes. Regalo de un guerrillero: me mandó el sombrero negro de tela.

Domingo, 19 de diciembre de 1999

Día 252. 13 días para el 2000.

Sólo un mensaje de Judith, para papá y para mí; habló en vivo y en directo. Hoy estoy feliz. Me gusta mucho este campamento: el río es lindo, todo me gusta. Trato de no pensar en mi familia porque me hace daño; entonces, trato de tener la mente ocupada haciendo cualquier cosa. Hoy en la mañana me fui a bañar y corrí por un montón de piedras para poder recibir el sol. Leí el *Libro de los sueños* en la tarde. Diego se tusó. Por la noche, papi fue a hablar con Uriel porque lo ve alejándose de nosotros. Cambié el sombrero negro por uno verde.

La luna está en cuarto creciente. Se ve todo muy lindo. Me mortifica pasar el 24 de diciembre aquí, pero ya qué se puede hacer. Tengo dos posibilidades: amargarme y andar de mal genio, o tratar de sacarle jugo al máximo a esta experiencia y tratar de estar bien. Puedo tomar cualquiera de las dos opciones, pero igual voy a seguir aquí. Entonces me voy por la segunda.

Lunes, 20 de diciembre de 1999

Día 253. 12 días para el año 2000. Semana número 36.

Si, lo sé, es Navidad, inevitable no pensarlo, pero toca ocupar la mente y la mejor manera es haciendo pendejadas, matando el tiempo... apenas me pare de aquí, voy a barrer todo, sé que debo pararme para quitarme este tedio de encima que me esta carcomiendo...

Continuación: efectivamente me paré y maté el tiempo: me puse a barrer todo nuestro territorio con las manos, quite los palos grandes, después los arbustos y en ésas me demoré como tres horas. Mi papá me observaba mientras él estaba en su cuento haciendo una silla con vista al río, después me llegué con una escoba que se hacen con las palmas secas enrolladas a un palo y con ella barrí todo el cambuche. Noté que debajo de mi cama hay un montoncito de tierra perfectamente amontonado junto a una tarántula muerta, le faltaban cuatro patas y era de color marrón clarito. La metamorfosis de estos animales es cada vez más insólita, en el campamento anterior una se había convertido en una especie de planta después de muerta y ésta cambió de color, se volvió marrón. Como me gustaría tener una cámara para fotografiar este tipo de cosas; acto seguido cogí piedras blancas del río y le hice un borde a todo. Todo me quedo muy lindo, ¡qué cambio! Ahora estoy sentada en la silla que hizo papá con la mejor vista a la quebrada.

Hoy desayuné, no almorcé y sí comí arroz con dos patacones y agua de panela. Papá piensa ponerle un techito a la silla, pero por hoy fue suficiente ya que sólo alcanzó a clavarle los palos que servirán como columnas; mañana, con mejor luz, le pondrá el plástico negro al techo. Estamos cansados, la luz del día se agota y no quiero usar la linterna. El mando superior salió.

Martes, 21 de diciembre de 1999

Día 254. 11 días para el 2000.

Anoche soñé que estaba en la casa de Cristhian, que era una casa antigua. Las ventanas de afuera se veían tristes y todo melancólico. Yo hablaba con Stellita, y me iba a quedar a dormir allí. Cristhian se estaba arreglando para salir; me saludó y yo le dije que me llevara adonde él iba, y dijo que no. Me quedé triste porque estaba aburrida. De pronto me vi sola en esa casa y tenía miedo, así que salí a caminar. Era de noche, pero en una época como del 84 u 85. Las calles estaban desocupadas y yo sentía miedo. Vi una casa y dije: «Ahí fue donde nos secuestraron», y seguí caminando. Pasó un carro negro y entonces pensé que yo era muy bruta por salir de noche y por caminar por ahí. Me senté a fumar un cigarrillo y pensé: «¿Será que le hace daño al bebé?», pues como que estaba embarazada y me tenía que cuidar; sin embargo me lo fumé. Tenía rabia y tristeza de estar así. Después vi a tres personas caminando y Carolina estaba a mi lado, pero no la reconocía muy bien y pensaba: «¿Será que la saludo, o no?», y cuando pasamos por la misma casa donde nos habían secuestrado, Carolina grito: «¡Otra vez están asustando!», y empezó a correr, y todas las personas también. Miré hacia la casa y vi sombras que parecían estar bailando, y mucha gente. Le dije a Carolina que me dejara ir con ella y empecé a perseguirla hasta que llegamos a otra casa vieja. Ella abrió la puerta y subió las escaleras. Le dije que me esperara y ella me dijo: «Cierre la puerta y suba». Traté de cerrar la puerta y subí, pero cuando iba en la mitad tuve que devolverme porque la puerta había quedado abierta. Ahí me desperté.

Fue horrible. Eran como las 5:30 a.m. y no sabía dónde estaba. Sentí calma cuando supe que estaba aquí. Me fumé un cigarrillo y le conté el sueño a mi papá. Escuchamos Caracol y me volví a acostar.

Hoy papi me hizo un arbolito de Navidad. Fer y Diego nos ayudaron a decorarlo con los bordes de las sábanas y con cintas de costales y pitas blancas y azules; les pusimos musgo natural y en la parte superior unas ramitas; Fer le colgó unas piedritas. Después papi hizo el pesebre con piedritas. Se ve lindo. También mi papá le coloco el plástico negro a la silla y quedo muy linda, como una terracita con vista al rio y justo al frente de nuestro cambuche. Ayer cuando barrí el cambuche con la escoba estaba el mismo montoncito de tierra, estoy convencida que lo barrí, ayer pensé que era la araña muerta que había sacado la tierra del hueco, pero hoy (?). De fijo que hay otra araña metida en ese hueco y esa araña mató a la marrón para proteger su guarida o para quitarle la casita a la otra araña (…?) ¿Si no es una araña, que animal es?… ¡Un ratón de monte, seguro! porque para que una araña quiera un hueco tan grande, es más o menos de 15 centímetros de diámetro y no se alcanza a ver el fondo. Así que tenemos inquilino a bordo. ¿Que será?

Ayer dieron una noticia muy buena; que en las próximas horas sacarán un comunicado diciendo hora, fecha y lugar para la Convención. Ayer fue la reunión de los altos mandos del COCE con Víctor G. Ricardo. Hoy el presidente anunció que en los próximos días él mismo se reuniría con delegados del ELN para lo de la Convención. ¡Qué bueno!

Sonó un disparo. Es algo que ya se nos ha hecho familiar; nadie se preocupa. Me siento muy bien y con mucha tranquilidad espiritual.

Mami dijo por radio que había leído que las personas inteligentes siempre sacan provecho de las cosas; que estaba contando los minutos; que si yo no pasaba la Navidad con ella no importaba, si estaba con todos espiritualmente; que lo que no pudiera cargar que simplemente lo dejara; que no se iba a celebrar la Navidad en la casa hasta que yo llegara; que Nandor y Carol están bien.

Miércoles, 22 de diciembre de 1999

Día 255. 10 días para el 2000

Hoy seguí con mi tarea, (ocupar la mente) y sí que la he ocupado, con nuestra inquilina que vive en el huequito debajo de mi cama, es una tarántula bellísima, justo cuando a las 6 de la tarde sonó el himno nacional en la radio, la araña salio de su guarida. Su cuerpo es como el puño de mi mano, y cada una de sus patas es de larga a una cuarta de mi mano, (13 centímetros y medio). Es peluda, de color negro azulado. Esta araña seguro fue la que mató a la araña marrón... ¿Que comerá? ¿Por qué no se mueve? A lo mejor se percató de mi presencia o está consternada porque le barrí su entorno. ¿Cuánto tiempo llevará aquí? ¿Cuántos años tendrá? ¿Cuánto tiempo vive una araña?... Si mi papá se da cuenta entrará en shock y por supuesto terminará matándola, ¡Pobre!... Te llamarás Tatica... Mi tarantulita.

Hoy se fue Adolfo, el guerrillero, tal vez está enfermo. Lo he notado muy decaído últimamente, vino a despedirse. A mi papá y a mí nos cae muy bien.

El desayuno de hoy fue arroz con verduras, pan y café con leche. ¡Qué rico! Además me dieron unas botellas de brandy.

Jueves, 23 de diciembre de 1999

Día 256. 9 días para el 2000.

Hoy despejé el otro lado del patio para alistarlo para la Navidad; hice una cerca de palitos muy lindos y luego me fui a bañar.

Se acabaron los cigarrillos y está lloviendo, pero con sol.

Dicen en las noticias que Víctor G. Ricardo está reunido con los del ELN cerca de Barranca.

Carol habló por la UIS para papi y para mí. Dijo que esperaba que estuviéramos bien, que mis amigas, en especial Johanna Mantilla, habían hecho un cartel que decía cosas muy lindas sobre que las amigas lo son en las buenas y en las malas; que se acordaba de todos los paseos donde estuvimos las cuatro: Tita, Mafer, ella y yo, y que la da nostalgia de esos tiempos y tristeza de que yo no esté; que reza todas las noches por mí y mi papá. Se me escurrieron las lágrimas. Me di cuenta de que ella es una buena amiga y que la quiero muchísimo. Le doy gracias a la vida por esas amigas.

Mami también habló, les dio un mensaje a Juan y a Diego. Dice que mañana será un día común y corriente, y que sólo será Navidad cuando yo llegue; que le prometiera que iba a estar bien y que no me iba a deprimir. Se lo prometí: voy a estar bien.

Lau, Diego, Papi y yo tomamos brandy en el cambuche. Y Tatica hoy salió a la misma hora, eso sí, no sé a qué horas se metió. Me dio sueño.

Viernes, 24 de diciembre de 1999

Día 257. 8 días para el 2000

Amanecí muy bien anímicamente, despejé el frente de la silla y el camino que va a la ladera del río. Se hicieron otras sillas, todo se ve lindo. Fer, hizo rellanos desde aquí hasta el río y quedó como una escalera, muy cómoda para subir y bajar sin hacer el más mínimo esfuerzo. Dice que éste fue su regalo de Navidad; hizo un letrero que dice: «Para los compas del Niño Dios, de aquí hasta el río, Feliz Navidad». Mi papá por su parte les ayudó en la hechura de la silla para que ellos se pudieran sentar en las tardes al frente de su cambuche y una vez que la terminó, dijo: «éste es el regalo de los Kálli en Navidad». Por mi parte no le puedo regalar nada a mi papá, sólo compañía y un buen ánimo hoy para que los dos no nos sintamos mal, y a mi Tatica le arrojé dos frijoles también de regalo.

La fiesta de Navidad a pesar de las circunstancias estuvo agradable, todos nos reunimos en medio del campamento. Nos tomamos ocho botellas de brandy a la luz eléctrica. Hace mucho tiempo que no ponían luz, así que ver la noche iluminada fue ya un regalo para mí, la radio con sus canciones navideñas era lo único medio aburrido porque, claro, nos hace recordar los años anteriores y nos pone a pensar que es la misma música que están escuchando nuestras familias. El gordo (guerrillero) igual que otros estaba más triste que nosotros, de alguna forma están cautivos también, estoy segura de que si pudieran estarían con sus familias; pero como dice el gordo, órdenes son órdenes.

Me acosté a las 10:00 p.m. porque estaba mareada por no decir borracha. Antes de dormirme me tocó pararme a vomitar, di vueltas toda la noche, quería que la cama me anclara para no sentir la sensación de estar flotando, odio sentirme borracha, al fin me quedé dormida. Los demás siguieron. Iván, el mando, nos regaló una tarjeta a cada uno tipiadas con el escudo del ELN donde dice: «Feliz Navidad» y por dentro con su letra puso casi el mismo mensaje para todos, ¡qué falta de inspiración!: «Para Leszli, paciencia… para que no decaiga ese ánimo». Firmada sólo por el nombre del frente. Curiosamente la tarjeta de mi papá la firmaron todos con los nombres, tanto los elenos como nosotros, pero mi tarjeta no la firmo nadie… (¿Y me importa?… ¡Para nada!). Sí, sí me importa, si no me importara no lo escribiría. Leszli, deje la rabia, si usted no le cae bien a nadie, ¿qué le vamos a hacer?

Nos dieron galletas, natilla y caramelos. Yo no lloré, nadie lloró y todos estuvimos bien.

En medio de mi mareo soñé que ya no teníamos el apartamento y que vivíamos en una casa fea, triste y muy pobre. (Es que donde éstos nos cobren un rescate, mi sueño pasa de ser sueño a realidad)… Sentí angustia. Además anoche y hoy en la madrugada hizo mucho frío, todos hicieron hoy el mismo comentario (no fue producto de mi borrachera). Jamás había sentido tanto frío con esa cobija, pero hoy sí a pesar que es de lana sintética y de 2 centímetros de espesor. Tirité toda la noche, sobre todo en la madrugada, y pensé hasta en levantarme y pedirle a mi papá que me hiciera un campito, ya que sus cobijas y la mía hubieran bastado; pero me dio pena molestarlo. Hoy se lo comenté y me dijo: «Boba, me hubieras dicho, para la próxima que no te dé pena».

Sábado, 25 de diciembre de 1999

Día 258. 7 días para el 2000.

Hoy amanecí bien, pero con mucha sed. Me desperté temprano, como a las 6:00 a.m., Parece que a Tatica no le gustó mi regalo de navidad, hoy en la mañana antes de salir al río vi los dos fríjoles por fuera de su guarida. Seguí derecho camino al río, acompañada por papá, el baño nos cayó de maravilla. Antes de bañarme preparé unas tajaditas de plátano que nos comimos con papá.

Después del baño, me dieron el desayuno: salchichón, dos arepas y chocolate con leche. ¡Qué delicia! Ayer me trajeron chocolatinas; papá se comió una y yo otra. Estando sentada en la silla panorámica mientras revisaba las botas antes de ponérmelas por si las moscas cualquier bicho estuviera dentro, vi un águila en la rama de un árbol mirando fijamente a Piqui (mico, chango). Éste, como si se hubiera dado cuenta de las intenciones del águila, se metió rápidamente en el cambuche y no volvió a salir en todo el día. Los guerrilleros también trataron de bajarse al animal, pero gracias a Dios voló y se fue. Uriel, papá y yo contemplamos el águila, ¡qué animal tan bello!

Creo que el grupo se está integrando de nuevo. Estoy feliz por eso; además, cumplí con la promesa que le hice a mamá.

En la tarde me fui de pesca con Carolina, la mujer de Iván, que es de mi edad. Ella no parece el prototipo de mujer guerrillera: tiene facciones finas, una cara sin trajines, delgada y blanca, un pelo muy bien cuidado y las manos mejores que las mías, sin ningún rasguño, además se expresa como cualquier joven de ciudad, no con el acento de «eses» en la lengua, no comete errores cuando habla y su letra es de moda, es del mismo estilo que hacían mis amigas, sí ésa misma que yo nunca pude hacer. La mía es cursiva, o separada o como salga, nunca me preocupé de aprenderla, es más, gocé que tuviera siempre esa diferencia. Aunque recibí varias críticas y burlas.

Además, se hace llamar Carolina y no como las demás guerrilleras que tienen nombres como, Leidy, Yesenia o Patrisia con s. Mínimo se enamoró de Iván y por eso está aquí, más por amor que por convicción de lucha, la misma vaina que siempre dicen éstos. Su temperamento es fuerte y hace alarde de que se las sabe todas, que es mujer todo terreno. Al aceptar irme de pesca con ella, le di el pretexto perfecto para que hiciera alarde de su destreza. Lo peor de todo es que le fue muy mal, tanto salto y tanta vaina para que al fin y al cabo terminara pescando unos pececillos tan grandes como mi dedo. Se dio cuenta de que me dio risa, por más que traté de disimularla y me dijo que el problema es que había llovido y que los buenos peces estaban río abajo y que eran trochas muy peligrosas para mí, ya que tocaba tener experiencia cruzando el río y pegando saltos por las piedras que estaban más abajo. (¡Sí, cómo no... ya te creí!). No le dije nada, pero experiencia... me sobra, ¿acaso no llevo aquí 258 días? Que reconozca que no sabía pescar, hizo el ridículo conmigo... Ja ja.

Pero, bueno, lo importante es que salí de este campamento, aunque sea por un día y conocí el paisaje. Río abajo se ensancha el caudal, tiene más corriente y hay piedras grandes por toda la orilla.

Después llegamos y nos fuimos a bañar al río y aproveché la oscuridad para quitarme toda la ropa. ¡Qué sensación más exquisita la de meterse al río de noche y totalmente desnuda! Puse la linterna en una piedra alumbrando hacia otra dirección y, metida en el agua, veía el haz de luz como se movía y se expandía con el movimiento del agua. Definitivamente relajante.

Domingo, 26 de diciembre de 1999

Día 259. 6 días para el 2000.

A las 11:10 A.M. sentimos dos helicópteros sobrevolando muy cerca. Papá, me llamó para que no me despegara de su lado. La guerilla empezó a correr de lado a lado del campamento, todos fueron por sus fusiles, nos reunieron y nos dijeron que alistáramos el toldillo y una cobija solamente, por si teníamos que salir de emergencia; que a la voz de «¡Manzanas!», nos reuniéramos rápido en el cambuche de Juan y Pacho. Así lo hicimos y no pasó nada, el gordo mamando gallo al final gritaba de vez en cuando: «¡Peras!». El terror fue único; apagaron los fogones de la cocina por el humo y no hicieron comida hasta que se hizo de noche. A Uriel se le notaba que tenía hambre, pero a los demás, del miedo, se nos fue por completo.

Lunes, 27 de diciembre de 1999

Día 260. 5 días para el 2000. Semana número 37.

Amanecemos como si nada. Anoche soñé que Silvia Verónica se casaba y que estaba vestida de novia; también vi a Carol con un vestido rosado de cuadritos blancos, muy linda. Yo le decía que trajera a Daniel porque no lo veía desde hacía mucho tiempo. Vi a Nandor y me vi a mí misma en la cuadra de la calle 35.

Iván habla con Lau y conmigo sobre la liberación. Nos da pocas ilusiones.

Amanecí triste. Anoche pensé en mami. Papi me levantó a las 4 A.M. por un encendedor. Hoy hace cinco años que conocí a Diego Plata en la fiesta de quince de Natalia Guerrero. Llegó con Lucas.

Martes, 28 de diciembre de 1999

Día 261. 4 días para el 2000.

Llegó el guerrillero pintor. Fue una sorpresa: lo abracé, me dio mucho gusto volverlo a ver, pero se volvió a ir. Me dijo que las cosas están bien y que tuviera calma; que él iba a estar pendiente y que expondría otra vez la inquietud sobre mi caso.

En estos días he sentido física mamera. Es duro, y más viendo cómo papi se acuesta sin comer, con hambre. Las raciones son pocas y el menú no cambia: arroz y pasta. Cuando pregunta uno qué hay de tomar, responden de mala gana: «Nada... agua; ahí está el río».

Pedí que me regalaran tres cucharaditas de leche en polvo para que papi y yo pudiéramos tomarnos un vaso de leche, y me dijeron que no, y no porque no haya sino porque toca darles a los demás. Aquí todas las cosas son un lujo. También pedí una lata de atún porque necesito proteínas, pues me siento muy débil, y me dijeron que se las dieron a la guerrilla.

No hay azúcar ni panela ni nada de dulce. Comemos pasta y arroz sin sal. Aquí la pasta la hacen así: ponen a hervir el agua, le echan la pasta; cuando ya está, le sacan el agua y la sirven así, sin aceite ni sal. Con el arroz es lo mismo. No sé para qué diablos traen salsa de tomate o mayonesa si nunca nos dan; leche, tampoco. Al chocolate le echan leche, pero ese chocolate es grasoso. ¿Con quién nos quejamos? No hay con quién. Si aquí alguien se llega a enfermar se muere, porque no tienen remedios. El río es muy lindo, pero no nos aguantamos en el agua más de tres minutos, porque nos congelamos, pues no tenemos calorías. Vivimos con frío y entre más frío, más hambre, y sin comida ésta es una vida de perros.

¡Tengo hambre en estos momentos y me toca esperar a mañana el desayuno, y todo para un plato de arroz! A veces pienso que es mejor que nos mataran, así no sufriríamos tanto, así todo se acabaría y ya.

Miércoles, 29 de diciembre de 1999

Día 262. 3 días para el 2000.

Ayer hablaron mami y Carol. Carol leyó algo muy lindo sobre Dios.

La comida fue arepa y pasta con sardinas. Yo sólo comí arepa. Dormí como dos horas y media mientras Uriel le dictaba clases de política a papi.

Jueves, 30 de diciembre de 1999

Día 263. 2 días para el 2000.

No hay desayuno para nosotros y todos tenemos muchísima hambre. Anoche tuve un sueño: que iba en una camioneta de noche y estaba con otras personas. La camioneta iba muy rápido y cayó a un precipicio. Mientras caía salí por la ventana y me hice muchísimo daño. Después vi un gran salón donde tenía un cable lleno de sangre que me colgaba del ombligo. Alguien se me tiró y el cable se reventó. En otro sueño yo estaba en China, tomaba fotos, compraba ropa y me enseñaban cómo colocar una hamaca que había comprado. Después me vi volando en parapente.

El almuerzo fue tenaz: tres cucharadas de fríjol y un cuarto de plátano asado. Tengo dolor de cabeza. El café fue sin azúcar. Dicen en son de chiste que mañana no habrá ranchero, porque no hay comida. A las 3:00 P.M. nos dieron panes y un queso delicioso.

Llegaron dos guerrilleros que me mandaron un regalo con el arriero: once bom-bom-bum; le di uno a Lau, Diego y Pacho. Patty, la salubrista de este frente, me dijo que venía un mercado por un costo de seis millones; entre otras cosas, un bulto de tomates. ¡Qué rico! Le llegó la droga a Uriel y se puso a llorar de la emoción. Todos felices. En los mensajes hablaron Carol, mami, Nandor y Mauri. Muy lindo.

Viernes, 31 de diciembre de 1999

Día 264. 1 día para el 2000.

Nos bañamos y escuchamos a la Billo's[31] en La Mega. El desayuno fue huevo cocido, pan y chocolate con leche. Muy rico. Después me llegó una nota del guerrillero pintor con una torta y natilla para que la compartiera con los demás. Diego nos dio un traguito de brandy y todos nos fuimos a bañar al río de 3 a 4. Jugamos al que aguantara más la respiración debajo del agua.

Son las 8:30 P.M. Ya estoy acostada y pienso en mi mamá, en cómo estará, en la falta que me hace. Daría todo por estar con ella, por decirle lo mucho que la amo. Sólo tengo una pregunta hoy: ¿qué estarán haciendo? Aquí es difícil, se escucha la radio y los guerrilleros están con cara de aburridos. Hablé con Diego sobre la Navidad del año pasado y le conté cómo fue la mía. Aquí la pólvora de colores[32] se cambia por tiros y morteros que suenan duro. Quisiera llorar y desahogarme. Sólo espero que el próximo año me depare pronto mi libertad y la de papi: ¡es justo!

A las 12:00 nos dimos el Feliz Año, nos abrazamos todos, de primeros papi y yo, y brindamos y ya.

Sábado, 1 de enero de 2000

Día 265

Todo el día de hoy estuvimos en el río. Tumbaron dos árboles y el desayuno fue la torta de anoche. Me arreglé las uñas, pero antes

---

31. Forma abreviada de referirse a «Billboard Top 40». Los 40 primeras canciones más escuchadas.
32. Fuegos artificiales.

almorcé patacones con arroz. La cena de anoche fue un consomé de pollo. Hoy lavé las tablas para poner los pies y quité el arbolito de Navidad. No tengo cucos[33] puestos. Mauricio me sirvió un vaso de chicha en el río.

Domingo, 2 de enero de 2000

Día 266.

Jugué ajedrez todo el día con Laureano; cuatro partidas: gané dos, y él dos. Hoy salí a buscar agua a las 3:00 a.m. Ayer y hoy han sido noches muy oscuras y se ven todas las estrellas: la Cruz del Norte y muchas más que las tapan los árboles. Hoy empecé a leer un librito de Luis Fernando Hoyos: *Vive tu vida y déjasela vivir a los demás,* muy lindo. Tengo una infección tenaz en la vagina. Me fui a nadar al río.

Lunes, 3 de enero de 2000

Día 267.

Hoy estaba jugando ajedrez con Laureano, y como papá tiene la fea costumbre de meterse en el juego, cuando yo iba a hacer una movida me dijo:

—¡Huy, qué bruta!

Eso pasa siempre, pero hoy no me aguanté y le dije que no se metiera en mi juego y me dejara jugar sola, que yo estaba bastante grandecita como para saber cuáles eran las fichas que tenía que mover.

Se puso histérico y me dijo:

—Leszli, ¿a quién crees que le estás hablando?

—¡Pues, a ti!

—Más respeto, maleducada, insolente, que yo soy tu papá y si sigues así te voy a pegar una cachetada.

Donde me llegue a pegar se me haría el colmo. Me quedé callada porque en parte él tiene razón. No le habría hablado de esa manera, pero yo ya le había dicho que me dejara jugar. Para colmo de males, me desconcentré y perdí.

---

33. Calzones, ropa interior de mujer.

Llegué al cambuche y me acosté. Él no se despidió de mí como lo hace siempre, con su *viszont látasra* (buenas noches, en húngaro).

Martes, 4 de enero de 2000

Día 268.

En las noticias hablan de que los familiares van a venir al sur de Bolívar el sábado a intentar iniciar conversaciones con los comandos de la región. Juego seis partidas de ajedrez con Lau; quedamos tres y tres. Me fui a bañar al río.

Comentario que papi hace a la guerrilla: que si vienen nuestras familias yo tendría que dormir con la señora de Pacho. Yo sin quererlo hice una cara tenaz, y Pacho se dio cuenta.

Miércoles, 5 de enero de 2000

Día 269.

Anoche le pregunte a mi papá qué comían las arañas y me dijo que insectos… Eso si, Tatica, ¡te jodiste! porque no voy a ir por ningún insecto para ti. Me alivia saber que tal vez si entra alguna cucaracha, le echarás mano. Me defenderás. Si no picas al mico, si no picas a mi papá y si no me picas a mí… te puedes quedar en tu casa y nosotros en la tuya. No sabía que vivías aquí.

Jueves, 6 de enero de 2000

Día 270.

Me quedé hablando con Lau hasta la 1:00 A.M. de hoy. Me llegó ropa interior, pantalonetas, camisetas y útiles de aseo.

Jugué ajedrez con Uriel y me ganó.

Viernes, 7 de enero de 2000

Día 271.

Me bañé dos veces en el río y jugué damas chinas y ajedrez con Pacho. Después, en la noche, me quedé hablando con Lau y con Pacho hasta tarde. Lau me dijo lo que él siente por mí. Le dije que esperáramos y miráramos que ocurría cuando estuviéramos en libertad. Aquí no quiero tener nada con nadie.

Día 272.

Papi hizo un ajedrez con piedritas del río; se la pasa todo el día allí. Yo me metí por una hora a nadar.

Llegó un guerrillero y se reunió con nosotros. Papi le dijo que cómo era eso de que las familias estaban arriesgando la vida sólo por una prueba de supervivencia yendo al sur de Bolívar y que el ELN no era capaz de darles una carta. Que en el libro que ellos tienen se habla muy claro de que debe respetarse el Derecho Internacional Humanitario, y éste dice que toda persona que esté retenida tiene derecho a mandar pruebas de supervivencia. Éste le dijo:

—Sí, ahí dice eso, pero no se hace —papi le dijo:

—Entonces, ¿para qué ponen eso ahí si es basura?

—Tenga más respeto, que es el libro del ELN —y mi papá:

—Pero entonces, ¿para qué tienen un libro de ésos, si no es verdad lo que dice?

Paró la charla en ese momento.

273 días de cautiverio.

A las 3:30 A.M. habló Jairo Jaramillo por Caracol. El mensaje fue que todos me extrañaban, que mis amigos me mandan saludos, que consienta a mis compañeros y que sea fuerte. Habló bien, muy lindo. Me puse feliz. Es muy bueno saber que la gente se preocupa por uno: es una palmadita que ayuda a echar pa'delante.

Soñé con mi liberación.

274 días de cautiverio. Semana número 39.

Tuve un baño como de una hora. Luego fue la reunión y después jugamos guerra naval con Uriel, Laureano y Pacho. El juego fue pospuesto mientras se bañaban. Con Pacho quedé de meterme al cambuche de Uriel y Lau para mirar y hacer trampa, y en esas me descubrió Lau. Fue tenaz y el juego se canceló.

Anoche me quedé hablando con Pacho hasta la 1:00 A.M. Me

preguntó qué sentía por él. Le dije que nada, que por qué me hacía esa pregunta, y me dijo:

—Leszli, yo sé que tú me odias porque me porté muy mal contigo los primeros días. Sólo te quiero decir que me perdones por todo. Reconozco que fui malo contigo, y tú no tuviste la culpa de nada. Por mí fue que el grupo se dividió tan feo. Sólo dime una cosa: ¿me perdonas?

Le dije que hacía mucho tiempo le había echado tierra a ese asunto y que ya no me importaba si él me hablaba o no.

Me dijo que él siempre quiso hablar conmigo, para que nos volviéramos a hablar como antes de que el hubiera empezado a insinuarme lo que sentía. Que de todo corazón me pedía perdón.

Yo le dije que no se preocupara, que todo estaba bien y que no me hablara de esas cosas porque me sentía incómoda.

Él jura que yo creí lo que me dijo. Así se lo hice entender. Voy a ser la persona más hipócrita con él.

Martes, 11 de enero de 2000

275 días.

Me bañé. Empecé a leer *El hombre que calculaba* y jugué ajedrez con Pacho. Nos mostraron hongos luminosos.

Hablé con Lau hasta tarde y nos pegamos un susto tenaz con un perro negro. Yo pegué un grito y cogí a Lau y él estaba más asustado que yo. Les hicimos una broma a Fer y a Diego con la cruz luminosa que hicimos con hongos.

Miércoles, 12 de enero de 2000

Día 276.

Hoy fue la reunión general para mandarle una carta al COCE con la que yo no estuve de acuerdo en dos puntos. Les dije que no la firmaría si ahí no se exponía mi caso, pues todos hablan de la compañía, que son trabajadores de Avianca, y yo como que no tengo ni voz ni voto. Se sorprendieron porque no se imaginaron que yo fuera a estar en desacuerdo, pero finalmente aceptaron.

Hablaron mi mamá, Nandor y Carol por la emisora Luis Carlos Galán. Fueron largos mensajes. Cada día los escucho más lejanos. Ahora los mensajes van a ser todos los días. También habló Lina.

¡Qué niña tan hipócrita! Después habló Diego Plata… Aunque insistía en que me quería y extrañaba, su mensaje lo sentí tan ajeno a mí… Increíble que sea en cautiverio cuando me vengo a liberar de ese sentimiento.

Jueves, 13 de enero de 2000

Día 277.

Estoy sentada en el tronco de la cancha. Amanecí algo deprimida. Apenas me levanté fui al río.

Anoche soñé con Diego Plata dos veces. En la primera él me decía que me quería, pero yo me sentía incómoda con sus palabras. En la otra yo estaba en un ascensor; cuando se abrió la puerta apareció Diego y me dijo que parara. Yo le dije que no tenía fuerzas y le extendí la mano para que me ayudara a levantar. Así lo hizo. Después me dio un beso muy lindo y tierno y me levanté.

Hoy en la Luis Carlos Galán habló Lina I. Me dice que por las noches cuando se acuerda de mí se pone a llorar, que me extraña muchísimo, que tenga fuerza.

Después habló Diego Plata:

—Leszlicita, soy yo, Diego. La llamo para decirle que la quiero muchísimo, que aquí la estoy esperando, que estoy feliz pues pronto voy a estudiar en la U. Estoy tomando clases de solfeo con Jairo. La extrañamos mucho, Leszlicita. Cuando vuelva vamos a ir a La Misa, ¡aunque creo que usted no va a querer!; pero no importa: yo me la llevo. Leszli, voy a seguir tratando de hablar por la emisora, así sea para decirle lo mismo.

¡Fue lo mejor, muy lindo!

Viernes, 14 de enero de 2000

Día 278.

Hoy terminé de leer el libro *El hombre que calculaba*. Este libro es un misterio.

Pacho vino para preguntarme que por qué estaba brava con él, que por qué no lo había dejado calentar las lentejas en la olla. Le expliqué, pero él no vino por eso sino por hablar conmigo.

Me quedé hablando hasta tarde con Uriel y Pacho. Uriel saca el tema de mami. Pacho después me cuenta sobre su vida y la familia de su esposa. Se escucha rugir al tigre.

Sábado, 15 de enero de 2000

Día 279.

Trato de poner la antena, pero aquí no entra bien la señal. Voy a bañarme al río, pero no me enjabono. Pacho me comenta que anoche sintió miedo de que papá lo fuera a ver hablando conmigo. Le dije que por qué. Al fin y al cabo, el que nada debe nada teme.

Domingo, 16 de enero de 2000

Día 280.

Papi y yo hicimos otra silla. Comí solo arvejas. Pacho me habla sobre culebras. A Uriel lo tienen apartado Juan, Pacho, Diego y Fernando. Laureano mejora del paludismo.

Lunes, 17 de enero de 2000

Día 281. 40 semanas de cautiverio.

Anoche soñé que Margarita estaba en una moto y se caía. La pierna derecha se le quedaba vuelta nada y ella se sacaba las venas; se le veía el hueso. Era Navidad. Vi a Florentina, que estaba triste, y también a Xiomara.

Papi me dice que hoy se reunirán cuatro congresistas, que las autodefensas aceptaron el despeje del sur de Bolívar siempre y cuando sea por la paz. Juan nos dice que el 28 de ese mes en Cuba habrá una reunión de Pablo Beltrán y Víctor G. Ricardo.

Ayer me puse el esparadrapo en la espalda. Vuelve el *Mañanero* de La Mega. Los días son insoportables, pero creo que empiezan a pasar rápido.

Mi relación con papi es perfecta: estamos unidos, hablamos de todo. Estoy muy orgullosa de mi papá. A todos los del grupo les cae bien. Él es un tipo que no se complica, creativo al 100%, lógico e inteligente al máximo.

Hoy llegaron las mulas con ropa, confeti, trago, juegos y un tarro de pintura negra, lo que me hace feliz.

Me puse a pintar los puntitos del báculo, pues ya se están borrando los de los primeros días; quedó súper lindo. ¿Cuándo en la vida me iba a imaginar que dependería tanto de un palito? ¡Le tengo tanto cariño! Al tercer día de estar acá, como me caí tanto, una guerrillera lo cortó y me dijo:

—Tome, cárguelo, que le sirve para apoyarse y es más fácil la caminata.

Y sí, tiene toda la razón: ya no me caigo tan seguido. Aquí lo tengo. En él anoto todos estos días con puntos. Pienso llevármelo el día que nos liberen para tenerlo como recuerdo de este secuestro.

Martes, 18 de enero de 2000

Día 282.

Repartieron confeti. Vi a mami en el periódico del 16 de junio. Jugué voleibol durante una hora y treinta con Juan y Pacho, el gordo. ¡Sudé…!

Uriel me regaló una pantalonera marca Puma. Le doy la mía, de cuadritos rojos, a Fer. Lau se recupera. Jugué veintiuna con Pacho. Nos trajeron Listerine, cuadernos, lapiceros, chocolatinas Jet, supercocos, lecheritas y salchichas.

Miércoles, 19 de enero de 2000

Día 283.

Mami me habló; Carol y Nandor también. Mami se desespera de pensar que yo lloro. Carol me cuenta que Dani es malo con los animales y que Nandor terminó el rural y que se está preparando para exámenes.

Una guerrillera insultó muy feo a Uriel. Eso nos dolió a todos. Pacho, Uriel y yo jugamos ruta hasta las 12:30 de la noche.

Jueves, 20 de enero de 2000

Día 284.

Llevamos como tres días desayunando con pan, chocolate y huevo. Uriel se integra de nuevo, ¡qué bien! Hoy mi mamá me habló por la radio y me dijo que la tía Amanda se había encontrado con Lina, Jito y Diego, quienes le contaron que habían tratado de comunicarse conmigo, que Diego era muy chistoso y que me van a hacer una gran fiesta cuando llegue.

Me quedo hablando con Pacho hasta la 1:00 A.M. Llovió. Pacho volvió a pedirme que lo perdonara. Que a mí se me nota en la mirada lo mal que me cae.

Viernes, 21 de enero de 2000

Día 285 de cautiverio.

Hice una lista de las laminillas que tengo de chocolatinas. Estos días estoy despertando con una sensación fea y pienso en mami como si ella también estuviera pensándome. Quiero ir a casa ya. Anoche soñé que estaba en un bus de viaje con mi mamá. ¡Mami, me haces tanta falta! Ya no sé si algún día nos volveremos a ver. Lo veo tan ajeno a mí, como un imposible.

Papi no me habla. Habló mami por la UIS. El ELN le pide plata a la empresa.

Sábado, 22 de enero de 2000

Día 286.

Tatica no se mueve de su terreno que es bien chiquito, hoy en la madrugada mientras papá se fue por su café, le tire un papelito enrollado y antes de que el papelito tocara el suelo, Tatica se metió en su huequito. Después salió, se detuvo en la salida, supongo que miraría alrededor a ver si había algún tipo de peligro para ella y al no encontrarlo, tomó el papelito y rápido se incorporó de nuevo en su casa. Es la primera vez que Tatica me acepta algo, así que salí a pedirle un pan al ranchero, me dijo, es el del desayuno y es el suyo,

después no pida más, le dije que no, me vine y le tire un trocito de pan al hueco.

Domingo, 23 de enero de 2000

287 días.

Hoy de nuevo me dio por mirar el hueco de Tatica y encontré por fuera el trocito de pan junto con el papelito. Con esto entiendo que Tatica me manda un mensaje: Leszli, por favor, ¡no más basura!… Nunca más, que se coma un cable. Y yo dándole un pedacito del único pan que tengo y que tendré quién sabe en cuánto tiempo para que lo disfruten las hormigas.

Nos quedamos jugando continental hasta las 11:00 P.M. y paramos por el aguacero que empezó a caer.

Tengo *leishmaniasis,* me lo confirmaron. Apareció una culebra por el toldillo de Pacho y otra donde Diego y Fer.

Lunes, 24 de enero de 2000

Día 288. Semana número 41.

Anoche soñé con Meg Ryan, que éramos amigas y estábamos jugando cartas; después vi a Cristhian Gómez, quien me saludó de mala gana; también vi a Diana Sánchez y a Tita.

Ayer mataron una mica grande dizque para comer. Mucha embarrada. Cayó desde la copa de un árbol y yo la recogí, pero ya estaba muerta; tres tiros. Ya la están preparando, pero ni papi ni Uriel ni Pacho ni yo vamos a comer. Laureano sí come de todo, ¡es un asco!… Miento: Uriel sí comió.

Llueve terrible. Pacho viene a que le haga la curación con Domeboro[34]. Le dije que sí, pero me parecía el colmo que él no pudiera prepararlo. Hace muecas y le pregunto si le duele, y dice que no. Es muy chistoso ese tipo, y buena gente cuando le da la gana. Me dio una chocolatina porque ayer y hoy le eché crema en la sarna.

Martes, 25 de enero de 2000

Día 289.

Mami habla por la UIS y por la emisora Luis Carlos Galán. Se le nota lo desesperada y triste que está. Me dice que la perdone por

34. Desinfectante de uso externo soluble en agua.

estar así y que ojalá yo no me encuentre igual que ella; que yo luche por mi libertad, que ella ya ha hecho de todo y que todas las puertas se le han cerrado; que se siente impotente y triste; que le pida al ELN que me devuelvan; que me robaron y que el tiempo perdido aquí ya no volverá; que le desespera tanto silencio y se imagina lo peor; que yo soy todo para ella; que me resigne; que ayer mandaron con la Cruz Roja Internacional cartas y una foto de todos, pero quién sabe si llegan.

Carol también habló dijo: «mis amores», que nos quiere más que antes. Mandó chismes y cosas con la Cruz Roja. Me puse triste por el mensaje. ¡Yo ya no puedo hacer nada!

Miércoles, 26 de enero de 2000

Día 290.

Sigo triste por el mensaje de mamá. Anoche soñé con Clarita y su mamá, que estaban aquí y había más personas, era una orquesta, los hombres estaban vestidos de mariachis cantando «La cucaracha»; todos me miraban y se mofaban de mí.

Extraño tanto todo. No se qué es lo que ocurre. Aun seguimos cautivos por estos tipos. Ya confirmaron que es económico el secuestro, cosa que siempre supusimos. Pero, ¿por qué tardaron tanto tiempo en reconocerlo? Tal vez porque la opinión pública ya no les para tantas bolas, porque al presidente Andrés Pastrana le importa un pito, y ya no tienen necesidad de seguir escondiéndolo.

Odio al maricón que tenemos de Presidente, es un imbécil, en el sentido más amplio de la palabra, para lo único que ha servido es para hacerle millas al avión presidencial. Siempre en la radio dicen que está de viaje. Un periodista lo criticó diciendo que el presidente Andrés Pastrana se preocupa más por figurar en cuanto evento importante hay en el mundo que en el mismo gobierno. También dijo que otra preocupación suya es estar siempre en la lista de los hombre mejores vestidos. Lo creo, estoy convencida, por eso lo critican tanto, es un zángano inmundo, se me rebota el estómago cada vez que lo escucho por radio.

Me siento impotente, triste, humillada, gorda y, lo peor, sin libertad.

Mi vida es como la de Tatica, aburrida, en un mismo terreno

para desplazarse, la misma comida todos los días, si es que comen la arañas, los mismos horarios. De verdad que hasta en eso me empiezo por parecer a ella, ya casi no duermo de noche, solo en el día. La gran diferencia entre ella y yo es que ella se marcó sus propios limites, en cambio a mí un par de hijueputas me los marcaron sin conocerme, sin pedirme permiso, me los impusieron a la fuerza. Si algún día salgo, no permitiré que nunca nadie me vuelva a poner un límite. Yo misma me los marco.

¿Cómo será la piel de Tatica? ¿Qué pasará si agarro a Tatica? Ya a estas alturas debe saber que no represento ninguna amenaza. Estoy aburrida. A B U R R I D A.

Hoy empecé a vomitar. Quiero hacerme daño, quiero sentirme, quiero gritar, quiero dormir, quiero no vivir más.

Jueves, 27 de enero de 2000

Día 291.

Lloré toda la noche con la canción «Pueblo mío» de Diego Torres.

Soñé con muebles nuevos en la casa, con Danielito grande y lindo, con Carol, mami, Nandor y Mauri. Ya me aburren esos sueños porque en el fondo sé que son mentiras.

Aquí a nadie le importa si uno amanece bien o no, triste o feliz. Nadie hace nada para tratar aunque sea de mejorarle el día a uno. Antes es todo al revés: lo ven a uno mal y lo apartan. Ya no sé ni qué pensar, si soy yo la que ve todo así. Como dice el libro de Ernesto Sábato: «Tienes un vidrio rojo y ves todas las cosas de color rojo». Estoy más gorda; ayer me puse el jean y me di cuenta.

Pacho vino e invitó a jugar a Fer y a Diego. Ayer y hoy en el desayuno tuve problemas por las galletas: yo no quería y pensaron que las había dejado de mala gana. Después vino Pacho por las cartas y me preguntó si estaba brava. Estaba dormida. Papi me enseñó a jugar carta blanca hace tres días. Ayer escuchamos mensajes en nuestro cambuche. Hoy igual. Mami habló.

Viernes, 28 de enero de 2000

Día 292

Anoche soñé que me metía en una piscina y que algo me pasaba. Me salí y había dos niños jugando en ella. Un niño se metió y después de un rato salió sólo la cabeza, pero en esqueleto. Después sacaron un enorme pescado y lo mataron poco a poco. Yo veía como agonizaba el gran pez.

Anoche hablaron mami y Judith, Esperanza y Mara Kálli, también Lauren Kálli. Jugué continental con Pacho, papi y Lau.

Domingo, 30 de enero de 2000

Día 293.

A las 6 y 10 de hoy me levanté de mi cama y me metí debajo. Allí estaba Tatica, esperándome, le dije que quería tocarla, se quedó quietita, ¿me escucharía? Mmm. Creo que sí. Uní las palmas de mis manos, una al lado de la otra, y las puse en el suelo, a 20 centímetros de Tatica. Extendí mis manos y me acerqué cada vez un poco más, ella no se movía, estaba quietita; cuando mi dedo más largo tocó una de sus patas, el corazón casi se me sale. Seguí y, en vez de retroceder, Tatica empezó a levantar sus patitas mientras mis manos se deslizaban por debajo. Toda ella se situó en mis manos. Estaba temblando. Tuve a Tatica y no me hizo nada, es paja, no muerde, no ataca, es la araña más linda del mundo. Ella sentía mis nervios y no se movía. Me paré y la miré detalladamente. ¿Como me vería? Que experiencia tan maravillosa. Me acurruqué y puse mis manos en la superficie mientras las separaba, el paseo había terminado. Tatica linda se bajó… y se quedó quietecita y le hablé y le di las gracias… Y pensar que esta gente las mata.

Lunes, 31 de enero de 2000

Día 294.

Ayer llegó un guerrillero con su mujer, dos compas nuevos, y no trajo noticia.

Lloré toda la tarde. En la noche jugué cartas con Uriel, Laureano, Pacho y papi. Papi dañó tres cartas cuando las acercó mucho a la vela para verlas, y Uriel se paró todo bravo. Él no respeta a mi papi, lo odia; se le nota muchísimo la rabia que le tiene. Además estaba ya muy bravo porque en fútbol Colombia perdió 9-0 con Brasil.

Papi está arreglando las cartas que quemó anoche. Se le arrugaron por el calor. Sí, ya están casi bien.

No hay nada que hacer aquí. Ayer hice veinte abdominales y me puse al sol un poco. Voy a ver si hoy hago lo mismo; está haciendo buen sol.

A las 5:45 minutos de la tarde fui al cambuche de Fer y Diego. Allí estaban Pacho y Juan comiendo lechera con galletas. Me ofrecieron porque les dio pena, pero yo no acepté porque estoy a dieta. Me sentí tan mal... Me quedé un tiempo prudencial y me fui. A papi el otro día le pasó algo parecido: Diego, Juan y Fer estaban tomando, y cuando él llegó escondieron el trago. A papi no le importaba el trago sino el hecho. Papi siempre les ofrece de todo a ellos, es muy generoso. Hasta les regaló una silla. Bueno, la verdad es que eso es típico de las costumbres colombianas: la gente es amarrada y tacaña. Yo, gracias a Dios, no soy así, pues tengo las costumbres de papi, y papi las de sus padres, que eran húngaros. Mami también es generosa, y eso que sus padres eran de aquí. Pero nada parecido a estos.

Clemencia Suárez está cumpliendo un año de muerta.

Martes, 1 de febrero de 2000

Día 296 de cautiverio.

El día amanece más aburrido que de costumbre. Es muy tedioso este campamento. De desayuno, lo mismo de siempre; de almuerzo y comida, arroz y lentejas. A papi se le nota el desespero.

Me dice que sueña con un desayuno del restaurante Tonny. Mami y Carol hablan por la UIS. Al fondo se escucha a Danielito. Carol me dice que yo estaría feliz con él porque le encanta hacer favores de llevar y traer cosas. Me ataco a llorar toda la noche. El gordo y otro guerrillero me consuelan. Después papi se toma una botella y media de brandy y se pone a hablarme. Me dice que es igual que cuando hablaba con Nandor. Los demás también toman.

Miércoles, 2 de febrero de 2000

Día 297.

Los guerrilleros convocan a una reunión para hablar de cómo nos sentimos y de las noticias. Lo único que yo pregunté fue si nosotros estábamos ligados o si una vez hubiera despeje saldríamos y me dijo que Gabino había dejado en claro que esto era económico y no político. Pedí permiso para retirarme y me vine. El resto sigue desgastándose con el mismo discurso ridículo de siempre: que somos pueblo, etc. etc.

Uriel, como siempre. Ese tipo es un verdadero fastidio para todo. Yo sigo con la nota en el piso.

Diego González tuvo un sueño en el que nos liberaban el 16 de marzo a las 14:00 horas.

Jueves, 3 de febrero de 2000

Día 298.

Hoy por día, mañana por fecha hace un año se fue Diego Plata a Canadá. Me levanté como a las 6:00 a.m. Me puse a recordar todo lo que ocurrió hace un año y lo triste que estaba por su partida.

Me pongo a escuchar la FM de Julio Sánchez Cristo y el tema: Cómo saber si la pareja de uno es gay. También hablan de la visita de Víctor G. y de las FARC a Noruega y Suecia para tratar de imitar el modelo económico. Por la violencia de acá y por todos los problemas que hay, me parece que esa intención es bien ilógica. Dicen que hay que invertir en la sociedad.

Domingo, 6 de febrero de 2000

Día 301.

Hace dos días no escribo. Ayer papá y yo nos pusimos a pintar todo de blanco. Fue muy rico. Anoche jugué a las cartas con Pacho. Mami, Nandor y Carol nos mandaron mensajes por Caracol.

Diego, Lau y Pacho están tomando clases de natación con Fernando.

Me hice una mascarilla de azúcar y limón. Estoy engordando notablemente. Hice unas tortas de avena. A todos les gustaron.

Papi y yo resolvimos un crucigrama que salió en *Vanguardia* el lunes 31 de enero de 2000.

Lunes, 7 de febrero de 2000

Día 302.

Anoche llegó carne y tenía un aroma tenaz. Hoy todos están comiendo, menos yo.

Hoy pasó algo muy feo con Uriel: como yo no como carne, me

dieron un huevo y dos papas, y Uriel pasó por ahí y le preguntó al ranchero:

—Huy, qué rico. ¿Para quién es? —y el ranchero le contestó:

—Es para Leszli, porque ella no come carne y hoy no ha habido más que carne, y por eso la pobre china no ha comido.

Y dijo el muy ridículo:

—Pues va a tener que compartir, porque hoy yo no quiero comer más carne.

Yo me volteé y le dije:

—Qué pena, Uriel, yo llevo mucho tiempo sin comer y no pienso compartir la única comida del día sólo porque al señor no se le da la gana de seguir comiendo carne.

Para rematar, cuando me estaba bañando en la quebrada, Juan me empujó al río y me pegué durísimo contra las piedras. Salí y le dije:

—¡Coma mucha mierda, Juan! ¡Me pegué!

Y me dijo que lo había hecho por romper el hielo que hay entre los dos, y que lo disculpara.

Martes, 8 de febrero de 2000

Día 303.

Hablé con Lau de películas y sobre lo que iba a hacer cuando tuviera mi libertad. Le dije que estaba desesperada porque no pasaba nada.

Habló mami por la UIS.

—Hola, mi nena linda. Quiero que sepas que te extraño y que quiero verte pronto a mi lado. Mi vida, debes estar positiva y tener tu mente fuerte. Visualízate en tu casa y libre. Lina y Diego y todos tus amigos preguntan siempre por ti. Te cuento que hay mil historias a tu alrededor, y eso es porque eres linda e importante.

Jueves, 10 de febrero de 2000

Día 305.

Anoche empezaron a hablar de miedos, de fantasmas, del Mohán[35]... Los guerrilleros estaban muy asustados y decían que

---

35. Monstruo, especie de criatura mítica de Colombia.

habían visto luces. Nos preguntaron si alguno de nosotros estaba alumbrando en el río.

Después llegó Uriel poniendo cara de tragedia, diciendo que lo habían echado del trabajo. Como nadie le paraba bolas se hizo el mártir y al final se fue. Ahora quién se lo va a aguantar, porque se va a agarrar de eso para que lo liberen a toda costa.

Hoy me desperté temprano, barrí y me maquillé. Papi me contó que hoy los rusos bombardearon Chechenia.

Busqué la ficha morada del parqués que el mico botó anoche. Ayer no fumé, no hay cigarros.

Viernes, 11 de febrero de 2000

Día 306.

Hoy han volado quince torres de luz, tal y como nos lo dijo un guerrillero.

Mami me habló ayer: que por medio de telepatía, como jugábamos cuando yo era pequeña, le diga si estoy bien. Después habló Carol, nada nuevo.

Sábado, 12 de febrero de 2000

Hoy cumplimos diez meses aquí. Día 307.

Anoche papi me hizo sentir muy mal. Se le nota en todo que yo le fastidio. Me dijo que yo nunca iría a vivir con él a Bogotá, dizque porque lo trato mal. Y siempre sale con lo mismo: que una vez saliéramos, en seis meses no me facilitará viajes o pasajes. Eso no me importó. Me dolió mucho lo otro que dijo: que no me acepta para vivir con él.

Me acosté y me puse a llorar de la tristeza. Me levanté como si nada y empecé dizque a hacer un vestido, y dañé la cobija. Se puso más histérico. Últimamente me ha fastidiado.

¡Me quiero ir…! Me duele el corazón. Tengo el alma partida en mil trocitos. Mami, te adoro. ¿Será que un día nos volveremos a ver?

Me duele mucho el lunar que está debajo de la oreja derecha; siento punzadas fuertes.

Jugué veintiuna con Fer y Diego, y después me puse a improvisar lo que diríamos al llegar a un bar. En la noche me puse a bailar con Diego y Fer.

Domingo, 13 de febrero de 2000

Día 308.

No hubo mensajes en *Voces del secuestro*.

Anoche soñé con precipicios en el mar Mediterráneo. Yo tenía miedo de caer al mar, pero me caí y adentro también se veían precipicios. Yo poco a poco los recorría de subida; era algo muy extraño. Después ayudaba a todos a salir del agua; pero nadie me ayudaba a mí. En otra imagen, estaba en un cementerio antiguo donde una señora que vestía un traje típico europeo vendía gusanos; yo salía corriendo.

Estoy cansada de escuchar vallenatos a toda hora, de ver tanto verde, de escuchar tanto grillo, chicharras, pájaros, río. Estoy mamada de escuchar radio, de estar pendiente de la noticia, de ver tanto plástico negro. Estoy cansada de vivir aquí.

Este hijuemadre toldillo se llena de hormigas que huelen a chinche y pellizcan. Que vida de asco ésta. Tengo la regla.

Le pregunto a papi si él cree que volvamos algún día. Me dice que claro, pero se le nota que no sabe.

Lunes, 14 de febrero de 2000

Día 309.

Hoy me desperté temprano y me puse a hacer vainas con papi: quitamos las tablas, las lavamos, remodelamos el cambuche. También lavé los toldillos. Ayer llegaron los periódicos del 10 y 11 de febrero. En las noticias hablan del ELN y de que hay propuestas para nombrar un consejero de paz, porque Víctor G. está en Noruega con las FARC y se le olvida que la paz se hace con todos.

Martes, 15 de febrero de 2000

Día 310.

Anoche tuve sueños muy raros. En uno me decían que como no habían sabido nada de nosotros, habían decidido enterrarnos ficticiamente, pero que nos habían dividido: en una parte habían enterrado a los hombres y en otra a las mujeres. Mi mamá lloraba mucho por mí y yo veía los ataúdes, entre ellos el mío, y no sé por qué me sentía muy rara.

Después yo estaba en una casa grande, visitando a Alejandra García, que estaba muy linda. Ella me mostraba su niña. El señor de la casa me decía que yo era muy importante y me tomaba una foto con las demás personas, y yo salía horrible en la foto. Después, en otra parte, yo reclamaba unas cenizas, y me decían que eran de mi papá. Yo les explicaba que no eran de él porque él estaba vivo; sin embargo recibí las cenizas, y en ese momento llegó Diego y empezó a consentirme; me decía que yo le había hecho mucha falta. Yo estaba feliz, pero muy extrañada por su reacción.

Hoy escuché a Pablo, Gabino y Antonio García en una entrevista por Radionet. Habló Ana Oliva López, ex de Uriel, y les preguntó por nosotros, y ellos dijeron que no respondían por casos particulares; dijeron que éste era un secuestro económico. La última pregunta se la hizo un periodista sobre el caso del Fokker 50 de Avianca y las 15 personas que aún siguen secuestradas.

Yo sinceramente veo muy lejana nuestra libertad. Ya ni pienso en cómo será, pues lo he pensado tanto que me voy a desgastar si sigo haciéndolo.

La vida es más injusta contigo, mami. Ay, cuánta razón tenías cuando me decías: «Mi nena, este mundo es muy injusto, y la vida también. Aquí todo está hecho al revés: a la gente buena siempre le pasan cosas malas y los malos siempre están bien».

Ha pasado tanto tiempo, mami, que ya no sé si nos volveremos a ver. Cómo estarás de cambiada; yo lo estoy. Deseo con todo mi ser poder vivir un solo día de los que pasé antes. Creo que la vida, por ser yo desagradecida, me trajo acá. Ahora que ya entiendo qué es ser feliz parece que se ensaña más conmigo, pues no me deja volver, y cada día que pasa soy más infeliz. Mami, perdóname todo. ¡Cuánto te extraño! Gracias a Dios que mientras estaba contigo supiste que te adoro, que siempre te lo dije. ¿te acuerdas cuando te decía: «Mami, consiénteme» o «tú ya no me consientes», y me respondías que yo ya estaba grande, sí, físicamente grande, pero que seguía siendo tu niña?

Mami, últimamente he tenido malos presentimientos. Se me ha metido en la cabeza que voy a morir.

Siento que me estoy yendo poco a poco...

Día 311.

Le dije hoy a mi papá que tenía que prometerme que lo que le iba a decir, no se lo podía contar a nadie. Abrió los ojos y me dijo, te lo prometo y le hice saber que si se lo contaba era porque estaba segura de que eso que le iba a contar no representaba ningún peligro para nosotros, y me miró asustado y me dijo:

—Ay nena, ¿qué animal tienes ahora? —como si tuviera muchos…

—¿Es que acaso cuántos he tenido? —le dije.

—Espero que no sea una culebra… —le dije que no.

Primero le expliqué que desde diciembre la había encontrado, pero que, no le había dicho nada porque estaba segura que él la iba a matar, y que tuviera en cuenta que no me ha pasado nada, ni a él ni a Piqui, así que no representa peligro… Me dijo: «habla ya», así que lo traje al cambuche y le dije que se sentara debajo de su cama. Eran las 5 y 45 y con la linterna le señale el hueco… Esperamos 15 minutos y mientras tanto se fumó un cigarrillo… Estaba tan nervioso. Tatica salió de su guarida, la cara de mi papá se transformó, la cabeza le quedó atornillada al tronco, se encogió y se paró, como si un resorte lo impulsara. Me dijo: «eso sí que no», qué pena. Le dije que promesa es promesa y si la mataba yo me moriría de pesar porque es el único entretenimiento que tengo aquí. Le dije que era inofensiva y para comprobárselo le arrojé un papelito. Pensé que su reacción sería la misma que la de la vez pasada (meterse en el hueco) y para su sorpresa y la mía, esta vez Tatica, antes de que el papelito tocara el suelo, pegó un brinco y lo atrapó en el aire. No se por qué pasó, ella no es así. Le expliqué que ella no actuaba de esa manera a mi papá, y me dijo: «¿noooooo, y eso entonces qué fue? ¿Qué estabas esperando, que se metiera al huequito?». Le dije que sí, que tal vez tenía hambre; pero mi padre me dijo: «mira, Leszli, me preocupas, ¿arriesgas mi vida la del mico y la tuya sólo porque quieres entretenimiento?». No le dije nada, solo le pedí que la analizara por unas semanas, para que él mismo se diera cuenta de cómo era Tatica, y que, por favor, no le contara a nadie.

Jueves, 17 de febrero de 2000

Día 312.

Anoche mi papá no me dejó dormir, toda la noche estuvo en alerta con la linterna prendida mirando a Tatica. Me preguntó sus horarios, le dije que eran de 6 a 6 y que de ahí, no se movía, que se acostara a dormir y no molestara y que, de paso, me dejara dormir a mí.

Me pregunto si había tratado de agarrarla, le dije que no, y me hizo jurarle que no lo iba a hacer. Si supiera... me mata.

Jueves, 2 de marzo de 2000

Día 326.

Hoy nos dicen que alistemos cartas porque van a mandarlas. Como tengo tanto por contar, desde hoy voy a empezar a escribirles a mamá, Carol, Nandor, Jairo y Diego. Creo que éste es el día más feliz de mi cautiverio, y casi podría decir que de mi vida. Llegaron cartas súper lindas de mami, de Nandor y Carito, aunque la de ella es corta. Cuentan muchas cosas, entre ellas que Diego le pidió a mami mi mano porque quiere casarse conmigo: que él ya había hablado con sus papis y que éstos le dieron su permiso. Mami le había dicho que ella pensaba, o que tenía entendido, que él no me quería, y él le había respondido que me quería muchísimo. ¿Será verdad? Ojalá que sí, porque saberlo me hace muy feliz... ¡Mentira, sería terrible!

Mami estuvo en Vallecito y habló con uno de los comandantes. Está tranquila porque le pareció que es gente buena. Dice que si le toca, se incorpora a las filas. La gente de Bucaramanga dizque ha inventado unos cuentos únicos sobre mí: que me volví guerrillera y que ando montaña arriba y montaña abajo con un fusil al hombro; que tengo novio guerrillero y que mi papá se la pasa llorando por eso. Me da mucha risa.

Me mandaron dos pantalones de parapente que según papi son de locos, pero que a Nandor y a mí nos matan; unas sandalias muy lindas, tres camisetas y dos camisas preciosas, medias, dos toallas; también un juego Gameboy, desodorante y pilas; y para mecatear, mantequilla de maní y bocadillo con arequipe. Aparte de eso, toneladas de felicidad y optimismo.

El jean que tenía se lo regalé a una compa porque ya no me queda bien, y también le di una camisa.

Domingo, 5 de marzo de 2000

Día 329.

Hoy me desperté y fui adonde Lau y lo felicité por su cumpleaños. Ayer el comandante me pidió que le organizara algo, y así lo estoy haciendo. Le regalé un dulce de los que nos mandaron.

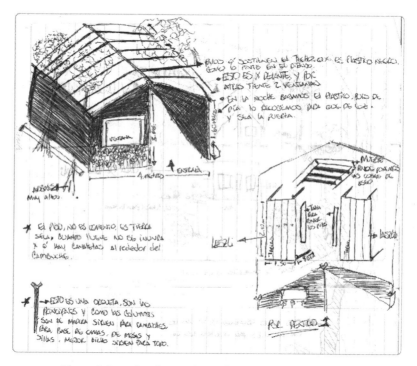

Plano del cambuche en el que dormían los secuestrados

Con papi me puse a tapar el cambuche con plástico, pues con la tormenta de ayer se nos metió el agua. El río se creció muchísimo y está oscuro.

Estoy vestida como pienso salir el día que nos liberen: jean, camiseta azul, sandalias y una pañoleta. Me siento muy bien.

Ayer comencé a escribirle a mami un relato en el cuaderno que me mandó. Pinté las tablas de negro y blanco. Estoy leyendo el libro de Eduardo Galeano *Los que decimos no*. Me encanta.

Martes, 7 de marzo de 2000

Día 331.

En los mensajes hablan de que mami está en el sur de Bolívar recogiendo cartas. ¡Qué felicidad! Yo me pongo a llorar de la emoción.

Miércoles, 8 de marzo de 2000

Día 332.

Mami me habla feliz, dichosa. ¡Qué felicidad! ¡Está tranquila y eso me pone dichosa!

Jueves, 9 de marzo de 2000

Día 333.

Habla Nandor. Siento que está súper bien; qué cambio. Habla de la «clase pendeja», o antigua clase media, que nosotros no tenemos que culparnos de nada, que él sabe que estábamos secuestrados y no de paseo… Fue muy lindo. Después habló Carol contándome que Diego, Jairo, Lina y Jito fueron el lunes a la casa porque pensaron que mami podía traer pruebas de nosotros, y que le dijeron que tenían miedo de que cuando yo llegara los viera muy culicagados. Nandor está trabajando en la aseguradora Colmena, o algo así. ¡Mucha embarrada! Yo le jodí el estudio porque a raíz de nuestro secuestro no creo que haya podido hacer más. Sólo espero que salgamos rápido para que él pueda estudiar y mami trabaje en forma, porque con todo esto qué cabeza sirve para el trabajo [o] el estudio. Yo les trunqué los planes a todos.

Sábado, 11 de marzo de 2000

Día 335.

Anoche soñé que caía a un gran abismo porque el señor del helicóptero en que viajaba no me había acomodado bien. Yo caía, me volvían a tomar y volvía a caer. Dentro de ese abismo, en el centro, había otro más profundo. Tenía miedo porque estaba lleno de basura. Yo decía: «Aquí me morí». Después soñé que con María Helena pasaba por una joyería y que me decía que me midiera un anillo de diamantes que era lindísimo. Después llegaba al apartamento de Diego y él me entregaba el anillo; yo, feliz. Después estaba con papi en un restaurante muy lindo donde había unas cascadas y cocodrilos. Veía a mucha gente conocida y le decía a papá que nos tomáramos un café en el zoológico, y me decía que no.

Juan me dijo ayer que él no tenía nada contra mí, y que feliz Día de la Mujer; que era tarde para decirlo, pero que lo que importaba era no pasarlo por alto.

Carol habló contándome como fueron esas dos horas en que sucedió el secuestro del avión. Mami había ido donde Claudia y José Luis, los vecinos, para tomarse un par de tragos con ellos. Después habían salido a dar una vuelta, y cuando llegaron les dijeron que Lucía había llamado llorando. Mamá la llamó enseguida y después les dijo a todos: «¡No! ¡El avión en el que viajaban Laszlo y Leszli está desaparecido! ¡No, Carol, no aguanto!» y se había puesto a llorar. Se habían ido a mi cuarto a escuchar las noticias de la radio; los periodistas sólo hablaban de la tragedia. Carol dice que fue muy feo, que el teléfono sonaba y sonaba. Eran llamadas de gente que preguntaba...

Mami, muy linda, me dedicó otra canción que me gusta: «Te veo venir, soledad». Que me iba a consentir mucho y que mañana me iba a mandar unas cositas.

Que cambio de mensajes: son súper.

Domingo, 12 de marzo de 2000

11 meses, día 336.

Día bien aburrido. Últimamente me la paso chillando cuando me acuesto, y no sé por qué. Es que me armo unas películas bien ridículas y me pongo a llorar por cosas que no son.

Ayer Nandor me dijo que la casa estaba cambiada, que la pintaron y remodelaron, cosa que me dejó pensando mucho. ¡Mala cosa! Por qué tuvieron que pintar mi cuarto cuando yo no estaba.

Lunes, 13 de marzo de 2000

Día 337.

Sin mensajes en la Luis Carlos, y preciso cuando entró perfecto la emisora.

La peor hora del día son las seis de la tarde, pues no se sabe si está claro u oscuro; el peor día, el domingo. Y cuando se juntan hora y día, peor. Aquí es muy lindo, pero lloro por estupideces.

El sábado en la noche, a las 11:00, fui al rancho; estaba el gordo, que había traído del rió una culebra y unos pescaditos para comer. Me preguntó si tenía sueño, y le dije que no.

Hoy llegó el arriero y lo mandamos a comprar trago y chocolatinas; él ayer me regaló chocolatinas, Coca-Cola y lecheritas. Muy buena persona. Hoy me regalaron una laminita del Día Internacional de la Mujer; ya la guardé.

El mico se perdió, se fue al monte. Lástima.

Martes, 14 de marzo de 2000

Día 338.

Me picó en la mano derecha un alacrán que tenía el mismo tamaño de mi mano. De tonta, por no mirar cuando puse la mano para orinar, ¡tenga! Me hizo roncha, la mano se me durmió y me dio un ardor terrible al principio, pero después pasó. Ahora tengo dolor de cabeza, pero nada más.

Hoy hay una reunión con los familiares de Avianca, y nos enteramos por el gobernador de Santander de que nuestros familiares demandaron al Estado.

Hoy no he comido nada.

Habló Carol: Andrea Lagos se casó, igual Helga Díaz. Diego está churro y muy cambiado, lógicamente. Angélica fue a la casa con la niña, que es muy linda, y sigue con César.

Nandor quiere que le diga cómo estamos, cómo dormimos, cómo es el río, etc. Qué chino tan cansón… Y sigue con la joda de que está haciendo una carta con datos y chismes de la vida cotidiana.

Miércoles, 15 de marzo de 2000

Día 339.

Hoy hay novedad: a Uriel le dio un patatús. Yo no le comí el cuento: me parece un gran montaje del señor, ya que se encuentra algo aburrido. Todos estaríamos dichosos de que lo liberaran.

Ayer llegaron periódicos donde sale mi mamá recibiendo mis cartas. También me habló por la radio: que está muy orgullosa de mí y porque he hecho lo que ella me mandó, que siga trabajando en eso. Que Pablo, mi gato, sigue igual de sinvergüenza: que se va con las gatas y regresa tarde; cuando llega lo regañan y aparece limpio a las dos horas. María se presentó en la UNAB[36] a medicina y no aprobó el ICFES; se pintó el pelo de mono y lo mismo Mónica. Ella se fue a vivir a Medellín y María Fernanda Castillo a Bogotá, con Lucho. Jairo, Jito, Lina y Diego me están componiendo una canción con una banda que se llama La Veterana Sexy, o algo así, pero le van a cambiar el nombre porque unos no están de acuerdo.

Jueves, 16 de marzo de 2000

Día 340.

Hablaron mamá, Nandor, Carol y Lina. Lina me dice que Diego vio unas fotos mías y que nunca se había dado cuenta de lo linda que soy; que está feliz esperándome. Que Jito ha ensayado tanto que se quedó sin voz. Ella espera que yo llegue antes de que todos se hayan ido. Mami me dijo que el mejor regalo son las pestañas; Carol, igual. Nandor me contó que Pablo tiene una infección en los oídos y que no come; que él lo está acostumbrando a que coma concentrado. Que Daniel no perdona hormiga ni nada, que es terrible.

Viernes, 17 de marzo de 2000

Día 341.

Papi y yo amanecimos muy tristes. Todo el grupo está muy nervioso porque la guerrilla no hace nada por Uriel. Nos da la impresión de que lo quieren muerto. Si nosotros somos testigos de esto es porque nos espera una suerte negra. Esto se hace más desesperante; yo me pregunto hasta qué punto podremos aguantar. Hoy sacaron a Uriel del campamento a eso de las 9:30 de la noche. Al parecer está muy grave.

Sábado, 18 de marzo de 2000

Día 342.

El día está horrible. Me maquillo y enseguida me quito todo el maquillaje.

36. Universidad Autónoma de Bucaramanga.

Sorprendieron a mi papá leyendo el cuaderno de Uriel. Mi papá buscando droga encontró un paquete de Robaxifén, las pastillas que yo tanto necesitaba. ¡Qué porquería ese señor: no me las dio!

Esta espera de nada nos está matando poco a poco. No tenemos ánimos para nada. Nos miramos las caras y no más. Estamos desesperados, y en las noticias no dicen anda.

Domingo, 19 de marzo de 2000

Día 343.

Estamos muy tristes. Hoy en las noticias dijeron que Carlos Castaño mandó una carta al presidente diciendo que va a replegar sus tropas del sur de Bolívar.

Ayer papi me preguntó si yo había tenido algo con Lau. Le dije que no.

Lunes, 20 de marzo de 2000

Día 344.

Nos enteramos de que Uriel fue dejado en libertad a las 9:45 A.M. y trasladado a la clínica Carlos Andila Lulle. Tengo mucha envidia de su buena suerte.

Martes, 21 de marzo de 2000

Día 345.

Lloro mucho. Quiero que nos liberen a todos. No entiendo qué pasa con esta gente, y sigo sin entender qué carajo pasa conmigo. ¿De qué les puedo servir? Conclusión: el Ejército de Liberación Nacional debe tener mucha, pero mucha plata, pues mantenernos no debe costar poco, ¡ay, es que un año es un maldito año! Al parecer la plata le sobra a esta gente. Sería muy rico si al final esos señores del COCE nos dijeran: «Bueno, señores, a ustedes, por estar tanto tiempo tan injustamente retenidos, por portarse tan bien y porque sabemos que son gente del pueblo, les damos estos milloncitos». Eso sería lo ideal. Así sí me quedo aquí más tiempo… ¡Pero cómo soy de estúpida, cómo puedo hacerme semejante película! Debe ser que tanto tiempo aquí acaba por volvernos estúpidos.

Salgo, miro todo, me siento, y de una se me salen las lágrimas. Quiero dejar de llorar. Últimamente estoy muy mal: debe ser la depresión que me coge y me da tres vueltas hasta que me deja totalmente idiota. Me gustaría saber qué clase de hijuetal fui yo en mi vida pasada para estar pagando este karma.

Nandor me habló por la UIS del suicido. Yo sé por qué. Quién sabe qué carajos les dijo Uriel, que los dejó tan preocupados. Pero la verdad es que de nuevo empiezan a rondar esas ideas en mi mente. Es que esto es un asco. No hay salida, no hay una maldita luz a la cual nos podamos aferrar, no hay nada; nadie nos dice hasta cuándo vamos a estar aquí.

Miércoles, 22 de marzo de 2000

Día 346.

Llegó el comandante, pero lo mismo que nada. Nos leyó una carta de Uriel, y que otro mando nos envía saludos. Las mismas puercas palabras de siempre que ya están bien gastadas.

Mi vida se acaba.

Papá pide que nos manden juegos y libros y buena comida y un resto de cosas. Yo me paro muy triste y le digo que no quiero ni comida ni nada, que quiero mi libertad.

La verdad, no entiendo qué quieren los entes del COCE. Ni siquiera sé quiénes son. Pero nuestras vidas, nuestra libertad y nuestros sueños están en las manos de un montón de personas que no se dignan mandar ni una maldita nota. Son dioses terrenales: le perdonan o le quitan la vida a alguien cuando desean, o quitan y dan la libertad, igual la felicidad, y así todo ¡Qué rico ser del COCE! Pero ¿qué clase de gente es ésa? Yo me los imagino altos, gordos y con cara de malos, que viven bravos todo el tiempo y, eso sí, muy ocupados dentro del monte. No deben dejarse ver la cara ni de los mismos guerrilleros. Me gustaría saber cómo es la vida de ellos, si tienen familia… ¿Será que les mataron a sus familias y por eso viven bravos con cualquier idiota como yo?

Leszli Kálli finalizó este diario. No volveré a escribir mis pensamientos mientras esté secuestrada. Continuaré mi diario en libertad… Si es que algún día logro salir. Pido el favor de que, si algo me llegara a pasar, estos escritos sean entregados a mi mamá, Marlene López de Kálli. A ella se los dejo. Y si se me llegara a extraviar, por favor háganmelo llegar. Es muy importante: es casi un año en el que pensé muchas cosas, y me gustaría conservarlo como el resto de los diarios que he escrito desde que era muy niña.

Muchas gracias.

Atte.:

Leszli Kálli

Domingo, 30 de abril de 2000

Mi diario finalizó el 22 de marzo, estando yo en cautiverio, como dice en el cuaderno. Y como entonces anuncié, aquí estoy escribiendo en libertad. Hoy es 30 de abril de 2000. Aún me parece mentira que esté sentada en la sala de mi casa. Son las 6:40 A.M. No pude dormir: toda la noche me la pasé pensando en lo que sucedió.

Voy a contar cómo fueron los últimos días en cautiverio. Finalizando marzo ya había perdido toda esperanza. Lo único que me mantenía eran los mensajes que me mandaban mi familia y algunos amigos. Deseaba la muerte; ya estaba cansada mentalmente. Papá y yo nos dábamos fuerzas, pero de mentiras. Él me decía que tuviera calma, pero ni él mismo se creía lo que decía, y lo mismo me pasaba a mí.

El 11 de abril estábamos escuchando un programa para nosotros, los secuestrados y desaparecidos del país: la maratón «36 horas por la libertad»[37], así se llamaba el programa. La gente llamaba y dejaba mensajes. La comunidad santandereana[38] le dio al país un ejemplo de solidaridad. En ese programa anunciaron que para el 12 de abril se daría un comunicado del ELN sobre los secuestrados del avión. La verdad, pensé, que hablarían lo mismo de siempre, y no me emocioné. Nunca me imaginé la noticia que nos tenían.

Al día siguiente habló el comandante Antonio García, segundo del Comando Central: «van a ser liberados siete u ocho personas del avión Fokker de Avianca, porque a la empresa se le hicieron unas exigencias y ésta no cumplió. Por lo tanto nosotros, sabiendo que esta gente por sus propios medios no puede cumplir las exigencias, hemos decidido liberarlos, porque nosotros no somos asesinos y sa-

---

37. Maratón de mensajes para los secuestrados en Santander.
38. Naturales de la provincia de Santander en Colombia, de donde proviene Leszli.

bemos que ellos son gente que vive de un salario, y contra ellos no tenemos nada. Son gente del pueblo y van a ser liberados en la Semana Mayor, antes del jueves o viernes, para que pasen estas fechas con sus familias». Yo brincaba, saltaba, corría, bailaba, reía, estaba feliz. ¡Ya era un hecho! Mi papá me miraba emocionado, mientras yo bailaba en mi alegría infinita imaginándome las cosas que tenía que empacar, los tenis que debía lavar, el toldillo que quería llevarme a casa como parte del recuerdo, las tristezas que debía dejar enterradas y las mil y una promesas que estaba a punto de cumplir al llegar a casa. Eran tantas las cosas que debía hacer en tan corto tiempo que rápido me fui a mi cambuche a empacar mis cositas.

Es que uno llega sin nada, pero una persona como yo que le da valor agregado a tantas pendejadas, pues termina con una indumentaria que es eso, pendejadas. Saque mi maletín y lo desempolvé, ya sabía qué objetos irían a parar allí de mis pertenencias. Necesitaba a mi papá para saber qué cosas de él quería empacar y él nada que llegaba.

Salí de mi cambuche para ver dónde estaba y lo busque por todo el campamento, los demás compas estaban haciendo lo mismo, hasta que el gordo me dijo: «su papá está en el cambuche de Iván». Me interné en dirección al cambuche de Iván y vi a mi papá parado frente a Iván, Aguado y el sobrino. Parecían estar discutiendo y, a medida que me iba acercando, bajaban las voces hasta que, una vez que ya estuve dentro del cambuche, se quedaron callados y mi papá me dijo que me fuera y lo esperara en nuestro cambuche que él ya iba para allá. Camino de vuelta no quise pensar nada negativo, pero por la actitud que tenían algo no andaba bien; sin embargo, era tanta la felicidad que preferí no opacar ese momento con algo trágico y tergiversado. Llegué al cambuche y saqué mis tenis, con la esperanza de que mientras los lavaba mis temores se fueran junto con la suciedad de éstos. A cada rato miraba hacia mi cambuche en busca de papá, pero nada, él no aparecía, así que terminé de lavar mis cosas y volví al cambuche sin que el temor se hubiera ido rio abajo. El miedo era cada vez mayor, hasta que papá llegó y con su cara confirmó mis dudas: algo no estaba bien. Se sentó en el borde de su cama y ahora pude ver cómo todo el peso del secuestro le había caído en la cara, marcándole los años que tenía y aumentándoselos. Su mirada estaba disipada en la nada, enfocada en medio de su angustia; no me miraba, sólo me dijo que le alcanzara un cigarrillo, así lo hice y le pregunté que había ocurrido. Respondió: «¡Nada!, no ha pasado nada». Le dije que por nada él no ponía esa cara y que le rogaba que me lo contara. Después de insistir por espacio de media hora, lo soltó, una cuchilla atravesó mi vida y quede agonizando de dolor a partir de ese momento:

—Leszli estos tipos dicen que tú te quedas y yo me voy porque con nosotros las cosas son diferentes, ya que tú no estás incluida en la negociación que se hizo con Avianca, que esto es particular, que es económico, que… —estaba diciendo hasta que interrumpí y le dije:

—Acaso yo no soy la hija de un trabajador… Y la carreta que se echó Antonio García por radio hace un rato, ¿qué es entonces… carreta? ¿Cómo nos pueden hacer esto, papá? ¿Por qué a nosotros? ¿Por qué Dios permite esto? ¿Por qué…?

—¡Nena, nena! Escúchame bien, jamás, por mi madre, voy a permitir que te quedes aquí sola sin mí, antes muerto y ellos ya saben esto. Primero me hago pegar un tiro si estos tipos no aceptan el canje.

—¿Cuál canje, papá? ¿De qué habla? —lo mire aterrada mientras le preguntaba.

—Pues que canje será, que tú te marches y yo me quede.

Si el cuchillo lo sentía ya enterrado en ese momento, sentí que por dentro de mi cuerpo lo movían con saña de un lado al otro.

Continuó mi papá diciéndome que a las 9:30 P.M. entablarían comunicación con el comando central vía radioteléfono para comunicar que él no estaba dispuesto por ningún motivo a marcharse sin mí.

Me paré de mi cama y caminé a la silla que papá había construido en diciembre. Miré hacia el rio y vi a todos mis compañeros alistando sus respectivas cosas, lavando, afeitándose, cantando y riendo. Frente a mí estaba la dicha que había sentido por tan poco tiempo; a mi espalda, el peso que no me dejaba respirar, que me ahogaba. Me senté en la silla, subí las piernas y me acurruqué en medio de ellas, y me cubrí con los brazos la cabeza y llore de rabia, la rabia que sólo siente el impotente. Necesitaba con urgencia que llegara mi papá y me dijera que todo estaba bien, que era una broma pesada, mientras con un abrazo me envolvía diciéndome que lo disculpara. Por su parte, mi papá necesitaba lo mismo y ninguno podía brindarle al otro esa seguridad ficticia que durante un año nos dábamos cuando uno de los dos desfallecía en medio de la pesadilla. Dos horas pasaron hasta que papá se llenó de valor, no sé de dónde y me dijo:

—Nena, mírame, no llores más, mírame: Tú te vas, que no te quepa duda.

—No es eso lo que me tiene así, papá. ¿Por qué estos deciden esto a última hora, por qué esperaron justo después del anuncio que hizo García por radio, para decirnos esto? Parece que lo hubieran meditado con saña, pareciera que alguien, no sé qué malparidos hubieran dicho: «démosles contentillo por unos instantes, que saboreen la liberación y después les clavamos la puñalada... Papá, ¿cómo puede haber tanta maldad? ¿De qué están hechas estas personas? No saben el daño que nos están haciendo. Hubiera preferido que antes de la noticia nos hubieran llamado aparte diciendo: Laszlo y Leszli, ustedes no tienen derecho a escuchar lo que García (el comandante guerrillero del comando central) va a decir, porque ustedes no están dentro de ese paquete. ¡Pero no! estos bellacos esperaron a que viéramos lo más cerca posible, después de un año, la posibilidad en las narices de la liberación, que la tocáramos, que la contempláramos y después ¡tan! el golpe».

—Leszli —dijo mi papá—. Yo sé que esto no tiene ni pies ni cabeza, nunca lo ha tenido, si tan sólo tuvieran un ápice de conciencia no estaríamos metidos en un secuestro. Tú tienes que prometerme que vas a sacar fuerzas porque no te quiero ver así, métete en la cabeza que esto es cuestión de dinero. Esto es una negociación, y como tal debemos actuar, y referente a lo que tú me dices, tienes toda la razón, pero si no te apresuraras tanto te darías cuenta que aquí hay un error.

Abrí los ojos, me sequé las lágrimas y lo miré fijamente.

—¿A qué te refieres? —pregunté.

—Mira, empezaron pidiéndome una cifra absurda para nosotros con tal de liberarte. Apenas escuché, les dije que tal vez vendiendo todo yo sólo podría conseguir la mitad de lo que ellos exigían y, sin escucharme bien, aceptaron de una vez, sin necesidad de consultarlo con ningún comando central. Después les dije que yo me marcharía y tú te quedarías, y ahí fue donde dijeron lo del comando central. Claro, que también puede ser que el comando central les haya dado una carta abierta en cuestión de cifras para con nosotros, eso justamente, es lo que no sabemos, pero lo vamos a averiguar. En este momento ya deben estar comunicándose con ellos, no llores más y esperemos.

Esperamos y faltando un cuarto para las 11 de la noche llegó Iván pidiendo permiso para entrar al cambuche y le dijo a mi papá que necesitaban hablar, y que por favor saliera del cambuche. Al rato volvió mi papá y me dijo:

—Ellos trataron de comunicarse con el COCE, pero fue imposible entablar comunicación. Mandaron razón a través de una fuente que sirve de puente a través de radio para que le avisara y, si tienen alguna respuesta, será dentro de cuatro horas. Trata de dormir que hoy ha sido un día extenuante.

—¿Cómo voy a dormir? Pásame un cigarrillo, el corazón se me sale en estos momentos.

Él se levantó y buscó dentro de nuestras cosas las pastillas de Ativán que Nandor nos había enviado para casos especiales. Sacó dos y me dio una, la otra fue a parar a su boca. Acto seguido, prendió un cigarrillo y me lo pasó y prendió otro para él.

La vela titilaba dentro del cambuche, la estela de humo dentro de aquel recinto cubierto de plástico negro creaba un ambiente pesado, sumado a la angustia que dos seres sentían dentro de sus respectivas camas encerrados dentro de sus mosquiteros. No cruzamos más palabras y a las 5 en punto se apareció Aguado (otro de los tres mandos) a la entrada del cambuche y ni siquiera pidió permiso para hablar, sólo dijo, con su mirada despectiva enfocada en el vacío, sólo en su maldad: «Mandan a decir que no aceptan. Usted se va y ella se queda». Con eso dio media vuelta y salió sin decir permiso, tan frio y seco como llegó. Dejó una estela de amargura al partir. Me senté en el borde de mi cama y contemplé a mi papá que tenía la mano derecha puesta sobre la cara. Quise salir corriendo detrás del cerdo mayor, insultarle, pegarle y si hubiera tenido el chance matarlo. No por sus palabras, sino por su actitud, por la manera como las pronunció, lo déspota de ver cómo, con esas palabras, dejaba a mi papá en ese estado. Lloré de nuevo y papá, que pensaba que mi llanto se debía a las palabras, por mi estadía indefinida en ese lugar, me dijo como si toda la fuerza del mundo se hubiera apoderado de él:

—Tú todavía no has entendido que te vas. Tú me paras bolas a mí que soy tu papá y no a este tipo. Se paró y se fue al cambuche donde estaban reunidos los tres mandos guerrilleros. El sobrino, Iván y el Aguado.

A las 10 A.M. llegó papá y dijo: «ya arreglé, tú te vas y yo me quedo». Una parte de mí quedó enterrada a partir de ese momento. Supe y sé que mi vida nunca volvería a ser la que había sido. Entendí que era realmente insignificante, que la fortaleza Leszli se derrumbaba en mil trocitos, que la vida se alejaba del cuerpo sin avisar, porque nunca estamos preparados para aceptar o, peor aun, para resignarnos ante la maldad que otras personas nos tienen deparada para restregarnos en la cara lo poco que llegamos a significar como seres humanos en medio de un conflicto que arrasa familias.

A estas alturas de la situación ya mis compañeros de infortunio hacían rondas para consolarnos: no juzgo el que no se hayan demorado un tiempo en cada visita. Ellos no querían y no tenían porque opacar el momento más feliz de sus vidas con tristezas ajenas. Cuando se marchaban a sus respectivos oficios y quedábamos los dos solos en medio de tanto silencio y abandono, podíamos escuchar desde lejos sus voces de alegría y sus cantos, en medio de las risas que sólo tienen las personas cuando van a ser liberadas, cuando van a volver a nacer después de estar gestándose en medio del caos que produce un secuestro por un año.

—Leszli —dijo mi papá—, quiero que seas consciente que esto es una prueba más que la vida te pone, quiero que seas valiente y me demuestres que puedes. Tienes que mirar esto como una negociación. Tú vas a salir y debes conseguir la forma de reunir la cantidad de dinero acordada. Yo sé que tú puedes hacerlo, no sé cómo, pero busca la manera. En estos momentos no será fácil, porque uno de los dos sigue secuestrado y el gobierno no permite vender ninguna propiedad, las cuentas además quedan congeladas. Tienes según ellos, exactamente tres meses para conseguir el dinero y llevarlo a alguna vereda cercana a Barrancabermeja. Ellos después se comunicarán contigo dando instrucciones precisas sobre el lugar y la fecha. Tú solita sin nadie debes ir, pero no en tres meses. Así lo consigas antes, así te ganes la lotería, te regalen el dinero, no debes por ningún motivo entregarlo antes de 6 meses, porque si no ellos van a creer que te fue muy fácil adquirirlo y empiezan la mamadera de gallo. Acuérdate que si te vas a demorar es por mi bien, yo aquí estaré bien y confiando en ti. Ya sabes nena, SEEEIIIIS MESES… no tres.

Mientras él hablaba yo sólo pensaba en cómo iba a llegar a Bucaramanga y decirles a mis hermanos la situación. Decirles, oigan no se emocionen de a mucho, mi papá no pudo venir y toca conseguir dinero lo antes posible.

—Papá —le dije—, es más fácil si yo me quedo y tú sales. Tú tienes más contactos que yo, la gente hará negocios contigo; pero yo de 19 años pidiendo plata prestada porque mi papá esta secuestrado, va a ser imposible. Me tocará robar, no sé; además, papá, yo puedo aguantar más, soy joven y si sobreviví un año por qué no voy a durar seis meses más. Acuérdate de tu columna. Aquí no hay nada que discutir, sales y se acabó. Déjame quedarme contigo, como siempre lo hemos dicho: entramos los dos, y salimos los dos. No me hagas esto por favor…

Él se acercó y me abrazó, en ese instante estaba ahogada en llanto. Quedamos abrazados en silencio, llorando, yo sintiendo que tal vez era uno de los últimos abrazos que le daba a mi papá; luego abrí los ojos y me fijé en su cuello, quería grabarme todos sus lunares, la forma de su oreja, sentir sus brazos y convertir toda esa información en un recuerdo tangible para cuando no lo tuviera a mi lado. Mis compañeros todos juntos llegaron en ese instante, unos nos daban palmaditas en las espalda, Laureano me decía que no podía creer la canallada que nos estaban haciendo, que me tranquilizara, sus palabras fueron las únicas que me llegaron al alma, siempre fue sincero. Detrás de ellos apareció Iván que nos miro como sintiéndose culpable, agachaba la cabeza y solo nos dijo a todos: «Compas, hay reunión ahora en el cambuche principal». Mi papá dijo que se quedaba, pero él insistió que todos debíamos estar allá. Todos nos paramos y quedamos de últimos mi papá y yo, en la fila hacia el cambuche principal.

Aguado, en el momento que íbamos para el cambuche, también se dirigía hacia allá, en su cara se veía reflejada muy sutilmente, como quien quiere que vean y no vean al mismo tiempo, cierta sonrisa de cinismo que se escapaba por sus ojos. Disfrutaba mi dolor, no me cabía duda. Ya lo sabía, por eso nunca desaproveché la oportunidad para mirarlo de una manera despectiva; las miradas de rabia eran de parte y parte; pero ese día, en ese momento y en esas circunstancias, era una humillación que sobrepasaba cualquier límite de fastidio entre los dos. No tenía fuerzas para mirarlo mal, para seguir su juego. Ya había entendido que mi nombre era cero.

Seguí caminando hasta llegar al cambuche y sentarme al lado de papá. Seguía con su brazo en mi espalda, y mi cabeza sumergida en su cuello. Hasta que Aguado alzó la voz y dijo: «Los hemos reunido aquí para informarles que mañana a las 8:00 A.M. empezamos la marcha para su liberación, y no quiero que nadie se retrase por motivos de show o despedidas…». Sus dos últimas palabras eran golpes secos que retumbaban en toda mi cabeza, «por motivos de show o despedida», me repetía a mí misma una y otra vez, «show o despedida», y la sangre se me subió a la cabeza, me sacó de mi tristeza y me convertí en una persona sorda que sentía que se ahogaba y necesitaba con urgencia pararme. Así lo hice, me paré y le empecé a gritar: «¿por qué no me lo dice a mí, aquí la única que va a ser el show en la despedida seré yo, o es que usted cree que alguno de mis compañeros siente que se muere porque mi papá se queda? ¡Infeliz!, míreme a mí y dígamelo de frente, tenga las huevas de mirarme a la cara, sea macho». Todo esto le gritaba mientras mi papá me decía que me tranquilizara. Ninguno de los guerrilleros se metió, por sus caras me quedó constancia de que aprobaban de cierta manera lo que hacía y lo que decía. Aguado tampoco dijo nada, sólo se retiró. Mi papá me abrazó y me retiré con él para el cambuche mientras lloraba; papá tampoco me lo reprochó. Sé que tampoco lo aprobaba, pero no me dijo nada, sabía que era una reacción defensiva en medio de mi dolor por aquellas palabras. Mis compañeros me miraron estupefactos ante la escena… quizás temiendo que todo acabara mal o que tal vez por esto pudieran aplazar la entrega.

Ya, en el cambuche, encendimos cada uno un cigarrillo y pasado un buen rato de meditación en silencio y calmado un poco los nervios, le pregunté:

—¿Y si nos fugamos esta noche, qué?

—No —contestó—, hay muchas minas por lo que nos tocaría por el río, y ya bien sea bajemos o subamos para despistarlos nos estarán esperando en ambas direcciones, y si nos salimos, ¿qué hacemos si nos explota a alguno de los dos una quiebrapatas? Lo mejor es seguir con este plan y ponle atención, si mañana, cuando empiecen a caminar y después de un tiempo te sacan del grupo, será con el propósito de que tú te quedes, y a mí me llegarán con el cuento de que ya estás en libertad; luego me sacarán a mí y cuando esté afuera tenga que negociar por ti; por lo tanto tendrás que hacer exactamente lo que te diga y es que al cabo de unas horas, diles que tienes dolor de estomago, y cuando estés sola haciendo tus necesidades, sin que se den cuenta sacas tres Ativán de un pliegue del suéter que vamos a hacer y, te los tomas al tiempo. Con tres no te pasa más que un sueño terrible, así que te las tomas sin que sospechen de nada, luego prosigues tu camino normal, hasta que, cuando te empiecen a hacer efecto, te quejas cada vez más de dolor de cabeza. Ahí seguirás con los efectos aumentándose hasta que quedes profundamente dormida. Al cabo, cuando te despiertes y te acuerdes de toda la situación grita del dolor de cabeza y, cuando estés sola otra vez, saca otras tres pastillas y te las tomas, y así les harás creer que estas a punto de un problema grave en el cerebro y buscaran la manera rápida de entregarte. Lo pienso así porque si a Uriel lo entregaron tan rápido, con mayor razón a ti, pues eres la niña del grupo y si te mueres quedan muy mal. Acuérdate de la muerte del ingeniero Gonzáles, no creo que estén dispuestos a volver a vivir la historia de él, cuando lo entregaron hasta en la gobernación lo velaron. Incluso los elenos mandaron un comunicado a la familia diciendo que fue un accidente y que sentido de pésame, así que no se pueden permitir que les vuelva a ocurrir y menos aun con la propaganda que tu mamá te ha hecho. Así que ya lo sabes, deberás actuar como para ganarte dos oscares a un tiempo. Acuérdate, esto es un negocio, y ellos pierden mucho, también trata que no te pillen la droga, pues ahí sí, como dicen, la cagamos, María Ramos, y ya me veo saltando matones.

—Bien, papá —le contesté—, no te preocupes que eso haré —y empezamos con una cuchilla, el corte en la franela, introdujimos las treinta y dos pastillas, en cortes de a cuatro, finalmente me puse el suéter, para probar si se veían o se sentían al tacto, quedando de modo perfecto, imposible de notar, luego hablamos un rato más y me dijo que era mejor tratar de dormir ya que, desde mañana, el creía que me esperaban dos o tres días de fuerte caminata.

Me desperté a las 5:30 A.M. Mi papá, como de costumbre ya no estaba. Él se levantaba a las 4:30 A.M. y se iba a la caseta de la cocina, para prender la leña y preparar el café para todos, y para que el guerrillero que tuviera el turno de cocina ese día, encontrara la estufa de barro con la leña lista y no se demorara en la preparación de los desayunos. También aprovechaba que podía entrar a la caseta donde estaba la despensa y podía tomar panela o chocolate en barras que luego rompía en pedacitos y guardaba en una caja de galletas, para cuando tuviéramos hambre, decía que «el mejor lugar que puede tener un prisionero es en la cocina».

Ese día no esperé a que me trajera el desayuno, como a él le gustaba hacerlo. Entraba en la cocina antes que los demás, y, por tanto, me servía un poco más de desayuno y más escogido. Decía que si los otros querían lo mismo, que se levantaran temprano; pero la gente prefería dormir.

Cuando llegué a la cocina, él se estaba bañando en el río y, al verme, salió diciéndome que ya estaba listo el café y preguntándome si había dormido bien y que si estaba lista para la libertad. Yo me sentía terriblemente mal, había pasado otra noche de angustiosas pesadillas y a pesar de no tener sueño, tenía un terrible malestar en el cuerpo. Cada vez que pensaba en la separación se me retorcía el estomago de la rabia.

El tiempo pasó muy rápido, en nada todos estaban desayunados y listos menos mi papá, quien alistaba lo mío. Yo estaba devastada: ¡qué amargura salir así a la libertad! ¿Libertad?, ¿qué libertad? Increíble, saldría aun secuestrada por mi papá, ¡qué frustración! Supuestamente el día más feliz de mi existencia, se tornaba en el más infeliz. Libertad, ¿cuál libertad?

Llegó el momento, todos los compañeros se acercaron a nuestro cambuche y uno a uno con lágrimas fueron abrazando a mi papá, quien con sonrisa triste les deseaba un feliz regreso y les pedía que pensaran en él y que se tomaran el segundo trago cuando estuvieran libres a su nombre. Cada uno se despidió en menos de 5 segundos, y cada uno de ellos, marcados con una tristeza infinita. Luego llegaron mis segundos, los últimos, nos abrazamos y me dijo: «tranquila, todo estará bien, créemelo, vete, no te demores», y con eso me dio un abrazo mas del que jamás me hubiera querido separar; pero él me obligó. Le di la espalda y empecé a caminar, pensando, no, pero qué estoy haciendo, no debo dejar solo a mi papá. Él no me habría dejado, y seguía caminando en medio de un silencio de todos, y me dije no, no lo voy a dejar, y grité: «no me voy sin mi papá», y boté mi morral y corrí a donde mi papá, quien me esperó y, tan pronto me abracé nuevamente a él, me entró al cambuche y me dijo:

—Nena, la estás cagando. Esto, vuelvo y te repito, es una negociación, así que si quieres ser comerciante, mejor te empiezas a preparar desde ahorita mismo. Si no te vas, tenlo por seguro que va a ser muchísimo peor, hazme caso por Dios, aunque sea sólo por esta vez.

—Papá —le dije—, no —y me interrumpió y dijo:

—Vete a la libertad y a ganarte esos dos óscares; pero vete que va a ser muchísimo peor para ambos, no la cages ahora que lo tenemos todo arreglado, vete.

—¿Verdad, papá, verdad? ¿Tu crees?

—Te lo juro, nena, vete antes que sea tarde.

Luego salió del cambuche y les gritó a los guerrilleros, y luego otro abracito final, me empujó y dijo: «bien, sigamos lo acordado que estas demorando las cosas».

Empecé a caminar y, al cabo de unos veinte pasos, volteé a mirarlo, pero él se había metido en el cambuche, y seguí caminando con el corazón hecho pedazos jurándole a Dios, que esto se lo contaría al mundo entero: que sepan que esto no es nada político, que sepan que esto es tortura, es esclavitud, que sepan y que ayuden a acabar con el sufrimiento de tantos, no es posible que empezando el tercer milenio después de Jesucristo, seamos tan tolerantes, que las personas vean este mal sin que hagan nada, sin que ayuden, sin que apoyen. Es que si son cobardes al menos con una simple opinión, así sea desde sus casas, todo sirve, o es que no quieren un mundo mejor para sus hijos, sus nietos. Y así me fui pensando, así me tocó caminar, donde cada paso era una maldición.

A lo lejos, a pesar de la oscuridad, diviso las oscuras figuras de tres personas que vienen caminando hacia nosotros. Están como a cincuenta metros, pero el corazón me late que ahí, viene mi papá y me levanto y grito: «Papá», y enseguida uno de los tres que viene caminando empieza a correr. «Nena, sí soy yo, ya llegué». Cuando llegó nos abrazamos y nuestros compañeros también lo abrazaron, qué felicidad, gracias Dios mío, ahora si podré ser feliz como los demás en mi liberación, gracias, muchas gracias.

Después de saludarnos nos sentamos él y yo, a oír su anécdota de cómo lo habían liberado. «Te lo dije, ¿sí o no? Mira ya estoy acá, pero bueno ¿cómo sabías que era yo?» Y le contesté que a la hora de separarnos nos habíamos encontrado con otros guerrilleros que me habían dicho que no me afligiera porque esa noche traerían a mi papá, por orden del COCE. «Por eso sabía que vendrías; y a ti ¿cómo te lo dijeron?» Y me contó que poco después que lo liberaron le llevaron a un nuevo compañero, un español, llamado Ángel Blanco Vázquez, (Vázquez, me dijo, las dos con zeta) que andaba en huelga de hambre. El comandante guerrillero le dijo aparte que se lo llevaban para que lo convenciera de que comiera, pues estaba en huelga y solo consumía agua, y que el español, tan pronto se lo presentaron, creyó que mi papá era un comandante, porque a él lo tenían arriba en la caseta de la avanzada donde no teníamos acceso, y nos podía oír jugando fútbol y voleibol y creía que éramos un grupo de la guerrilla urbana en entrenamiento, y así se fueron presentando, Papá le dijo que el era el capitán Laszlo Kálli, y que a su hija y sus compañeros los habían llevado a la libertad hacía menos de una hora. El español, a su vez, le contó que lo habían sacado de la casa de los suegros en la medianoche del 31 de diciembre, y que no sabía nada de la familia, por lo que estaba dispuesto a morir. Entonces mi papá le dijo que si a él, todo un colombiano, lo secuestraba el ETA, en España, no se iba a morir de hambre por ellos, y que si iba a morirse lo haría en el intento de escapar, y le señaló el oriente y le dijo que en esa dirección, a menos de 30 kilómetros, estaría Barrancabermeja, que caminara de 5 A.M. hasta las 7 A.M. y, por la tarde, de 5 P.M. hasta las 6:30 P.M., que eran las horas en que por lo general ellos, los guerrilleros, ya estaban en sus bases, y con esas tres horas y media, haría por lo menos dos kilómetros diarios, pero que debía llevar panela, arroz, velas, encendedores, varias latas de lo que encontrara, fríjoles, lo mismo que un toldillo, y un plástico grande y negro, medicamentos, que fuera consiguiendo todo poco a poco y lo guardara en una mochila y cuando estuviera listo se fuera en la noche, por el río, unos dos kilómetros y luego atravesara varios montes y ríos para seguir después por un río al cabo de unas horas. Luego los habían llamado a almorzar y mi papá le preguntó si iba a seguir con la huelga o se iba a preparar. Y le puso fin a la huelga y se fueron a comer, y después estuvieron hablando hasta que a mi papá lo llamaron y le dijeron que se iba en libertad, que se despidiera del español, y así fue, se despidió diciéndole que le mandaría mensajes a través de la radio y que cuando oyera la frase de: «en medio día se puede conocer uno toda una vida», ése era mi papá, y el mensaje sería para él. Luego se abrazaron y mi papá empezó a caminar junto a dos guerrilleros que lo traían junto con una mula. Venía con muchísimo miedo de que me hubiera pasado algo, de que me hubieran apartado del grupo, «Pensé que andabas buscando el oscar», me dijo, «¡pero que felicidad cuando te oí, se me lleno el alma otra vez, otra vez juntos!».

Esta es la historia más increíble que hubiera escuchado en todo este tiempo. «Papá, pobre tipo», le dije.

De allí nos trasladaron a un rancho cerca de la orilla donde empezó a llover copiosamente, y se nos dijo que durmiéramos, que ellos, nos avisarían para seguir.

Día 372

A las 3:00 a.m., caminamos hacia la orilla donde hay una especie de chalupa con motor fuera de borda, igual a las del primer día. Nos embarcan, no tiene techo y llueve fuerte, nos guarecemos en la cobija doble que mi papá trajo pensando que serviría de ayuda ya que todos habíamos dejado nuestras «pertenencias» pensando en que la entrega sería rápida y ya no las necesitaríamos más. Menos mal que papá no lo pensó así, por eso la trajo sirviéndonos tanto como siempre y ahora durante todo el trayecto. El frio intenso aumentaba por la lluvia y la brisa que producía la lancha, veloz en el río. Nos picaban las gotas de la lluvia y del agua del río, como si fueran agujas; pero la bendita cobija, a pesar de estar mojada, acabó totalmente con el dolor agudo de los ojos e hizo soportable el frío intenso. La ciudad de Barrancabermeja estaba a la derecha, pero éste no es el río Magdalena, parece el Cimitarra, dice mi papá y navegamos con la corriente y luego en contra por uno de los afluentes. Mucho tiempo después llegamos a un caserío al pie de un monte tajante como una cuchilla, allí desayunamos algo, nos despojamos del resto de la impedimenta, por no haber mulas, y luego caminamos hasta una cima, donde nos llevaron arroz con pescado envuelto en hojas de plátano. No fue mucho, pero con tanta hambre sirvió. Esperamos hasta las 3 P.M., y continuamos la caminata. Aparecen unos guerrilleros con dos mulas y mi padre se monta en una de ellas que, de inmediato, se desboca al ver una culebra, cayendo más adelante entre las rocas de un río seco. De milagro no le pasa nada, sólo un tremendo susto, prosigue a pie. Tenemos mucha sed, no hay agua, no quería seguir, estaba demasiado cansada. Papá, me da ánimos: «cada minuto es uno menos y ya pronto estaremos en libertad», me dice, muy pronto, minutos, continuó con mucho cansancio. Ya de noche, se pierden cuatro de los nuestros que van delante con otros guerrilleros, casi llegan a un rancho lleno de ejército. Un campesino los previene, regresan y nos volvemos a encontrar. Caminamos juntos y llegamos a una carretera llena de más guerrilleros; nos hacen abordar una camioneta, al rato llegamos a un campamento con muchísimos más guerrilleros, ¡qué cantidad! Nos recibe el propio comandante Gallero (Gak), el jefe de todos, y están unos periodistas de varios diarios y noticieros nacionales.

El comandante Gak nos dice que hoy seremos liberados en las horas de la tarde. Según él, lo que sucedió con mi papá fue un mal entendido. Me lo aclaró después de que yo le hiciera un reclamo durante sus palabras de bienvenida en donde fue enfático en decir que ellos eran gente que luchaba por una causa y que habían entendido que nos tenían que liberar.

En la tarde vimos el helicóptero...

Vimos el helicóptero sobrevolar por encima de nosotros. Las lágrimas se nos vinieron a los ojos. Yo no las pude contener. Por primera vez me costaba trabajo respirar, pero no por la tristeza, sino por la felicidad de ver cómo ese helicóptero sobrevolaba cerca de nosotros, y de saber que ya mis «¡hasta cuándo!» se habían terminado. Ese helicóptero me llevaría con mi familia, con mis amigos, a mi vida, a mi mundo. Sentí que estaba próxima a renacer, pero con experiencia, con la capacidad de valorar todo en su real dimensión. Era otra oportunidad que le vida me regalaba.

Había llegado el momento de la despedida con la guerrilla. Mentiría si digo que sentí tristeza al dejarlos. Lo único que me entristecía era saber que aún había personas que estaban viviendo el infierno por el que yo acababa de pasar.

Los guerrilleros hicieron la entrega oficial de los retenidos a los miembros de la Cruz Roja Internacional. Caminamos unos 50 metros. Más adelante vimos al señor Jaime Bernal Cuellar, el Procurador General. Caminé más rápido. Las lágrimas me corrieron cuando vi que él también estaba llorando. Me abrazó y me dijo:

—Tranquila, ya todo pasó. ¡Bienvenida a la libertad!

Le di las gracias y nos montamos en los camperos de la Cruz Roja que nos conducirían donde estaba el helicóptero. Ya en él, pronto empezó el fuerte ruido del rotor. El corazón estaba a punto de salírseme. El aparato empezó a elevarse poco a poco. Me quedé mirando el horrible monte en el cual estuve 373 días secuestrada. Otra vez volvió el llanto a mis ojos. Miré el cielo y sólo pude decir: «Gracias, Dios mío. ¡Por fin me has escuchado!».

Al cabo de un rato, desde el cielo, a lo lejos, pude ver Bucaramanga. Era la ciudad con la que tanto tiempo había soñado. Ahora era una realidad que nadie podría arrebatarme. Aterrizamos en el helipuerto de la clínica. Se abrieron las puertas y salí antes que nadie. Sólo quería ver a mi familia… Ya estaba en el mismo terreno donde vería a mi mamá, a mis hermanos, a mi sobrino, a todas las personas que amo. Se abrió una puerta y apareció muchísima gente que aplaudía y nos gritaba: «¡Bienvenidos, bienvenidos a la libertad!». Subí siete escalones y vi a mi mamá. Nos abrazamos y después de un largo silencio, llorando, me dijo:

—Ya, mi muñeca, ya todo terminó. Ya estás conmigo.

SOBRE LA AUTORA

Leszli Kálli nació el 11 de diciembre de 1980. Finalizó sus estudios de bachillerato en 1999. Leszli había planeado vivir la experiencia de un kibutz en Israel, antes de iniciar sus estudos universitarios, pero el secuestro cambió su destino.

Leszli ha escrito varios diarios personales desde los nueve años. Sus textos son conmovedores y desafiantes. En ellos, Leszli se revela como un ser excepcional, una joven sencible a los problemas del mundo que la rodea y que busca con desesperación su identidad y un camino propio. Su diario es un reclamo conmovedor en medio de la terrible Colombia que los jóvenes han heredado.

LaVergne, TN USA
20 October 2009
161503LV00006B/3/P